近代日本の宗教言説とその系譜

近代日本の宗教言説とその系譜

――宗教・国家・神道――

磯前順一著

岩波書店

脱構築は主体が存在しないなどとは決して言わない。真実が存在しないとも、歴史が存在しないとも決して言わない。誤まりを暴露することを目的とするものでもない。脱構築とは、さまざまな真実がいかに作り出されてゆくかを絶えず調べることである。それが、脱構築においてロゴス中心主義を病理だと言わない理由であり、われわれが形而上学的な拘束から遁れることができるなどと口にしない理由である。脱構築を定立するならば、……人が欲せずにはいられないものを絶えず批判してゆくことと言えよう。

——G・C・スピヴァク

目　次

第三部　神道学の成立

凡　例

一、本文では時代把握の便宜を考えて、年号の表記をまず行ない、そのあとに必要に応じて（　）で西暦を補った。一方、注であげる文献については、基本的に西暦のみの表記とした。

一、引用史料中の表記は基本的に当用漢字に改め、必要に応じて句読点を加えた。ただし、仮名遣いは原文のままとした。

一、引用文における〔　〕内の字句は筆者による補足である。「……」は文章の省略を意味する。

一、注では各章ごとに出典の正式な表記を行ない、その範囲のなかで、「前掲」「同右」などの表記を用いた。

一、注において(文)あるいは(書)として表示した番号は、東京大学文学部宗教学研究室所蔵の姉崎正治関連資料の目録番号である。詳細については、磯前・深澤英隆編『近代日本における知識人と宗教——姉崎正治の軌跡』東京堂出版、二〇〇二年、を参照されたい。

一、本書において研究者に言及するさい、敬称は省略した。御宥恕を乞う。

一、本書に収録された論文のうち、既発表のものにはすべて加筆が施されている。論文転載を快諾してくださった出版社各位、ならびに本書の編集作業を手伝ってくださった西村明・広池真一の両氏に感謝の意を表したい。

序章　宗教概念および宗教学の成立をめぐる研究概況

一　西洋における「宗教」

「宗教 Religion」概念および「宗教学」の成立をめぐる議論は、欧米の宗教学の自己検証のこころみとしてアメリカ合衆国を中心に展開されてきた。宗教概念については、ウィルフレッド・キャントウェル・スミス『宗教の意味とその終焉』(Cantwell Smith 1963/1991)を、宗教学についてはエリック・シャープ『比較宗教学――その歴史』(Sharp 1975/1986)をその先駆的な仕事としてあげることができるだろう。キャントウェル・スミスは、「宗教」概念が一七世紀から一八世紀にかけて啓蒙主義とともに成立したものであり、最終的には宗教組織の外的側面――かれは「累積的伝統 Cumulative Tradition」と呼ぶ――を主に意味するものとして定着したため[1]、非西洋社会の宗教的現象を分析するには適切ではないとする。かわりに、個人の内的信仰を意味する「信仰 Faith」をもちいることを提案する。

一方、シャープは古代ギリシャにまでさかのぼって、今日までの宗教研究の歴史を俯瞰するが、そのなかで近代宗教学の出発点ともいえる比較宗教学を画期とする。かれの見解をまとめれば、宗教学とは、啓蒙主義・進化論とむすびついた科学的合理性、個人の内的体験をおもんじるロマン主義、そして植民地主義による異文化経験を、西洋人のもつ宗教的志向性と調和させようとした試みということとなろう。さらに、そこに市民社会のなかへの宗教の浸透、すなわち世俗化という要素をくわえれば、宗教学の成立をめぐる基本的な理解は現在の研究にも通用するものとなる。

宗教概念および宗教学の成立をめぐる現在の議論は、いずれも両者の仕事を基礎としてふまえたものである。その後、宗教概念の成立過程をめぐっては、フランスにおいて、ミッシェル・デスプラン『西洋における宗教——観念と体験の進化』(Despland 1979)が、ドイツで、エルンスト・ファイル『宗教——初期キリスト教から宗教改革にいたる近代的基礎観念の歴史』(Feil 1986)が発表される。ミルチャ・エリアーデ編『エンサイクロペディア・オブ・レリジョン』にも、宗教概念のもつヨーロッパ中心主義的な性質を指摘する、ウィンストン・L・キング「宗教」が収められる(Eliade 1987)。そして、一九九〇年前後から議論はいよいよ本格化する。

その冒頭を飾るのが、ピーター・バーン『自然的宗教と宗教の本質——理神論の遺産』(Byrne 1989)と、ピーター・ハリソン『「宗教」とイギリス啓蒙思想期の宗教』(Harrison 1990)である。両者は思想史の手法にもとづき、啓蒙思想期における「自然的宗教 Natural Religion」に焦点をあてて、宗教概念の確立過程を捉えようとしたものである。ことに後者は後年、タラル・アサード「宗教、国民国家、世俗主義」(Veer & Lehmann 1999)や、アリー・J・モレンディク「序論」(Molendijk & Pels 1998)らによる、宗教概念の成立が政教分離およびその思想背景をなす啓蒙思想の出現と密接な関係をもつという指摘へと展開されてゆく。

そして、一九九〇年代前半のピークをなすと思われるのが、ウーゴ・ビアンキィ編『比較研究における「宗教」概念——第一六回国際宗教学会会議議事選集』(Bianchi 1994)と、ミッシェル・デスプラン/ジュラール・ヴァレ編『歴史における宗教——言葉、観念、現実』(Despland & Vallée 1992)である。前者は一九九〇年の国際宗教学会(The International Association for the History of Religions)の記録であり、とくに会議の最後をかざるパネル「宗教学——回顧と展望」は宗教学という学問分野を宗教概念という言説の担い手としてとらえ、このふたつの問題を結びつけて論じた点で注目される。(2) 後者はキャントウェル・スミスというアメリカの研究者の業績を軸としながらも、デスプランやファイルという宗教概念をめぐるヨーロッパの先駆的研究者が協業した国際的な論文集として知られる。両書の出版は、宗教概念ならびに宗教学の成立をめぐる批判的検証が、もはや研究者の個人的関心の域にとどまるものでなく、アメリカを中心としながらも、西洋宗教学界さらには国際的学界におよぶものになってきたことを示している。

ここで、西洋の宗教学界において宗教概念と宗教学の成立にかんする問題が共有されるにいたった理由にふれておきたい。そこには近代批判やヨーロッパ中心主義の批判、さらにはポスト構造主義の波が宗教学へも押し寄せてきたことが指摘できよう。近代批判は戦前をさらに溯り、理性批判などのかたちでロマン主義以降の西洋社会にみられ、ヨーロッパ的価値観を最上のものとする進化論的なヨーロッパ中心主義の批判へとつらなるうごきをしめすものであった。他方、ポスト構造主義とよばれる動きは、アメリカでは一九七〇年代に文学研究に導入され、(3) その後、ドミニク・ラカプラ／スティーヴ・L・カプラン『近代ヨーロッパ思想史——その再評価と新たな視点』の成功にみられるように、(4) 一九八〇年代には思想史など他の分野にもひろく受容されるようになった。そして、洋の東西を問わず、宗教学は保守的な性格をもつとされてはいるが、アメリカの宗教学はこのような今日的な思想のながれに無関心のままではなかった。

宗教学がこの種の議論を導入するさいに触媒的な役割をはたしたのが、文化人類学であった。人類学ではいち早くこのような思想的動向の影響をうけ、参与観察者としての人類学者の中立性および「文化」概念への批判をおこなっていた。(5) その批判的考察が、人類学者によって宗教研究の領域に援用されたのが、ともに一九九三年に出版された、タラル・アサード『宗教の系譜学——キリスト教とイスラム教における権力のディシプリンとその根拠』(Asad 1993) と、ベンソン・セーラー『宗教の概念化——内在的な人類学者、超越的なネイティヴ、境界のないカテゴリー』(Saler 1993) である。アサードは宗教学および宗教概念にみられる西洋的近代性と帝国主義との結びつきをきびしく指摘し、

「宗教あるいは神秘主義の普遍的定義などありえない。その構成要素や関係性は歴史的なものであり、定義そのものが言説過程の歴史的産物なのだ」[6]と看破する。一方、セーラーは宗教概念のもつ西洋中心主義を克服する方策として、ヴィトゲンシュタインの「家族的類似性」を援用した概念形成を提唱している。

周知のようにポスト構造主義とは、われわれの認識は独立した客体そのものを捉えることはできないのであり、じぶんの認識や思考が帰属する言語体系や特定の歴史的・社会的な認識様式をとおして物事を理解しているにほかならないのだというものである。このような理解にたつとき、わたしたちの認識する対象の形状はつねに同一のままではなく、その認識様式の産物にすぎなくなる。今日ひろく流布している「言説」という言葉も、そのような歴史的制約をこうむった認識様式のあり方をさし示している。いわゆる言語論的転回とよばれるところのものである。

宗教を扱うにさいして、このような立場をとるとき、「宗教」は自明の存在ではなくなり、あくまで近代西洋に生まれた歴史的認識様式にすぎなくなる。そして、宗教という概念がどのようにして近代西洋で産出されてきたか、その過程が歴史的批判というかたちで問題とされるようになる。それと同時に、このような西洋に出自をもつ概念が非西洋社会を分析するのにもふさわしいものなのか、概念の適切さの吟味とその再定義のこころみが現実の宗教現象の分析の場面から求められるようになる。

アメリカの宗教学における言語論的転回の以前のものではあるが、キャントウェル・スミス『宗教の意味とその終焉』は、宗教概念の起原ならびに非西洋社会にたいするその不適切さを論じた点で、これらの問題関心の先取りをしたかたちになっている。そこでは、宗教概念は西洋の合理主義と結びつくことで成立したものにほかならないのだが、それにもかかわらず、この概念が他地域の宗教現象を扱うときにも自明の基準となり、それらを裁断し、歪んだ認識をもたらしてきたと告発されているのだ。このような西洋的知性にたいする批判的姿勢が、今日でも宗教概念を論じるさいに、キャントウェル・スミスの仕事が古典的労作として議論の出発点にすえられる理由のひとつであろう。

そして、宗教なる概念が歴史的経緯のなかで創造されたものであるならば、その言説を生み出すことにかかわったものがいることになる。勿論、そのような概念は個人あるいは特定集団が意図的に作り出せるものではなく、基本的には人為を超えたところで時代や社会の状況によって生み出されるものである。しかし、現実の社会のなかには特定の概念が具象的なかたちで結晶化してゆくさいに、直接の推進者として中心的役割をはたす集団が存在する。宗教概念の場合についていえば、理神論や新プラトン主義者、ロマン主義者などがその先駆者であり、宗教現象の認識をもっぱらの仕事とする宗教学者が掉尾をかざるものとなる。ラッセル・T・マッカチオンが「「宗教」カテゴリーをめぐる近年の議論――その批判的俯瞰」(McCutheon 1995) で指摘しているように、「「宗教」を定義し、構築し、理論化しているのは誰なのか」(7) という意味で、宗教概念という言説の担い手として宗教学という学問のありかた、その価値規範と方法が検証されなければならないのである。

宗教学の成立過程の研究は、これもまたポスト構造主義より前の時期に、シャープ『比較宗教学』によって先鞭をつけられたが、そのころは宗教概念とは別の問題として考えられていた。両者を結びつける契機になったのは、一九八二年にジョナサン・Z・スミスが『想像される宗教』のなかで述べた、「宗教は……学者がその分析のために、その比較や一般化という想像行為によって作り出したものである」(8) という言葉であろう。その後、言語論的転回を経ることで、宗教学史の研究が宗教という言説をめぐる問題へと積極的につなげて考えられるようになったのである。

そして、この宗教学の成立史はたんなる思想内容の研究にとどまるものではなく、宗教学的言説がどの程度市民権を得ていたかを知るためにも、聖俗の両社会権力とどのような関係をもっていたかを明らかにするためにも、大学講座という制度史への着目が必要とされる。この種の研究もまた、シャープが端緒をひらいたわけだが、現在ではモレンディク／ペルス編『作られつつある宗教――宗教学の出現』(Molendijk & Pels 1998)におさめられた諸論文のなかで、オランダやイギリス、フランスにおける宗教学の確立期の経緯が、大学制度との関わりをふまえながら論じられている。また、宗教学という名称そのものについても、日本では呼称が統一されているが、モレンディクが注意を喚起しているように、欧米諸国では「宗教の科学 Science of Religion」「諸宗教の歴史 History of Religions」「比較宗教 Comparative Religion」「宗教の諸研究 Religious Studies」など一定していない。おそらく、これらの呼称の成立経緯を考えることで、宗教学がその内部にかかえこんだ多様な性質をあきらかにすることができるであろう(Molendijk & Pels 1998)。その点に具体的にふみ込んだ研究として、宮川英子「宗教研究の中の宗教学――ジレンマからの脱出」(2002)をあげることができる。それは宗教学に対する欧米語の呼称の違いに言及しながら、宗教学の抱える本質主義と客観主義への志向性の共存をジレンマとしてとらえ、その関係性の止揚を試みたものである。

また、マッカチオン『宗教を作り出す――固有なものとしての宗教言説とノスタルジアの政治学』(McCutcheon 1997)は、北アメリカの大学における宗教学科の成立背景を主題のひとつにするが、そのような大学制度の確立が「宗教の固有性 Sui Generis Religion」という規範的価値観を前提として成り立ちうるものであることを指摘している。そして、この「宗教の固有性」は他の文化要素への還元的解釈をこばむ宗教学の学的アイデンティティをささえる本質主義的態度として、マッカチオンをはじめ、後述するティモシィ・フィッジェラルドやティム・マーフィらによって批判される。それは具体的にはエリアーデなど宗教現象学者にたいする批判というかたちをとってあらわれ、宗教学にその学的アイデンティティの解体を迫るものとなっている。(9)

しかし、そもそもシャープやキャントウェル・スミスが宗教学や宗教概念を再検討した目的は、これらの言説の歴史的性格を対象化するためというよりも、あくまで客観的な学問の存続のために学史的あるいは思想史的な吟味をおこないたいというものであった。そこでは、依然として宗教学という枠組みや認識行為の客観性が暗黙の前提とされており、みずからの認識基盤そのものを根本的に対象化しようという意図はみられない。たとえば、キャントウェル・スミスにおいては宗教という言葉の不適切さが指摘されるものの、その言葉が表象する宗教という現象そのものの固有性を自明視する点で、後年のポスト構造主義の影響をうけた研究とはあきらかに区別される。(10) この点に、あつかう論題は同じであっても、言語論的転回以前と以後では抜本的な違いがあるといえる。

キャントウェル・スミスは「宗教」にかえて「信仰」なる概念を提出することで、汎世界的な宗教現象の中立的な把握が可能になると考えるわけであるが、今日の研究においては概念把握は現象の一面的なテクスト化であることを免れえないのであって、AがだめならBで、というような代置は可能ではないとされる。このような性向をつよくもつ研究として、マッカチオン『宗教を作り出す』、ティム・マーフィ「宗教研究史における本質と現象――ポスト構造主義的視点」(Murphy 1994)、ティモシィ・フィッツジェラルド『宗教研究のイデオロギー』(Fitzgerald 2000)、『作られつつある宗教』におさめられた幾つかの論文などをあげることができよう。しかし、一九九〇年以降も、宗教概念および宗教学をめぐる議論の実状は、キャントウェル・スミスのような本質主義とポスト構造主義によるテクスト主義との二極のあいだに、さまざまな中間形態を生み出しながら、呉越同舟さながらの議論が展開されているというところであろう。

しかし、われわれが認識行為をおこなって生きている以上、概念化過程をいっさい拒否することは到底不可能であり、宗教概念が西洋啓蒙主義の手垢がついた過去の産物であるとするならば、やはりキャントウェル・スミスのように代替概念を提出しなければなるまい。T・A・アイドプロス／ブライアン・C・ウィルソン編『宗教とはなにか？――起源、定義、説明』(Idinopulos & Wilson 1998)などは、どのような定義が妥当かを模索した代表的な試みといえるであろう。なかでもブライアン・C・ウィルソン「語彙的なものから多神論的なものへ――宗教の定義をめぐる簡潔な歴史」は、さきにあげたセーラー『宗教の概念化』とともに、家族的類似性をもちいた宗教概念への典型的アプローチとしてあげることができよう[11]。

家族的類似性は単一的な定義をきらい、集合的な概念把握をもくろむものであり、近年の宗教研究における一神教的定義にたいする懸念をよく表わしたものになっている。しかし、一方でそのような定義は曖昧さをまねくものであり、定義本来のもつ境界線をもうけるという役割そのものに矛盾するという声もある。そのような批判をくわえたものとしては、一九九五年の第一七回国際宗教学会会議でのパネル「書評シンポジウム ベンソン・セーラー『宗教の概念化』」(Lease, McCutcheon, Paden, Wiebe & Saler 2000)や、フィツジェラルド『宗教研究のイデオロギー』などがある。

いずれにせよ、定義というものが現象を一面的に概念化したものである以上、それが永遠の客観性を保証された普遍的なものとなることはできない。特定の時期の、あるいはさらにそのなかで固有の社会状況に適した暫定的な概念たるにとどまるのである。概念の存在意義を「生活から出て、生活を越えたところに独立性を保って成り立つ」ところに求めるとするならば[12]、これまでの概念に取って替わるものは今日的な時代状況の雰囲気を反映しながらも、それとの緊張関係にたって、状況に応じながら流動的かつ意識的に彫琢されるものとなろう。

この種の概念化行為そのものの意義をあつかったものには、ジェピ・S・ジャンセン「宗教現象学は可能か?――宗教学の人文学・社会科学的な観念について」(Jensen 1993)、ジャン・G・プラベット/モレンディク編『宗教定義のプラグマティズム――コンテクスト、概念、論争』(Plavoet & Molendijk 1999)などがある。だが、議論の現状といえば、代替概念として望ましいものは何かという同意どころか、その前提となる概念自体の役割をめぐる議論から固めてゆかなければならないところであろう。

以上のように、ポスト構造主義をはじめとする近代西洋批判は、宗教概念および宗教学を言説としてとらえる視点をもたらし、これらの言説が啓蒙主義以降に成立した西洋近代主義の産物であり、西洋人は無意識のうちにそのような歴史的制約をこうむった概念を普遍化していたという自己反省をよびおこした。一九八〇年代以降に盛行した聖典論、やはり人類学の影響をつよくうけた儀礼論、言語論的転回と密接な関係をもつ体験主義批判も、いずれも西洋近代的な宗教観を普遍視してきたこれまでの姿勢にたいする抜本的批判として、宗教概念や宗教学をめぐる議論と基本的にはおなじ動きをしめすものといえよう(13)。

勿論、このような動きが安易に吹聴される傾向にたいして、一方でつよい危惧が存在することも確かである。ただし、そのさいの論争点が、宗教概念の普遍化行為における宗教学者の個人的責任のあるなしに終始するきらいがないともいえず(Strenski 1998)、その認識様式がよってたつ構造そのものを問題とする次元において、稔りある議論が展開されることが望まれる(14)。

二　非西洋における「宗教」

さて、西洋宗教学における宗教概念および宗教学の成立をめぐる考察は、同時に非西洋社会への西洋的概念の押しつけという認識論的暴力にたいする自己批判へとひらかれていった。その先駆的功績もやはりキャントウェル・スミスとシャープに帰せられる。キャントウェル・スミスはヒンドゥー教やイスラム教といった呼称すなわち認識対象の措定自体が西洋人の手によるものであり、当事者の自己認識とはかならずしも一致していないことを指摘する(Cantwell Smith 1963/1991)。一方、シャープは初期の宗教学が西洋帝国主義による植民地の拡大と手をたずさえて成立し、キリスト教を頂点とする進化論の発展階梯のなかに他地域の宗教現象を組み込んでいったことを明らかにしている(Sharp 1975/1986)。

ここで問題とされていることは、西洋世界が至高の認識主体であり、非西洋社会は認識の客体として措定されているにすぎず、認識者によって認識対象のあり方が一方的に規定されるという暴力的ともいえる関係性である。このような認識の一方的関係をクローズ・アップさせる契機になったのが、周知のように一九七八年に刊行されたE・サイード『オリエンタリズム』(今沢紀子訳、平凡社、一九八六年)である。サイードはオリエントという概念が西洋という外部によって押し付けられたものであり、その具体的な遂行機関がオリエント学という学問であったと述べている。オリエンタリズムとは、このように西洋社会が他者に自分を充足・補足するイメージを投影する過程をさす。

しかも、オリエンタリズムの問題は西洋側を一方的に規定を強制するものとして指弾すれば事足れりというものではない。その眼差しを非西洋社会側のほうも内在化させ、みずから西洋的主体に同一化させようとするのである。このような非西洋社会に自己同一化しようとする働きは土着エリートに顕著にみられる傾向であり、オリエンタリズムに対してオクシデンタリズムとよばれる。[15] そして、西洋/非西洋間にはたらくオリエンタリズムおよびオクシデンタリズムのはたらきを宗教学が取り込むことで、宗教概念および宗教学の成立をめぐる議論は政治的文脈をふまえた文化アイデンティティの問題として捉えなおされることになる。

すでに一九九〇年の国際宗教学会でのパネル「宗教学――回顧と展望」のなかで、韓国の研究者サン－ハエ・キムによって西洋的な宗教概念の非西洋社会への不適切さへの言及がなされてはいたものの(Bianchi 1994)、この種の仕事のまとまったものとしては、チャールズ・F・キース/ローレル・ケンドール/ヘレン・ハーダカー編『権威のアジア的ヴィジョン――宗教と東アジア・東南アジアの近代国家』(Keyes, Kendall & Hardacre 1994)、デヴィット・シデスター『野蛮のシステム――南アフリカにおける植民地主義と比較宗教学』(Chidester 1996)、リチャード・キング『オリエンタリズムと宗教――ポスト植民地理論、インド、そして「神秘的東洋」』(King 1999)、ペーター・ファン・デァ・ヴェーア／ハルトムート・レーマン編『国家と宗教――ヨーロッパとアジアに関する視点』(Veer & Lehman 1999)をあげるべきであろう。

キースらは『権威のアジア的ヴィジョン』の序論で、東アジアや東南アジアにはプロテスタンティズムに対応するような西洋の宗教概念はもともと存在しておらず、これらの地域が近代化してゆく過程で公的なものとして宗教概念が伝播してゆき、同時に従来の土着宗教が非宗教的なものとして貶められていったと指摘する。この宗教をめぐる西洋と非西洋社会の抑圧的関係は、以下の書物においても共通の認識とされており、そのうえで個々の研究地域にそくした議論が展開されている。

シデスターの『野蛮のシステム』は、西洋の宗教概念および比較宗教学が植民地政策と手をたずさえながら、南アフリカの諸地域のなかにどのようにして侵入していったかを描いている。そこでは、現地人が宗教をもっているとするか否かという比較宗教学的な議論が、かれらに人権や政治的権利を認めるべきかどうかという政治的問題に利用されてきたことが指摘されている。その点で、この研究は比較宗教学と植民地主義の密接な関係を具体的に説き明かしたものとして高く評価されるべきである。ただし、シデスターは征服者側からの抑圧過程を論じているものの、それが現地人にどのような影響をおよぼしたかという、被植民者側の主体編成の問題にはあまり言及していない。

さきのオリエンタリズム―オクシデンタリズムの議論、あるいはポスト植民地論における文化ヘゲモニーの問題にかんがみるとき、たんなる政治的強制力だけでなく、宗教などの西洋的言説が他地域の土着エリートのなかでいかに主体化されてゆくかという点にまでふみこんで論じてゆく必要があろう。その問題をあつかったのが、キング『オリエンタリズムと宗教』やヴェーア／レーマン編『国家と宗教』におさめられた幾つかの論文である。キングのものはガヤトリ・C・スピヴァクらのポスト植民地研究との接合をはかることで、オリエンタリズムの対象とされる非西洋の側での主体形成の動きをとりあげ、インドにおいては伝統性をうったえる宗教思想までがヨーロッパ的主体の模倣におちいっていることを論じている。

ヴェーアとレーマンのものは、ベネディクト・アンダーソンのナショナリズム論とタラル・アサードの宗教概念論を軸に、宗教とナショナリズムが結びつくなかで、いかにして非ヨーロッパ世界を植民地化してきたかを主題とする。なかでも、スーザン・ヴェイリィ「イギリスとインドにおける人種」は、イギリスの人種観がその植民地支配の過程で、インドの土着エリートのあいだに内在化されてゆく構造をとらえようとした点で興味ぶかい。このほかに植民地としてのインドの宗教をとりあつかった研究として、バラガンガダーラ『「無知の眼差しにさらされる異教徒」――アジア、西洋、宗教のダイナミック』(Balagangadhara 1994)がある。土着エリートの立場から、西洋／非西洋の権力関係をとらえなおしたものとして注目される。

この種の問題を考えるさいに、ひとつの鍵を握るのが、ウィンストン・キングが「宗教」論文でしめしたような、ビリーフとプラクティスのあいだにみられる格差であろう。プロテスタンティズムを中心とする近代の西洋社会では明確な教義のかたちをとるビリーフが重視される一方で、非言語的な儀礼行為を主とするプラクティスはそれに従う副次的なものとみなされた。同様の眼差しは非西洋社会の宗教現象を理解するさいにも向けられた。イスラム教や仏教以外の、明確な教義体系をもたない諸宗教は、それがゆえに劣等な宗教とみなされたのである。そして、その眼差しを向けられた側も、またみずからの宗教を劣等なものとみなし、西洋的な教義体系をそなえるものへと改変していったことも珍しくない。ここには、ビリーフとプラクティスの格差を梃子とする文化的ヘゲモニーの確立過程をみてとることができるであろう。

サイードやスピヴァクら第三世界の知識人による文化アイデンティティ研究の視点をとりこむことで、宗教概念および宗教学の成立をめぐる議論は、ポスト構造主義という思想的次元の問題から、それをふまえながらも植民地主義や階級問題などをとりあつかう歴史・社会的な次元へと具現化しはじめたといえる。西洋社会内部の自己反省の問題から、グローバル化のなかでの西洋社会と非西洋社会との関わり合いの問題へと、宗教および宗教概念をめぐる議論はその視野を広げることになったのである。(16)

ただし、このような文化的ヘゲモニーの確立は、西洋社会／非西洋社会のあいだにかぎって存在するものではなく、西洋国家のあいだにも、そして非西洋諸国の内部にもみることができる。西洋のオリエンタリズムの眼差しで自己認識をする一方で、それを脱却しようとするオクシデンタリズムの動きが、非西洋国家の内部に西洋と同一化してゆく階層と非西洋的なものとして固定化される階層の差別化を促進するのである。ここにおいて、わたしたちは西洋社会／非西洋社会という二項対立に満足することなく、オリエンタリズム―オクシデンタリズムの働きがもたらす非西洋社会内部の亀裂に注目する必要が生じる。今日のサバルタン研究がしめすように、土着エリートと他のネイティヴはけっして一つの民族や民衆という観念で均質に括れる存在ではなく、両者のあいだには善意の代弁では済まされないような権力的関係が存在するのだ。(17)これらの点で、非西洋社会における宗教概念と宗教学の伝播をめぐる議論は、宗教現象にかぎらず、近代化過程で生じた社会構造にかんする自己理解をもたらす可能性をもつだろう。

三　近代日本へ

以下、筆者の研究領域である近代日本社会をめぐる宗教現象のありかたの先行研究について簡単な俯瞰をして、本章を結ぶことにしたい。西洋における宗教概念および宗教学の成立をめぐる議論のなかにも、日本を対象とした研究はすでに散見される。はやい時期のものとしては、マイケル・パイ「アジアにおける宗教研究の出発点」(Despland & Vallée 1992)がある。それは、西洋の宗教研究に対するアジアのうごきの類似性を指摘する目的のもと、江戸後期の富永仲基による仏典批判を西洋の理神論になぞらえるというものである。また、近年も、一九九六年の国際会議「未開を超えて――土着宗教と近代」(Olupona 1997)や、ティモシィ・フィッジェラルド「文化横断的カテゴリーとしての「宗教」の批判」(Fitzgerald 1997)、同「日本における「宗教」カテゴリーの問題」(Fitzgerald 2000)、アイヴィン・ストレンスキィ「宗教、権力、晩年のフーコー」(Strenski 1998)のなかで、若干ながら日本の例への言及がみられる。

だが、これら西洋の宗教学者による議論は、西洋の宗教学および宗教概念を捉えなおすための手段として日本を引き合いに出すという色合いがつよく、その最終的な目的はあくまで西洋社会にたいする自己批判へと帰結する。それにたいし、日本の近代仏教をあつかったジェームス・E・ケトラー『明治日本の異端と殉教――仏教と迫害』(Ketelaar 1990)は宗教概念一般や宗教学の成立を主題としたものではないものの、各宗派を単位とした動きから仏教という統一観念が成立する過程をとりあげ、西洋の宗教概念のヘゲモニー下にそれが成立してくるさまを、当時の日本固有の社会文脈をふまえたうえで詳細に明らかにしている。また、ロバート・H・シャーフ「禅と日本のナショナリズム」(Sharf 1993)は、鈴木大拙を取り上げるなかで、大拙の仏教理解は西洋的主体の模倣であり、それが欧米で歓迎されたのはある種、欧米の自己投影された姿であったからだと述べている。

勿論、このような西洋の動きとは別個に、日本国内でもかなり早い時期から研究がおこなわれていた。その嚆矢は一九六四年の篠田一人「明治以降の日本における宗教の学問的研究の推移」にもとめられる。そこでは、日本の宗教学の成立が欧米諸国より数十年おくれた明治三〇年代を画期として成立してゆくことや、それを社会思想史的な文脈で考察することの必要性が説かれている。しかし、この論文は分析視点および材料を提供するにとどまり、本格的な研究は、一九七〇年代後半に登場する、比較思想史研究会『明治思想家の宗教観』(一九七五年)、鈴木範久『明治宗教思潮の研究――宗教学事始』(一九七九年)、安丸良夫『神々の明治維新――神仏分離と廃仏毀釈』(一九七九年)をまって始まる。

図式的すぎるという誹りをおそれず言ってしまえば、『明治思想家の宗教観』は当該期のキリスト教徒・仏教徒や啓蒙思想家の宗教「観」を把握しようとした点で、スミス『宗教の意味とその終焉』(一九六二年)がしめす宗教概念の近代性との、『明治宗教思潮の研究』は宗教学の成立を主題とした点で、シャープ『比較宗教学』(一九七五年)における宗教学の学問史との、『神々の明治維新』は西洋文明の価値規範が日本土着の民間信仰や民俗宗教を抑圧してゆく過程をえがいた点で、シデスター『野蛮のシステム』(一九九六年)での西洋／非西洋社会間の抑圧関係との、類似性を指摘することができる。

ただし、西洋の諸研究がいずれも宗教学内部で展開されたものであるのに対し、日本のこれらの研究は、ひとしく明治期の宗教現象を対象としながらも、思想史、宗教学、歴史学という別個の分野で独自に企てられたものであった。そのため、宗教学者の鈴木の著作をのぞけば、宗教学や宗教概念そのものに焦点をあてたものにはなっていない。『明治思想家の宗教観』は個々の人物の思想理解に主眼がおかれているし、『神々の明治維新』は国家権力が民衆を抑圧するというマルクス主義的歴史学の関心が基本になっている。その後、一九八〇年代になると、藤井健志が東京大学宗教学科の形成過程をあきらかにした制度史の論文(一九八二・八五年)を発表するが、全体として議論がひとつの明確な方向をとるまでにはいたらなかった。

そして、一九九〇年代後半になると、西洋における言語論的転回以降の宗教的言説批判の動きをうけて、日本の近代化の流れのなかで宗教概念および宗教学が出現してくる過程を歴史的に対象化しようという試みがあらわれる。磯前順一「宗教学的言説の位相——姉崎正治について」(一九九五年、本書第二部第一章として収録)、山口輝臣「宗教の語り方」(一九九六年)、同『明治国家と宗教』(一九九九年)、関一敏「日本近代と宗教」(一九九七年)、島薗進「日本における「宗教」概念の形成」(一九九八年)および「「宗教」と「Religion」」(二〇〇一年)などがそうである。また、深澤英隆「姉崎正治のERE関連史料をめぐって」(一九九九年)では、西洋の研究動向の紹介がおこなわれている。そして、一九九九年の日本宗教学会学術大会で開かれたパネル「日本の宗教学——社会的布置に関する再検討」は、その内容の成否は別として、宗教学ならびに宗教概念をめぐる議論が、日本の宗教学界の共通話題になりつつあることを物語っている。

これらの研究につうじる特徴としては、非西洋たる日本と西洋文明との関わり、あるいは天皇制を軸とする国家神道との関係性のなかで、宗教概念ならびに宗教学の問題を捉えようとする傾向がみられることである。西洋文明との関わりという視点については、旧来までのレリジョンの翻訳時期の問題に終始していた議論[18]をめぐって、関が「日本近代と宗教」において、西洋の宗教概念におけるプラクティスにたいするビリーフの優越性が、神社神道をはじめとする日本の民間信仰や民俗宗教を非宗教的なものとして抑圧する機能をはたしてきたと、文化人類学の成果をふまえて指摘している。この視点と重なるのが、阿満利麿『日本人はなぜ無宗教なのか』(一九九六年)である。阿満のものは宗教概念や宗教学そのものを対象化しようというものではないが、スミス『宗教の意味とその終焉』が西洋の立場から宗教概念が非西洋社会の宗教現象に適しないことを論じたものを、非西洋国である日本の立場から捉えなおしたものとなっている。

一方、国家神道との関係性について考えるさいには、神道と宗教概念、神道学と宗教学のかかわりが日本特有の問題として現われることになる。国家神道の言説の興味深い点は、西洋の宗教概念を前提にしながらも、道徳あるいは倫理という、もう一つの西洋的概念をもちだすことで、キリスト教的な宗教概念のヘゲモニーから逃れることにかなりの成功を収めたということである。これらの点を考慮した研究として、羽賀祥二の先駆的論文「宗教・歴史・「神道」」(一九九四年)をはじめ、さきの山口『明治国家と宗教』、島薗進「国家神道と近代日本の宗教構造」(二〇〇一年)、磯前順一「近代神道学の成立――田中義能論」(一九九六年、本書第三部第一章として収録)および「近代における「宗教」概念の形成過程」(二〇〇二年、本書第一部第一章として収録)、などがある。

これらの論文は日本近代史における国家の宗教制度をめぐる研究をふまえたものであり、日本において宗教概念ならびに宗教学を論じるさいには、天皇制を中心とする政治的文脈との密接なかかわりを考慮しなければならないことを指し示している。なかでも、歴史学・神道学で研究されてきた国家神道論は重要であり、佐々木聖史「神道非宗教より神社非宗教へ」(一九八五年)など、神社非宗教論をめぐる概念分析の成果を摂取してゆくことが求められよう。

さらに西洋文明との関わり、国家神道との関わりという二つの軸を交差させながら、西洋の概念である宗教が日本固有の社会文脈のなかにどのように移植されていったかを論じたものに、磯前前掲「近代における「宗教」概念の形成過程」がある。そして、このようにして成立していった近代日本の宗教をめぐる言説空間がどのように分割され配置されていたのかという社会的布置をあつかったものに、山口「宗教の語り方」をはじめ、ロバート・キサラ他によるアメリカのアジア学会大会でのパネル「戦前期日本の宗教を論ずる」(Kisala, Isomae, Matsuoka, Hayashi, Fukasawa, Reader 1998)や、このパネルの一部を活字化した磯前「逆説的近代としての神道学」(一九九八年)などがある。

以上みてきたような、日本における宗教概念と宗教学の成立をめぐる研究は、歴史学の山口のものをのぞけば、おもに宗教学関連の研究者によるものであった。それは、日本の宗教学もまたポスト構造主義以降の学問の一般的なうごきに倣ったものといえるわけだが、それだけでなく、オウム真理教をはじめとする一連のカルトの問題を契機として、近代の日本社会における宗教のあり方を見詰めなおそうという意識が生じてきたためとも考えられる。しかし、それにしては、これまでの宗教概念や宗教学をめぐる議論は、土着エリートたる知識人や宗教家など、西洋社会の直接的影響をうけた概念的言説のにない手の次元にとどまりがちであった。非西洋たる日本社会を西洋社会とのかかわりで捉えようとする場合には、西洋世界と日本という文化格差だけでなく、さらに日本の内部において西洋的概念世界を志向する土着エリートと、その埒外に置かれる民衆層との文化的ヘゲモニーの関係が問題とされなければなるまい。

その視点に立とうとするならば、一九七〇年代の安丸良夫『神々の明治維新』の流れをくむ民衆史の研究成果をこの議論のなかに組み込んで評価する必要が生じよう。なかでも、鶴巻孝雄「啓蒙家の誕生、そして民俗の文明化——文明開化と民俗の変容」(一九九六年)は、西洋文明と結びついた国家権力および土着エリートがいかに民間信仰の世界を抑圧していったのかを、桂島宣弘「教派神道の成立——「宗教」という眼差しの成立と金光教」(一九九七年)は、民衆宗教がいかに西洋的な主体のもとに再編されていったのかを明らかにしている点で注目される。同様の視点をふくむものとして、さらに、幡鎌一弘「明治期における社会と天理教」(一九九六年)や、小沢浩『生き神の思想史——日本の近代化と民衆宗教』(一九八八年)、川村邦光『幻視する近代空間 迷信・病気・座敷牢、あるいは歴史の記憶』(一九九〇／九七年）などをあげることができよう。

このように、従来の、西洋社会／非西洋社会という文化的ヘゲモニー、日本特有の天皇制との政治的関係にくわえ、土着エリート／民衆という概念的言説の担い手と非担い手の関係を分析視点にくわえることで、西洋社会と土着エリートの関係の記述に終始しがちなこの議論に、社会全体のなかでどのような役割を果たしていったかという言説の社会的位相論へと展開させてゆくことが可能になるであろう。しかも、民衆とよばれるものが斉一的な固定的実体として存在しているわけではなく、たとえば、ひろたまさきが「豪農商層・底辺民衆・奈落と辺境の民衆の三層構造」を指摘するように(19)、その内側に複層的な拮抗関係性をかかえるものである。当然のことながら、かれらの宗教もまた一元的なものではない。

このような民衆社会とのかかわりを研究者が志向するとき、日本における宗教的言説をめぐる研究は、西洋宗教学の模倣に終始することなく、シデスターが『野蛮のシステム』でしめしたような西洋と非西洋社会という二項対立をさらに発展させることができるはずである。つまり、近代西洋のもたらしたグローバリゼーションのなかに組み込まれ、みずからの内部に西洋的エリートと複層的な民衆という格差を生み出していった文化的ヘゲモニーの問題として、近代天皇制ならびに宗教制度の確立過程と交差させながら、非西洋社会からの西洋文明の捉えなおしがはかられることになる。磯前前掲「近代における「宗教」概念の形成過程」は、その視点から明治宗教史の再整理を試みたものである。

いずれにせよ、このような視点を欠くとき、この議論が本来もっていたはずの認識論的反省は、西洋の知的流行の取り込みをめぐる土着エリート間の知的覇権争いの道具に堕してしまいかねない。そのような陥穽にはまり込まないためにも、自分がどのような立場から何のためにこの問題を論ずるのかという点を明確に意識してゆくことが必要になろう。

文献（年代順）

Wilfred Cantwell Smith, *The Meaning and End of Religion*, Minneapolis: Fortress Press, 1963/1991.

篠田一人「明治以降の日本における宗教の学問的研究の推移」『キリスト教社会問題研究』八、一九六四年

Eric Sharp, *Comparative Religion: A History*, London: Duckworth, 1975/1986.

比較思想史研究会『明治思想家の宗教観』一九七五年（改題再版『人間と宗教――近代日本人の宗教観』東洋文化出版、一九八二年）

鈴木範久『明治宗教思潮の研究――宗教学事始』東京大学出版会、一九七九年

安丸良夫『神々の明治維新――神仏分離と廃仏毀釈』岩波新書、一九七九年

Michel Despland, *La religion en Occident: Evolution des idees et du vecu*, Montreal: Fides, 1979.

L. Sabourin, "What is Religion?", in *Religious Studies Bulletin* 1-3, 1981.

鈴木修次「「宗教」と「自由」」『日本漢語と中国――漢字文化圏の近代化』中公新書、一九八一年

Jonathan Z. Smith, *Imagining Religion: From Babylon to Jonestown*, Chicago & London: The University of Chicago Press, 1982.

佐々木聖史「神道非宗教より神社非宗教へ――神官・教導職の分離をめぐって」『日本大学精神文化研究所・教育制度研究所紀要』一六、一九八五年

藤井健志「東京大学宗教学科年譜資料（明治時代）」、田丸徳善編『日本の宗教学説』東京大学宗教学研究室、一九八二年

藤井健志「東京大学宗教学科年譜資料（大正時代）」、田丸徳善編『日本の宗教学説 II』東京大学宗教学研究室、一九八五年

小沢浩『生き神の思想史――日本の近代化と民衆宗教』岩波書店、一九八八年

Ernst Feil, *Religio: die Geschichte eines neuzeitlichen Grundbegriffs vom Fruhchristentum bis zur Reformation*, Göttingen: Vandenhoeck and Ruprecht, 1986.

Winston L. King, "Religion", in M. Eliade, ed., *The Encyclopedia of Religion*, vol. 11, New York: Macmillan Publishing Company, 1987.

Jonathan Z. Smith, "'Religion' and 'Religious Studies': No Difference at all", in *Soundings* 71, 1988.

Peter Byrne, *Natural Religion and the Nature of Religion: The Legacy of Deism*, London & New York: Routledge, 1989.

James Edward Ketelaar, *Of Heretics and Martyrs in Meiji Japan: Buddhism and its Persecution*, Princeton: Princeton University Press, 1990.

Peter Harrison, *'Religion' and the Religions in the English Enlightment*, Cambridge, New York, Port Chester, Melbourne & Sydney: Cambridge University Press, 1990.

川村邦光『幻視する近代空間——迷信・病気・座敷牢、あるいは歴史の記憶』青弓社、一九九〇／九七年

Michel Despland & Gerard Vallée, eds., *Religion in History: the Word, the Idea, the Reality*, Waterloo: Wilfred Laurier University Press, 1992.

Jonathan Z. Smith, "No Need to Travel to the Indies: Judaism and the Study of Religion", in J. Neusner ed., *Take Judaism, for Example: Studies toward the Comparison of Religions*, Atlanta: Scholars Press, 1992.

Talal Asad, *Genealogies of Religion: Discipline and Reasons of Power in Christianity and Islam*, Baltimore & London: The John Hopkins University Press, 1993.

Benson Saler, *Conceptualizing Religion: Immanent Anthropologists, Transcendent Natives, & Unbounded Categories*, Leiden, Boston & Köln: Brill, 1993.

Robert H. Sharf, "The Zen of Japanese Nationalism", in *History of Religions* 33-1, 1993.（ロバート・H・シャーフ「禅と日本のナショナリズム」、菅野統子・大西薫訳『日本の仏教』四、法藏館、一九九五年）

Jeppe S. Jensen, "Is a Phenomenology of Religion Possible? On the Ideas of Human and Social Science of Religion",

in *Method and Theory in the Study of Religion* 5–2, 1993.
S. N. Balagangadhara, *'The Heathen in his Blindness…': Asia, the West, & the Dynamic of Religion*, Leiden, Boston & Köln: Brill, 1994.
Ugo Bianchi, ed., *The Notion of "Religion" in Comparative Research: Selected Proceedings of the XVIth IAHR Congress*, Roma: 《L'Erma》 di Bretschneider, 1994.
Charles F. Keyes, Laurel Kendall, & Helen Hardacre, eds ., *Asian Visions of Authority: Religion and the Modern States of East and Southeast Asia*, Honolulu: University of Hawaii Press, 1994.
Gary Lasse, "The History of 'Religious' Consciousness and the Diffusion of Culture : Strategies for Surviving Dissolution", in *Historical Reflections/Reflexions Historique* 20, 1994.
Tim Murphy, "Wesen und Erscheinung in the History of the Study of Religion: A Post-Structural Perspective", in *Method and Theory in the Study of Religion* 6–2, 1994.
羽賀祥二「宗教・歴史・「神道」」『明治維新と宗教』筑摩書房、一九九四年
Russell T. McCutheon, "The Category" Religion "in Recent Publications: A Critical Survey", in *Numen* 42–3, 1995.（磯前／リチャード・カリチマン訳「「宗教」カテゴリーをめぐる近年の議論――その批判的俯瞰」『現代思想』二八－九、二〇〇〇年）
磯前順一「宗教学的言説の位相――姉崎正治について」『現代思想』二三－一〇、一九九五年
David Chidester, *Savage Systems: Colonialism and Comparative Religion in Southern Africa*, Charlottesville & London: University Press of Virginia, 1996.
Stewart E. Guthrie, "Religion: What is it?", in *Journal for the Scientific Study of Religion* 35/4, 1996.
阿満利麿『日本人はなぜ無宗教なのか』ちくま新書、一九九六年
飯田篤司「「自然的宗教」概念の歴史的位置をめぐって」『東京大学宗教学年報』XIV、一九九六年

磯前順一「近代神道学の成立――田中義能論」『思想』八六〇、一九九六年

鶴巻孝雄「啓蒙家の誕生、そして民俗の文明化――文明開化と民俗の変容」『神奈川大学評論』二三、一九九六年

幡鎌一弘「明治期における社会と天理教」『天理大学おやさと研究所年報』三、一九九六年

山口輝臣「宗教の語り方」『年報・近代日本研究』一八、一九九六年

Ernst Feil, *Religio: Zweiter Band: Die Geschichte eines neuzeitlichen Grundbegriffs zwischen Reformation und Rationalismus*, Göttingen: Vandenhoeck and Ruprecht, 1997.

Timothy Fitzgerald, "A Critique of 'Religion' as a Cross-Cultural Category", in *Method & Theory in the Study of Religion* 9-2, 1997.

Russell T. McCutcheon, *Manufacturing Religion: The Discourse on Sui Generis Religion and the Politics of Nostalgia*, Oxford: Oxford University Press, 1997.

Jacob K. Olupona, "Report of the Conference 'Beyond Primitive: Indigenous Religions Traditions and Modernity' March 28-31, 1996, University of California, Davis", in *Numen* 44-3, 1997.

Hans Kippenberg, *Die Entdeckung der Religionsgeschichte: Religionswissenschaft und Moderne*, Munchen: Verlag C. H. Beck, 1997.

桂島宣弘「教派神道の成立――「宗教」という眼差しの成立と金光教」『江戸の思想』七、一九九七年

鈴木岩弓「柳田國男と「民間信仰」」『東北民俗学研究』五、一九九七年

関一敏「日本近代と宗教」『春秋』三九二、一九九七年

Jan G. Platvoet, "Close Harmonies: The Science of Religion in Dutch Duplex ordo Theology, 1860-1960", in *Numen* 45-2, 1998.

Robert Kisala, Isomae Junichi, Matsuoka Hideaki, Hayashi Makoto, Fukasawa Hidetaka, Ian Reader, "Session 137: Arguing Religion in Prewar Japan", in *Abstracts of the 1998 Annual Meeting: March 26-29, 1998/Washington, D. C.*, Association for Asian Studies, 1998.

T. A. Idinopulos, B. C. Wilson, eds., *What is Religion?: Origins Definitions & Explanations*, Leiden, Boston & Köln: Brill, 1998.

Arthur McCalla, "Evolutionism and Early Nineteenth-Century Histories of Religions", in *Religion* 28-1, 1998.

A. L. Molendijk, P. Pels, eds., *Religion in the Making; The Emergence of the Sciences of Religion*, Leiden, Boston & Köln: Brill, 1998.

Jonathan Z. Smith, "Religion, Religions, Religious", in Mark C. Taylor, ed., *Critical Terms for Religious Studies*, Chicago & London: The University of Chicago Press, 1998.

Ivan Strenski, "Religion, Power, and Final Foucault", in *Journal of the American Academy of Religion* 66-2, 1998.

磯前順一「逆説的近代としての神道学」『創文』三九七、一九九八年

島薗進「日本における「宗教」概念の形成——井上哲次郎のキリスト教批判をめぐって」、山折哲雄・長田俊樹編『日本人はキリスト教をどのように受容したか』国際日本文化研究センター、一九九八年

広池真一「活仏転生をめぐる論争——チベット問題に於ける「宗教」概念について」『東京大学宗教学年報』XVI、一九九八年

Gavin Flood, "The Idea of 'Religion'", in *Beyond Phenomenology: Rethinking the Study of Religion*, London & New York: Cassell, 1999.

Richard King, *Orientalism and Religion: Postcolonial Theory, India and 'The Mystic East'*, London & New York: Routledge, 1999.

Arie L. Molendijk, "Tiele on Religion", in *Numen* 46-3, 1999.

Jan G. Plavoet & Arie L. Molendijk, eds., *The Pragmatics of Defining Religion: Contexts, Concepts, and Contests*, Leiden, Boston & Köln: Brill, 1999.

Peter van der Veer & Hartmut Lehmann, *Nation and Religion: Perspectives on Europe* and Asia, Princeton: Princeton

University Press, 1999.

Gerald Figal, *Civilization and Monsters: Spirits of Modernity in Meiji Japan*, Durham & London: Duke University Press, 1999.

奥山倫明、磯前順一、松岡秀明、鈴木岩弓、中村生雄、櫻井治男「日本の宗教学――社会的布置に関する再検討」『日本宗教学会第五八回学術大会 パネル部会レジュメ集』一九九九年

深澤英隆「姉崎正治のERE関連史料をめぐって」『日本女子大学総合研究所ニュース』七、一九九九年

山口輝臣『明治国家と宗教』東京大学出版会、一九九九年

Willi Braun, "Religion", in W. Braun & R. T. McCutcheon, eds., *Guide to the Study of Religion*, London & New York: Cassell, 2000.

Timothy Fitzgerald, *The Ideology of Religious Studies*, Oxford: Oxford University Press, 2000.

Gary Lease, Russell T. McCutcheon, William E. Paden, Don Wiebe, Benson Saler, "Review Symposium: Benson Saler, Conceptualizing Religion", in *Method and Theory in the Study of Religion* 12-1/2, 2000.

久保田浩「近代ドイツにおける「宗教」の含意」『宗教研究』七四-一、二〇〇〇年

竹田英尚『キリスト教のディスクール――異教文化支配の思想史(Ⅱ)』ミネルヴァ書房、二〇〇〇年

島薗進「国家神道と近代日本の宗教構造」『宗教研究』七五-二、二〇〇一年

島薗進「「宗教」と「Religion」」『季刊悠久』八七、二〇〇一年

磯前順一「近代における「宗教」概念の形成過程」『岩波講座 近代日本の文化史 三』岩波書店、二〇〇二年

宮川英子「宗教研究の中の宗教学――ジレンマからの脱出」『現代思想』三〇-九、二〇〇二年

第一部　宗教概念の形成と近代的学知

第一章　近代における「宗教」概念の形成過程
――開国から宗教学の登場まで――

はじめに

「宗教」という言葉はもともと漢訳仏典の造語であるが、今日私たちのもちいている意味では、欧米の〝レリジョン Religion〟という言葉に出自をもつものである。その点でいえば、レリジョンの訳語としての宗教は、それほど古くから存在していたものではない。幕末の開国によって日本が西洋の文明世界のなかに組み込まれるとともに、日本社会のなかに定着してきたまさに近代的な認識様式の所産なのである。本章では、この〝レリジョン〟という言葉が「宗教」として日本に定着するまでの過程、すなわち幕末から明治時代末までの時期に焦点をしぼり、日本において宗教的なものを見る目がどのような変化を遂げてきたのかを考えてみたい。

ここで確認しておきたいのは、このような言葉をめぐる問題はけっして表象としての単語の変化の次元にとどまるものではない、ということである。すなわち、宗教という言葉の出現の歴史を論ずることは、その言葉が含意する認識の枠組みそのものの変容、つまり宗教なるものへの認識布置が成立する過程をとりあげるということを意味するものなのである。新たなる言葉の出現は――ミッシェル・フーコーの言い方を借りるならば――、「諸対象の現出、様々な言表様態の出現と分配、諸概念の配置と分散、戦術的選択の展開」(1)など、私たちの認識のメカニズム自体に根本的な変化が生じたことを物語るものなのである。[2]

事実、すでに西洋の宗教学では、レリジョン概念の見直しが認識様式の問題としておこなわれている。そこではレリジョンという言葉のはらむヨーロッパ中心主義——植民地主義やオリエンタリズムとの結びつき——や、プロテスタンティズムに源を発する近代合理主義的価値観が批判にさらされ、レリジョン概念の内容を大幅に変更するか、この言葉そのものを廃棄すべきであるという議論が展開されている。このような動きをうけて、西洋に出自をもつレリジョン概念がその他の地域にどのような影響をあたえてきたのかということも、南アフリカやインドを対象に論じられはじめている。そして、また、日本でも同種の問題を近代化という歴史的文脈のなかで扱おうとする試みがあらわれてきている。[3]

ただし、日本における近年の動向はたんに欧米の研究を模倣したというものではなく、日本社会がその内部にかかえる問題と密接にかかわるものと思われる。なかでも、オウム真理教の事件が日本の宗教研究にあたえた影響はすくなくなかった。そこで取り沙汰された宗教をめぐる信教自由と社会性の問題は、カルトとよばれる反社会的な宗教教団の問題にとどまることなく、以前より論議されてきた靖国神社をめぐる宗教と国家の関係、さらには日本人にそもそも宗教心と呼ばれるようなものが存在するのかという問題へと連動していった。その結果、日本人にとって宗教とはなにか、日本の社会は宗教をどのように位置づけてきたのか、ということを私たちにあらためて顧みさせるものとなったのである。[4]

その意味で、宗教概念をめぐる考察は、近代日本において私たちが宗教と呼ぶものの認識様式、すなわち今日では自明化してしまった私たち自身の宗教にたいする眼差しを問いなおす試みでもある。ただし、それはたんに観念上の問題として片づけてしまってよいものではなく、現在におよぶ宗教をめぐる政治・社会制度の形成過程を射程にいれたものでなければならない。そのためには、これまで日本近代史の分野をはじめ、キリスト教史や仏教史などにおいて蓄積されてきた国家と宗教をめぐる政治・制度史的研究の成果をふまえた考察がもとめられよう。また同時に、この試みを西洋の研究の流行的模倣に終わらせることのないよう、一方で日本の国内事情のみに視点が埋没することのないよう、西洋的世界への参入を余儀なくされた日本のおかれた状況をふまえながら、レリジョンに代表される西洋由来の宗教的諸概念が、近代日本の宗教をめぐる状況をどのように汎世界的な西洋の構造のなかへと組み込んでいったのか、他方でそれを日本の社会がどのように受容し分節化していったのか、このような西洋的世界と日本社会との相互関係に注意をはらっておく必要がある。

以下、本論では宗教という語の定着過程を四つの時期——宗教という訳語の確立するまでの時期、宗教という語が西洋文明を体現していた時期、それが非合理的・私的領域に限定されるようになる時期、宗教概念の定着の完成段階として宗教学が出現する時期——に区分し、その変遷をとおして、近代日本の社会における宗教をめぐる諸言説が出現し配置されてゆく様子を力動的にとらえてゆきたい。

一　宗教という訳語の確立まで
——幕末から明治一〇年まで——

日本における宗教概念の確立は幕末の開国を皮切りとして、資本主義と帝国主義を旨とする西洋的世界のなかに日本が組み込まれてゆくなかであらわれた現象のひとつである。当時、万国公法とよばれる国際法があり、国家の主権はたがいに尊重され侵害されることはないとされていたが、あくまでそれは西洋諸国にかぎってのことであった。ヨーロッパの理解――ここでは万国国際法学会の会員ロリマーの表現をもちいる――によれば、地球上の領域は、「文明国」「野蛮国」「未開国」のいずれかに区分されるという。

まず、西洋諸国で構成される文明国には国家主権が認められ、たがいの政治的自立が尊重される。しかし、その一方で未開国は主権者のいない未開拓の領域とみなされ、文明国による植民地化の対象とされる。また、両者の中間に位置する野蛮国は半文明化の国土とされ、主権は制限されたかたちでしか認められず、文明諸国による管理のもとにおかれることになる。たしかに、どの国を野蛮国・未開国とするか、あるいはそのような呼称をもちいるか否かという点では、ロリマーと異なる見解もみられたようだが、西洋以外の地域に万国公法の適用をみとめる必要はないという結論は、西洋側の理解としてほぼ一致するところであった(5)。

このような分類基準のなかで日本は、中国やトルコとともに、制限されたかたちでのみ主権をみとめられる野蛮国と認定される。その結果、安政五(一八五八)年の日米修好通商条約を皮切りとして欧米諸国とむすばれた一連の通商条約は、いずれも不平等条約になった。非文明国は資本主義経済を理解できず、その円滑な進展の妨害をするおそれがあるため、関税自主権の撤廃と領事裁判権をもって、資本主義的な商業行為を西洋中心の立場で保護しようというわけである。

これらの条約の締結は経済的な不利益をこうむるだけでなく、アヘン戦争等による中国の没落ぶりに明らかなように、ひいては植民地化という国家独立を失いかねない事態につながるものであった(6)。その危険を克服するためには、はやく野蛮国の範疇から脱却し、西洋諸国と対等な文明国として認められる必要があった。この条約を引き継いだ明治政府がその改正のために、文明国として体裁を整えようとしたのも当然のなりゆきであった。この野蛮国から文明国への移行のこころみを象徴するのが、いわゆる文明開化であるが、以上の経緯からして、それは表層的な文化的輸入にとどまらない政治的性格をおびたものとならざるをえなかった。

さて、文明国として承認されるためには、まず憲法をはじめとする西洋的司法制度の整備——商業活動にたずさわる西洋人の安全を保障するもの——が必要とされるが、それだけでなく、同時に西洋的な文化様式や価値体系をひろく身につけることが求められた。そのような文化的項目の重要なひとつに、キリスト教の受容も数えられるわけである。[7]たとえば、非西洋地域への万国公法の適用を論じた万国国際法学会で、「「文明」国と「非文明」国」という言葉が「「キリスト教の」と「非キリスト教の」」に置き換えられているのは、[8]文明国の実体がなんであるかを端的にあらわしているといえよう。本章で論ずる日本におけるレリジョン概念の確立過程は、西洋世界との接触を契機とするため、キリスト教の受容をひとつの基軸として展開してゆくが、その背景に、西洋的な資本主義のグローバル化にともなう政治力学がはたらいていたことを見過ごしてはならない。[9]

さて、レリジョンという言葉がはじめて日本語に翻訳されたのは、安政五(一八五八)年の日米修好通商条約においてである。第八条のなかには、次のような信教の自由にかんする諸規定がある。[10]

〔一〕日本に在る亜米利加人自ら其国の宗法を念し礼拝堂を居留場の内に置も障りなし。竝に其建物を破壊し、亜米利加人宗法を自ら念するを妨る事なし。

〔二〕亜米利加人、日本人の堂宮を毀傷する事なく、又決して日本神仏の礼拝を妨け神体仏像を毀る事あるへからす。

〔三〕双方の人民互に宗旨に付ての争論あるへからず。

ここからは二つのことが確認される。ひとつは、この時期にはレリジョンの訳語はまだ「宗教」ではなく、「宗法」「宗旨」など近世的な言葉に訳されていたこと。もうひとつは、ここで確約されたのは国単位の信教自由であり、個人の次元のものではなかったことである。当時の日本国内は依然としてキリスト教が禁止されたままであったが、たがいの内政には干渉しないという理由のもと、欧米諸国は直接の強力をもちいてまでは強硬に日本政府に方針転換させることはしなかった。「日本にて自国の国法を行候理は、必ず可有之候。仮令其法、各国の当時の公法に不合候とも、夫を強て行候理はあるべし」[11]と、当時のイギリス公使館が述べているとおりである。

「Religion といふ語を邦語に翻訳しなければならぬ実際的必要があつたのは、……差当り外交関係の文書に於てゞあつた」[12]と相原一郎介が指摘するように、レリジョンの訳語はそれ以降、もっぱら西洋諸国との外交条約を締結する場において作られてゆく。つまり、この訳語は当初は国内の宗教動向とはかかわりなく、外国と接触をもつ日本社会の外縁部においてのみ必要とされた言葉であった。[13]そのため、西洋世界と日本の宗教的観念を厳密に擦り合わせることもなく、キリスト教を核とするレリジョンと宗旨に代表される日本の概念がどのように対応するかという議論も生じなかった。レリジョンとその訳語をめぐる共通性は「神仏の礼拝」(日米修好通商条約)という程度のおおまかな意味合いで、当時の政府役人や知識人に受け止められたにすぎなかった。

その後、外交文書の訳語はおおむね「宗旨」に統一されてゆくが、当時の啓蒙的知識人による訳語には様々なものがみられた。たとえば、「宗門」「信教」(福沢諭吉『西洋事情　初編』慶応二年)、「宗旨法教」(同『西洋事情　二篇』明治三年)、「神道」「法教」(中村敬宇訳『西国立志編』明治四年)、「教法」「宗旨」(西周『百学連環』二篇上、明治三年頃成立)、「教門」(同『随筆』明治一—四年頃成立)、「聖人の道」「聖道」「教門」(新島襄書簡、慶応三—明治四年)、「神道」「奉教」(加藤弘之翻案『米国政教』明治七年)、などである。[14]

「宗教」という訳語もそのひとつとして登場してくるわけだが、その初期の例としては、明治元(一八六八)年のアメリカ公使によるキリシタン禁止の高札に対する抗議書、明治二年に北ドイツ連邦と締結した通商条約、明治五年の島地黙雷の「三条教則批判建白書」などがある。[15] だが、いまだそれは「宗法」や「宗旨」との言い換えが可能な類似した言葉にすぎず、今日的な固有の意味をもつにはいたっていなかった。しかし、厳密に言えば、「宗教」に統一される以前のレリジョンの訳語には、「宗旨」のようなプラクティス的な意味——非言語的な慣習行為——を強くふくむものと、「教法」のようにビリーフ——概念化された信念体系——を中心とするものの、二つの系統が存在していたように思われる。[16]

プラクティスに相当する「宗旨」や「宗門」は、曹洞宗や浄土真宗など、基本的に仏教の各宗派への個別の帰属関係をあらわした言葉である。それは近世の寺請制という、寺院を媒介とした幕府の人身支配制度と一体をなすものであり、地縁的な教団組織である檀家制度を背景として、葬送儀礼をとりおこなうことを許可された仏教の各宗派のみが宗旨に該当するものと認定された。そのため、基本的に葬儀とかかわりをもたない神道や儒教はその範疇にはふくまれず、当時の禁教であるキリスト教のみが、仏式の葬儀を拒否する「邪宗門」「耶蘇宗門」として、宗旨の逸脱型に想定された。[17] いずれにせよ、そこで問題になるのは葬儀の施行者としての宗派であり、ビリーフたる教義の異同については、まったくといってよいほど議論の対象とはならなかった。

それにたいして、ビリーフと密接なつながりをもつのが、レリジョンの訳語のうちでも、「教法」や「聖道」といった言葉である。これらは宗門や宗旨のように近世の宗教制度と結びついたものではなく、仏教や儒教における真実の教えを意味する教義・思想的なものである。[18] 近世でも、教義をめぐる論争は仏教と儒教や国学のあいだでおこなわれていたが、それはあくまで知識人に限られたものであり、一般の人々がかかわるプラクティス的な宗旨としての仏教とは別の次元に存在するものであった。[19] そのためもあってか、「教法」や「聖道」といった言葉は政府の行政文書にはほとんどみられず、おもに知識人の著述物のなかに登場する。そして、「言語では表示されない究極の真理と、それを人に伝えるための教え」という仏典出自の語義をもつ「宗教」という言葉も、また、このビリーフ的な範疇に数えられるものであった。[20]

このように幕末から明治初期にかけてレリジョンの訳語には、プラクティス的な宗旨・宗門などと、ビリーフ的な教法・聖道や宗教などの、二系統のものが存在していた。ただし、ひろく人口に膾炙していたのは、近世の宗教制度とむすびついた前者のほうであった。後者はあくまで経典や教義に長じた知識人層にかぎられた語彙であった。「宗教」もその例外ではなく、すでに井上哲次郎が「一体宗教といふ言葉は維新前にはあまり使はなかった」[21]と指摘しているとおりである。それが、最終的に宗教へとレリジョンの訳語が統一されたということは、少数派にすぎなかったビリーフ系の宗教という言葉が、それまで優勢であった宗旨・宗門などプラクティス系のものを凌ぐにいたる逆転現象が起こったことがわかる。

さて、レリジョンが宗教という訳語に固定される時期は、明治一〇年代に入ってからと思われる。[22]明治一四(一八八一)年に刊行された訳語集『哲学字彙』に宗教の言葉が載せられる頃には、かなり一般化していたと言ってよかろう。[23]この訳語が固定化される直接の契機になったと考えられるのが、明治六年におけるキリスト教禁止の高札撤回である。[24]この撤回にさいしては、具体的には長崎浦上村のキリシタン処罰や岩倉遣欧使節団などが関わっているが、最終的には、遣欧使節の一員、伊藤博文が回顧しているように、「高札ニ其禁令ヲ掲示スルヲ以テ、外人ハ一概ニ自由信仰ヲ妨クルノ野蛮国ト見做シ、対等ノ権ヲ許スコトヲ甘ンセス、故ニ此高札ノ禁令ヲ除ク」[25]という、例の文明国・未開国・野蛮国という国家主権をめぐる外交的判断がおおきく働いたといえよう。

日本国内でキリスト教が黙認されたことを機に、それまでは外交という言わば外国との折衝場面でのみもちいられていた訳語が、日本国内の宗教政策をめぐる問題として社会の内側で論じられるようになったのである。ここにおいて、議論にくわわる人々が共通の言葉でレリジョンを恒常的にかたる必要が生じ、訳語が統一されたのであった。

この議論はおもに『明六雑誌』を舞台として展開されたが、宗教という訳語をいちはやく採用したのもその同人であった。高札撤回の翌明治七(一八七四)年には、いちはやく森有礼がその名も「宗教」という題名の論文を同誌に発表し、福沢諭吉も同八年には『文明論之概略』から宗教という言葉を本格的に使いはじめている。[26] いずれも西洋の事情に詳しい啓蒙的思想家だが、なかでも森は自身がキリスト教の一派ユニテリアンを奉ずるなど、キリスト教の信仰に精通していた点が注目されよう。

そのさいに主要議題のひとつにされたのが、キリスト教と日本在来の諸宗教との関係性であった。西洋のレリジョン概念の中核をなすキリスト教は信念体系の発達が著しく、とくに日本へのキリスト教伝道の主流をなすプロテスタントは儀礼的要素を排する厳格なビリーフ中心主義をとっていた。[27] それは当然のことながら、プラクティスを中心とした近世日本的な宗旨の概念とは嚙み合わないものであった。このようなキリスト教の印象がレリジョンという言葉の背後に存在していたために、最終的にその訳語がビリーフの系統の「宗教」へと統一されていったのであろう。このことは、明治初年における宗教的なものの理解が、知識人のあいだにおいて、キリスト教の受容を契機として儀礼的なものから教義中心のものへと移行したことを示している。

ただし、レリジョンをめぐる問題は、依然として政府官僚や啓蒙思想家など西洋文化に接する機会をもった、ごく一部のエリート層にとどまるものであった。当時、ほとんどの人はキリスト教と接する機会もなく、宗教という言葉も知らないままであった。大隅和雄による左の文章は、日本社会における宗教という言葉の浸透度合いをよく示している。

戦前の農村やなんかで暮らしていたような人にとっては、〝宗教〟ということばはそう身近に使われたことばではないように思います。宗旨であるとか、信心であるとか、あるいは信仰であるとか、そういう種類の言葉でわれわれが現在〝宗教〟ということばであらわしているものを呼んでいたのだと思います。[28]

戦前の昭和でさえ、このようであったのだから、明治初期のありさまは推して知るべしである。ここで大隅が指摘する「信仰(シンギョウ)」「信心(シンジン)」という言葉も、やはり仏教に出自をもつものだが、実際に近世では仏教にかぎられたものではなく、民衆宗教や民間信仰までを含意するものであった。[29]また、大隅はこれを宗旨と併置しているが、社会制度と結びついた宗旨・宗門は寺請制の範囲外ではもちいられず、明確な区別が存在していた。信仰や信心は広汎な信仰行為を包括するものであり、それにくらべると、宗旨だけでなく宗教にしても適用の範囲がかぎられた言葉であった。この信心・信仰が、レリジョンの訳語にさいして一切顧みられなかったということは、いわゆる民間信仰等から切り離されたところで、すなわち民衆世界とは隔たった概念的世界でレリジョンなる言葉が日本社会に受け入れられていったことを示している。

二　西洋文明としての宗教
——キリスト教黙許から教部省政策の廃止まで——

レリジョンの訳語としての採択は、それまでの宗教の意味に変化をもたらすものであった。小泉仰はつぎのように述べている。

仏教の世界で使われた「宗」と「教」、および「宗教」ということばは、どこまでも仏教の教旨であり宗旨であって、それ以外の宗教をさすものではなかったという点で、共通していた。したがって、仏教用語としての「宗教」には、キリスト教、ユダヤ教、イスラム教などの諸種の宗教を含んだ意味での、いわば制度としての宗教という意味は、含まれていなかったのである。(30)

より精確に言えば、近世において宗教という言葉は仏教内の「宗派の教え(31)」を意味するものにすぎなかった。諸宗教間の関係はおろか、仏教という統一意識さえ欠如していたものが、レリジョンへの訳語化を契機として、諸宗教を包括する拡大された意味をもつようになったのである。江戸時代では仏教が寺請制をとおして制度的に宗教を独占していたが、それが明治政府のとったキリスト教黙許や神仏分離令などの政策によって、仏教による宗教制度上の独占状態がくずれ、神道・仏教・キリスト教が競合せざるをえなくなったためと思われる。

それと前後して、それまで統一意識をもっていなかった仏教や神道の諸派が、自己のアイデンティティとして仏教や神道という統一単位をはっきりと自覚してくるようになる。(32)そもそも「仏教」という言葉自体が、近世以来の宗派ごとに独立した状態を克服しようとするなかで、この時期に現われたものである。(33)神道もまた、仏教との混交状態から分離され、国体イデオロギーにささえられた独自性を実際に形成してゆくのは、神仏分離令をはじめとする明治政府の国教化政策の影響である。それまでの神道という言葉は、様々な立場からの多様な意味を不統一なままに含んだものにすぎなかった。(34)

そして、この新たに成立した「宗教」という諸宗教を包摂する場において、教義的な面で圧倒的な優位にたったのが、倫理規範や一神教的人格神などのビリーフ的性格をもつキリスト教であった。(35)キリスト教系雑誌『六合雑誌』の発刊にあたって、小崎弘道が「我輩ハ夙ニ基督教ヲ学ビ深ク其真理ナルヲ覚リ……其文明ノ精神ナルヲ確信セリ(36)」とのべた言葉は、西洋文明と結びついたキリスト教の優位性を端的に示している。しかも、この認識は小崎のようなキリスト教徒だけでなく、津田真道や福沢諭吉ら啓蒙思想家や、岩倉遣欧使節団の政治家らにも——宗教を文明の本質とするか否かは別として——共通するものであった。[37]すでに明治初年から神道の国教化政策がとられていたが、政府の思惑によって一方的なものであったため、その政治的な優位性に比して、教えの内実は乏しく、人々を充分に引きつけるものではなかった。[38]

このようにキリスト教が西洋文明の体現とされるようになると、他の諸宗教もキリスト教に劣らず、自宗教がいかに明確な教義体系をもち、文明化に役立つものかを競って主張するようになった。[39]その一方で、この価値観にそぐわないものは「淫祠邪教」として排されることになる。浄土真宗の指導的知識人、島地黙雷のつぎの発言は、ビリーフ的な宗教と淫祠邪教との対比を端的にしめしている。[40]

夫宗旨ハ神為也。人ノ造作スベキ者ニ非ズ。……何者、生死ハ人ノ知ルベキ者ニ非ズ、心思ハ人ノ抑ユベキ者ニ非ズ。……其ノ宗祖ヲ尊ビ、其ノ教主ヲ崇シテ、信従固守ノ甚シキ、……此宗教ノ宗教タル所以……抑本邦下民ノ一定ノ信ナキ、朝ニ霊験ヲ遂ヒ夕ニ奇瑞ヲ求メ、東奔西走、形ヲ認メ影ヲ捕ヘ、甚シキハ狐狸ニ事ヘ蛇蝎ヲ崇ム。実ニ可憐ノ至也。

そこでは宗教が、神の行為・死の問題・教祖などと関連づけて理解されるかたわらで、現世利益的な信仰が厳しく批判されている。事実、仏教各派ではそれまでの葬式仏教と呼ばれる儀礼中心のあり方を脱却しようと、キリスト教にならった教義・哲学化がおこり、親鸞や日蓮など、倫理的な人格者として各宗派の教祖が顕彰されるようになってゆく。他方、明治五(一八七二)年には祈禱を生業とする修験宗が廃止されるなど、現世利益的な呪術行為は仏教から排除されていった。[41]

このような抑圧政策は、明治六(一八七三)年の市子・梓巫・憑祈禱などの禁止令などをとおして、民間信仰や民衆宗教にもつよく推し進められた。たとえば、明治初年の多摩郡では、念仏講・稲荷講などの各種講や日待が禁止され、道端の地蔵や庚申が撤去されたことが記録に残されているし、金光教や天理教などの民衆宗教も呪術的だとして、その布教活動に著しい制約が加えられた。[42] キリスト教を軸とするビリーフ的な「宗教」観が形成されてゆく一方で、近世に信心や信仰と呼ばれた庶民の宗教的生活の一部は、淫祠邪教として著しく貶められていったのである。この段階でプラクティス的なものは明らかにビリーフの下位におかれ、その一部は反文明的なものとして社会から排されていったのである。

このような宗教観が成立してくる背景には、欧米諸国の圧力という対外的契機が大きかったわけだが、同時にすでに受容する側にも、プロテスタント的な倫理的宗教と相通じる儒教的素養が、当時の知識人層を中心に存在していたことも見逃せない。[43] 淫祠邪教という発想にしても、すでに近世の儒学にあらわれている。[44] そもそも、当時の日本では宗教的なものと倫理的なものの区別は、語彙的に言えば、それほど明確なものではなかった。むしろ、近世以来の儒学や国学的素養にもとづいて、両者を併せて「教」としてとらえる理解が一般的であった。それについては、すでに津田左右吉が次のように述べている。

「教」を説くことがばあひによつてまち〳〵になつてゐるのは、或は道徳的意義を強調せんとし、或はいくらかの宗教的意義を含んでゐる神ながらの道を張揚せんとし、また或は政治的要求を表面に立てようとするやうに、いろ〳〵の思想傾向が政府者の間にあつたからでもあらうし、思想の違ふ事務官や献策者の種々の意見が混合して文書に現はれてゐる故でもあらうし、根本的には政といひ祭といひ教といふ概念が明かになつてゐなかつたためでもあらう。[45]

たとえば、西周は「教」と「政」を区別するなかで、「教ハ内ニ存スル心ニ則ヲ示スモノ」と規定したが、教えという範疇のなかでは宗教的なものと倫理的なものの弁別をしていなかった。[46] 福沢諭吉の「徳教」という言葉も同様である。そこでも、丸山真男が「宗教と道徳とのケジメがはっきりしていない」と指摘するように、「徳義」と「耶蘇の教」「神道」「仏法」の双方が含意されていたのである。[47]そして、このように教という言葉が未分化であったがゆえに、西村茂樹は「一を世教と云ひ、一を世外教(又之を宗教といふ)と言ふ」と、「世」と「世外」という修飾語を付することで、教えの意味を「現世の事」を説く倫理的なものと、「未来の応報と死後魂魄の帰する所」を説く宗教的なものとして使い分けようとしている。[48]

このような教の未分化さは、明治五(一八七二)年から政府がとりはじめた教部省政策にもみてとれる。教部省はキリスト教に対抗して、天皇制イデオロギーを国民に普及する機関であり、教導職に任ぜられたものが国民教化ならびに葬儀を独占的に取り扱うことになっていた。[49]そこで宣布された「本教」「大教」と呼ばれる教えもまた、啓蒙思想家の場合と同じように、宗教的なものから倫理的なものにわたるものであった。[50]たとえば、これらの教えの具体的項目をしめした十一兼題では、「神徳皇恩ノ説、人魂不死ノ説、天神造化ノ説、顕幽分界ノ説、愛国ノ説、神祭ノ説、鎮魂ノ説、君臣ノ説、父子ノ説、夫婦ノ説、大祓ノ説」[51]と、神や死後の問題とともに政治的秩序や家族道徳がとりあげられている。それを説教する教導職も、神道・仏教や民衆宗教などの宗教家だけでなく、宗教とはかかわりのない講談師や落語家までがふくまれていた。教部省政策だけでなく、それに先立つ神道国教政策にせよ、そこでいう「教」や「大教」とは今日で言うところの宗教ではなく、このような分化していない教えをさすものなのである。

勿論、宗教的なものと倫理的なものの間には、基本的に神的なものを立てるか否かという点では明らかな外見上の相違がみられたが、中村敬宇のキリスト教信仰などにみられるように、そこに神を心に内在する天としても理解する儒教的理解が介在すると、両者の境界はそれほど絶対的なものとはならなかった。[52]今日でも、教という言葉は宗「教」および「教」育として、宗教的なものと倫理的なものの両方の文脈でもちいられており、そこからも教という言葉のもつ両義的な意味をみてとることができる。その未分化な関係のなかの両極として、宗教的なものと倫理的なものが認識されていたのである。それは、西洋思想の摂取を推進する福沢ら啓蒙思想家の理解にせよ、伝統的な国学系知識人にせよ、変わるところがない。依然として明治初期には、儒学を主とする近世的な素養が息づいていたのである。(53)

このように、明治一〇年前後の国体イデオロギーにしろ啓蒙的知識人の理解にしろ、その「宗教」概念は、倫理的なものと宗教的なものが一体をなす近世的な「教」の言説の一部として位置するものであった。そのうえで、信仰者は宗教的なものこそが文明の真の原動力であるとし、非信仰者たちは宗教的なものは倫理的なものへと合理化されるべきだと考えたのである。宗教が倫理的なものと完全に分断されるのは、明治一〇年代後半から二〇年にかけて、明治一〇(一八七七)年の教部省廃止から明治一七(一八八四)年の教導職廃止へと、教部省政策が崩壊して、政教分離が日本なりに確立してゆく次の段階を待たなければならない。

この段階において、政府や啓蒙思想家、そして信仰者に共通してみられるのは、どの宗教が日本の国民統合に役立つかという視点である。たとえば小崎弘道は、「欧米諸国ノ現状ヲ見ニ、基督教ノ最モ盛ナル国ハ其人文最モ進ミ、学術開ケ、国権立チ、愛国ノ情甚ク深ク、父子ノ間尤モ親睦シ」(54)と、国家や社会秩序あるいは学問とキリスト教との結びつきを強調している。ここで微妙な役割を果たしたのがキリスト教に代表される宗教の現世批判的な性格である。その矛先が民間信仰や旧弊的な慣習に向けられるとき、宗教は文明開化をおしすすめる啓蒙的な力として評価されることになる。ただし、その現世批判的教義が国家権力およびその象徴たる天皇制に向けられる可能性があるとすれば、その宗教は日本から除外されることになる。宗教は近代の国家や社会形成への貢献の度合いから語られることになるのである。それについて、安丸良夫はつぎのような指摘をしている。

この過程を全体としてみれば、民衆の生活と意識の内部に国家がふかくたちいって、近代日本の国家的課題にあわせて、有用で価値的なものと無用・有害で無価値なものとのあいだに、ふかい分割線をひくことであった、といえよう。分割線の向こう側にあるのは、旧慣・陋習・迷信・愚昧などであり、それらの全体が否定性をおびさせられていた。[55]

そのなかで仏教は、明治初年に廃仏毀釈を被ったこともあって、急速にその出世間的性格を転換させ、ナショナリズムおよび西洋的価値規範とのつながりを強めてゆく。明治八(一八七五)年における在家信徒の大内青巒が「仏教精神と開化主義的な自由平等思想および国家主義との結合」を目的として『明教新誌』を発行したことや、同九(一八七六)年に東本願寺が南条文雄をイギリスのインド学者マックス・ミュラーのもとに留学させたことは、その端的な現われといえよう。[56]一方で、金光教や天理教の民衆宗教も脱呪術化をはかるとともに、しだいに国家権力への批判的な態度を控えるようになってゆく。[57]

ただし、このような動向のなかで、いわゆる民衆と呼ばれる人々のしめした対応は一律に括ることのできないものであった。ここでは、ひろたまさきに倣って、当時の民衆を「豪農商層・底辺民衆」の二層にわけて触れておきたい。[58]豪農商層は幾つかの類型に細分されるというが、総じていえば国家のすすめる文明開化のイデオローグとして積極的に自己の主体再編をおこなっていったという。鶴巻孝雄が、「民俗への介入は、村の啓蒙家を受け皿にしてはじめて可能になり、また彼らの誕生自体が、開化のもっとも大きな成果の一つだった」[59]と述べるように、地域の指導者である豪農商層はすすんで民間信仰を抑圧する側にまわったのである。その向こう側にいる「底辺民衆」とよばれる層にとってこそ、ひろたが言うように、「「文明開化」は彼らの世界とはまったく異質で敵対的なおどろおどろしい世界として登場し、圧倒的な力をもって彼らに被いかぶさって来たのである」。[60]

三　非合理的・私的領域としての宗教
――国体道徳期――

このような未分化で西洋文明と一体になった宗教の観念にあらたな変化をもたらすのが、明治一〇年代後半に起きた科学と宗教の対立、および二〇年代初頭の国家と宗教の対立である。まず、科学と宗教の対立であるが、それは進化論の伝来によって引き起こされた。日本への進化論の本格的な紹介は、明治一〇（一八七七）年の東京帝国大学でのエドワード・モースの講義を端緒とする。「事物ノ真理ヲ講究シ宗教ノ説ヲ準トスベカラズ」と銘打った講義のなかで、モースは「人間ハ上帝ノ特別ニ創造セシモノニ迷信固執シテ一人ノ之ヲ怪トスル者ナク、物理ニ達セズ事情ニ通ゼザレバ、人種ノ下等動物ヨリ変遷進化セシ等ノ理ヲ省悟スル者アランヤ」[61]と述べ、キリスト教の創造説が科学的事実に合致しないとして激しく批判した。当時の様子について、キリスト教徒の史家、山路愛山はつぎのように述べている。

当時の耶蘇教徒が理論として正面の戦を挑みたるは、所謂英国経験派なりき。既にして久しく勢力の集中に従事しつつありし東京大学は、遽に立つて活動を始め、進化論、不可思議論を鼓吹し、此に精神界に新しき感動を起こし、耶蘇教徒をして更に一敵国を生じたる感あらしめたり。蓋し明治十三四年以後の大学が日本の精神界に寄与したる活動二あり。一はモールス博士による進化論なり。二は加藤弘之による人権否定説なり。[62]

日本における進化論は、自然界を論ずるダーウィニズムとほぼ同時にスペンサーの社会進化論がつたわった。ここで山路が、加藤弘之の人権否定説というのは、社会進化論をさすものである。狭義の進化論であるダーウィニズムは人間と動物の連続性を説くことで、人間は神が造ったとする聖書の創造説を否定した。社会進化論はあらゆる宗教は祖先崇拝から派生したとすることで、キリスト教が啓示宗教として他宗教から隔絶しているという主張を批判し、人間界も自然界同様に優勝劣敗の法則に支配されており、神の慈悲につつまれた万人平等な世界など存在しないとした。(63)

いずれにせよ、経験科学の成果に照らし合わせてみるとき、キリスト教の啓示的な教説は成り立ちえないことになる。科学的合理性が文明のあかしとみなされ、キリスト教はその対極にある非合理的なものとされたのである。(64) すでに進化論がひろまっていた欧米諸国では、キリスト教の地位は降下していたが、(65) 日本でもキリスト教は西洋文明の体現ではなくなりつつあった。そして、西洋文明は宗教とは切り離された自然科学的な合理性におかれることになる。その象徴的存在が、モースをはじめ、その後任のフェノロサや加藤弘之などがつとめる東京帝国大学であった。

その結果、「多クハ道徳ヲ以テ専ラ現世ノ人事ニ関スル者、宗教ヲ以テ専ラ来世ノ事ヲ説ク者ト為ス」(66) と、一般にキリスト教をはじめとする宗教は来世と現世のいずれにかかわるかという点を指標として、道徳や倫理とはっきり区別されるようになる。そして宗教は非合理的なものとして、「社会十分開明ニ進ムニ於テハ宗教ハ全ク無益ノ者トナリ」(67) と、合理的な倫理の下位にたつことになった。勿論、明治初期の啓蒙思想においても、福沢諭吉のように、宗教的なものは倫理的なものに合理化されてゆくという見解が存在したが、先述したように両者は教という観念に包括されており、それほどはっきり分けて考えられてはいなかった。それがこの段階になると、宗教と倫理は明確に異なるものとして理解されるようになったのである。

このような変化にたいして、信仰者側には二種類の動きがあらわれる。(68) そのひとつは当時の知的潮流におうじて宗教を合理的にとらえようというもので、宗教の本質は倫理あるいは哲学的教理にあるとした。その典型が、明治一八(一八八五)年頃から日本のキリスト教界に登場しはじめた、ドイツ普及福音教会やユニテリアンなどの自由神学の諸派である。それは聖書や教義を神の誤まりない啓示とする正統派の見解に批判をくわえ、高等批評とよばれる合理的で自由な解釈を説く。もうひとつは、宗教を非合理的なものと認めたうえで、宗教の評価は合理性ではおこなえないとする福音主義の立場である。それは「創世記を以て幾ど学術書の如く見なす説ハ余の甚だ取らざる所なり。聖書は終始宗教の書と見さる可らず」[69]と断ずる小崎弘道の発言に端的にあらわれている。自由神学に先立つ明治一六（一八八三）年には全国各地の教会でリバイバルとよばれる信仰回心もおきており、この時期になって従来の主知主義的なかたちではなく、キリスト教を個人の内的体験として捉えようとするロマン主義的な理解がすすんだともいえる[70]。

このように進化論との対立を契機として、日本のキリスト教もそれまでのように合理的かつ啓示的な性質を両立させることは困難となり、自由神学のように啓示的性質を切り捨てて倫理化してゆくか、福音主義などのように啓示的性質を守るために合理性を犠牲にするか、二者択一的な選択を迫られることになった。そのなかで、時代的合理性とむすびついた自由神学は、福沢諭吉や加藤弘之など非信仰者の知識人にも支持されたが、その教説は理屈に傾くきらいがあり、一般の信者層からは遊離した狭小なものであった。一方、大半の信者が支持した福音主義であったが、社会における知的正当性は獲得することができなかった[71]。かつて日本に流入したキリスト教は西洋文明と一体をなし、宗教観念の中核をなすとともに、土着の民間信仰を抑圧したわけだが、今度はそのキリスト教が西洋的合理性との乖離が生じたことから、蒙昧なものとして指弾されるようになったのである。

おなじような動きはキリスト教以外の宗教にもあらわれる。たとえば、仏教界では東京帝国大学で哲学を学んだ井上円了が、「仏教ハ純然タル智力的ノ宗教ニシテ耶蘇教ハ全ク情感的ノ宗教ナルコト容易ク判知スルコトヲ得ヘシ」[72]と、合理性の基準を逆手にとり、ヘーゲル哲学のような西洋哲学に合致するのはキリスト教よりむしろ仏教であると主張した[73]。ただし、キリスト教以外では合理性とむすびつく動向はあっても、みずからを非合理的な存在として規定する福音主義のような動きはほとんど存在しなかった。それはキリスト教が西洋世界の一部をなすものとして、おなじ西洋の合理主義的言説に対抗しうる自負と伝統を有していたのに対し、日本の土着宗教にすぎない他宗教は西洋的合理性にたよる以外に自己を社会のなかで正当化し、キリスト教に対抗する手段がなかったためと思われる。

だが、いずれの立場をとったにせよ、進化論は宗教的言説のなかへと深く浸透していった。信仰者にしろ非信仰者にしろ、宗教を合理的にとらえる立場では、一般に自然教から文明教へ、さらには宗教から倫理へという進化階梯が想定された(74)。他方、福音主義的な立場では、天啓宗教たるキリスト教は他の自然宗教とは断ち切れた存在であるとしたが、自然淘汰という考えを導入することで、キリスト教こそが宗教競争の勝者であると説いたのだ(75)。むろん、その一方で民間信仰のように、この進化論的な価値規範と結びつくことができなかったものは、より一層、迷信として抑圧されてゆくことになる。

さて、もうひとつの対立軸である国家と宗教の衝突は、かねてから懸念されていた宗教の現世批判的な性質が、いわゆる内村鑑三不敬事件をとおして表面化したものである。教部省政策を断念した政府は、明治二二(一八八九)年の大日本帝国憲法および翌年の教育勅語の発布によって、それまで教として一括されていたものを、個人的自由の裁量に委ねられる「宗教」という私的領域と、国家的義務として課せられる「道徳」という公的領域へと、あらたに二分割する。憲法第二八条にはつぎのように記されている。

日本臣民ハ安寧秩序ヲ妨ケス及臣民タルノ義務ニ背カサル限ニ於テ信教ノ自由ヲ有ス(76)

それは、科学と宗教の対立がもたらした倫理と宗教との分離を、公と私のふたつの領域に社会制度的にふりわけたものであり、ここに日本的な政教分離にもとづく国民教化の基本枠組みが成立したといえる。明治二二年の憲法祭から明治二七(一八九四)年の日清戦争にかけて、国民意識が醸成されてきたと牧原憲夫は指摘するが(77)、それはこの政教分離が確立する時期にほぼ相当するものである。倫理的なものと宗教的なものが渾然とした伝統的な教の観念が分化したとき、西洋的な国民国家の形成にむかって日本社会も本格的に動きはじめたのであろう。

宗教領域の分立は、近代西洋において啓蒙思想と密接なつながりをもって起こったものであり、もともと汎世界的に存在していた普遍的なものではない。ヨーロッパでは一八世紀後半から現われはじめたが[78]、日本では開国を契機として西洋世界へ組み込まれてゆく過程のなか、約一世紀ほど遅れて政教分離制度が採られたのである。モレンディクによれば、宗教という領域の自立化は近代国民国家の成立にともなう政教分離と表裏一体をなすものであり、宗教というものが個人の内的領域とみなされることと一致するという。彼はつぎのように述べる。

宗教と政治的権威が緊密に結びついていた状態の消滅は、時を同じくして宗教というものの、ある種の自立化をもたらすものとなった。近代国民国家の形成が、宗教を可視的で階層的な秩序から、国民国家という道徳共同体の成員の内的自己をあらわすものへと、少なくともある程度は、変化させていったのである[79]。

このような動きのなかで、宗教概念の内容も変化をこうむる。当初、宗教という言葉は、キリスト教黙許や神仏分離を契機として、個々の宗教の対抗関係を論ずる場として設定されたものであった。だが、ここにいたって個別宗教の並立をたんに記述する現象的な次元から脱却して、それらを包摂する場自体にそなわる固有の本質という抽象性をもつ概念 Sui Generis Religion へとかかわりはじめる[80]。明治二六(一八九三)年の『比較宗教学』における井上円了の言葉はそれを端的にあらわしている。

内部より考察するときには、宗教をなすべき本心すなわち無限性の宗教心は人類固有のものたるは前に述べたりしごとくにして、ただ野蛮人にありてはその形はなはだ劣等なりしというにありて、その位置よりようやく発達して高等の域に達するというも、これただ外形上のことのみ。内面よりいわば、高等に達すべきだけの要因は下等なる外形の中にもすでに含容しおれり。[81]

その書名が示すように、この段階になると比較宗教という視点がみられるようになる。すでに明治二四（一八九一）年には井上哲次郎が東京帝国大学で「比較宗教及東洋哲学」という講義をはじめている。比較宗教学とは諸宗教のちがいを明らかにするというのではなく、その共通性を宗教という固有な領域にそなわる普遍性として抽出する作業であった。そのさいに接合剤の役割をはたしたのが進化論であった。それによって、個々の宗教はたがいの違いをこえて連続的な時間軸に進化階梯としてならべられ、進化をつらぬく共通性を想定することが可能になる。[82]

しかも、この動きは政府やアカデミズムという世俗社会だけでなく、信仰世界においても、国際的なものとしては明治二六（一八九三）年のシカゴ万国宗教会議への参加、国内のものとしては同二九（一八九六）年の宗教家懇談会の開催など、自宗教をこえた宗教間対話というかたちであらわれる。[83]キリスト教をはじめ、仏教・神道などが集ったこれらの会議は、当時広まりつつあった唯物論に対抗することを目的のひとつとして開かれたのだが、そこでも「比較宗教学」がさかんに謳われ、「宗教は其体裁種々なりと雖も其根本重要なる原理に至ては皆相一致する」と、宗教という領域の普遍的性質がつよく強調された。[84]この時期、しばしば「新宗教」とよばれる統一宗教の出現を待ち望む声がきかれるようになるが、それもこのような宗教の固有性への自覚がうながした動きといえよう。[85]

ただし、このような宗教の領域は社会制度的にみて、あくまで道徳領域の下位にたつものでしかない。それをはっきりと確認させたのが、内村不敬事件であった。この事件は明治二四年に東京の第一中学校嘱託教諭の内村鑑三が教育勅語の奉戴・奉読式において、キリスト教信仰を理由に勅語への最敬礼を拒んだことに端を発する。それはキリスト教は天皇制と相容れないとする激しい批判をまきおこし、職を辞さざるをえなくなった内村は社会的に抹殺されたにひとしい境遇におとしめられることになる。[86]結局、それは国家が何にもまして優先されるという勅語体制をしらしめるものとなり、信教の自由を保障する憲法二八条の条文も、「安寧秩序ヲ妨ケス及臣民タルノ義務ニ背カサル限ニ於テ」という前半部分に主意がおかれた「宗教の寛容」的なものにすぎないことが明らかになる。宗教的寛容 Tolerance とは、カトリック教国のような国教の存在を前提とするもので、そのなかで他教の信奉にも一定の自由が許されるにすぎない。(87) それは、天賦人権説にもとづく信教の自由 Religious Freedom とは、根本的に異なるものである。

宗教のもつ現世批判のひとつとしての国家権力批判は、ここにおいて日本社会では道を絶たれることになる。すでに明治一七(一八八四)年には教導職に代わって管長制が施行されており、内務省の許可なしには宗教団体の公的活動が保障されず、各教団は国家イデオロギーへの適合をみずからに課さなければならなかった。たとえば、教派神道に組み込まれた金光教では本来の生き神信仰が後退し、かわって三条の教則に代表される国体思想が前面におしだされる。(88) このような「日本型政教分離」を、安丸良夫はつぎのように要約している。

この「信仰の自由」は、国家意志をすすんで内面化してゆく〝自由〟を基本的な性格とするものであり、厭世的・超世俗的宗教意識や民族的諸信仰は、こうした〝自由〟によって克服されねばならないものであった。(89)

さきの内村事件においてもキリスト教の反国家的要素を懸念したのはもっぱら非キリスト者の側であり、(90) 概してキリスト教徒のほうは自らのうちにひそむ現世否定的な性質に無自覚であった。なかでも宗教の倫理化をおしすすめる自由神学は、現実の社会と宗教との積極的な関わりをもとめるなかで、国家的アイデンティティに絡めとられ、横井時雄や海老名弾正のような、天皇制国家をみずからすすんで称揚する人々を生み出した。(91) また、仏教なども内村事件においてキリスト教を激しく指弾するさいに、自教の正当性を国体イデオロギーとの一体性にもとめていった。

それはキリスト教や仏教にかぎったことでなく、当時の諸宗教はいずれも国家の存在を根底から対象化するような眼差しをもっていなかったといえよう。国家を体現する天皇制の根拠を現人神という宗教的なものにもとめる以上、国家の存立基盤自体が政教分離の理念に抵触するはずであるが、どの教団も自己の信教自由を主張するにとどまり、この天皇制自体がはらむ根本的矛盾を批判するにはいたらなかった[92]。市民社会が未発達な日本では、民主的な共同性を国家と対峙するかたちで想定することが難しく、社会への帰属感がもっぱら国家へと回収されてしまったためであろう[93]。

以上のように、明治一〇年代後半から二〇年代にかけて、宗教は一方で科学と、もう一方で国家との対立軸上に置かれるようになる。そして、国家と科学が結びついた公的領域が合理的なものとして形成され、それを体現する道徳は東京帝国大学などにおいて、倫理学や国文学など近代西洋流の学問によって、「国民性」といったかたちで闡明されてゆく[94]。かたや宗教はそこからはじき出され、私的で非科学的な領域においやられてゆく。かつては「教」のなかに共存していた宗教的なものと倫理的なものであったが、ここにいたって両者ははっきりと分割され、宗教は道徳の下位にたつことになる。

この分割線を前提にして、天皇制にかかわるイデオロギーは道徳の領域に属するものとされ、天皇家の祖先をまつる神社神道も道徳へと非宗教化されてゆく。すでに明治一五(一八八二)年には神官が葬儀にかかわることが禁止されている。この辺の動向について、宮地正人は次のようにまとめている。

政府は神官に個々人の死後の救済問題から手を引かせ、神道祭祀を国民的習俗と理由づけ、それに専念させることによって、一般から神道＝宗教批判を回避する口実とした。神社崇敬は宗教にあらずというのが、その後の政府の公式見解となる[95]。

この明治一五年から、帝国憲法が発布される明治二二(一八八九)年にかけて、神社非宗教論のうえにたつ、いわゆる国家神道体制の下敷が用意されていったといえよう[96]。それに呼応するかのように、この頃、「神道」や「仏教」「基督教」という今日馴染みのある名称が定着する。[97] 従来は神道は「神教」と、仏教は「仏道」「仏法」としばしば言いかえられ、その呼称は流動的であった。[98] それが仏教や基督教のように宗教の範疇に属するものは、その語尾を宗教にならって「教」にそろえ、道徳に属するものは神道のように「道」という言葉に固定されるようになる。[99] そもそも「道徳」という言葉じたいが「国民道徳論」という熟語が端的にしめすように、西洋的な概念である倫理にたいし、教育勅語に代表されるような天皇制を中心とする日本的特殊性を強調するものであり、そこからも日本の公的領域が国家権力の影に被われていたことがうかがわれる。

さらに後には、道という呼称をもつ言葉として「皇道」があらわれてくる。周知のように、この言葉は日本がファシズムに傾斜してゆく昭和初期に「皇道主義」として一世を風靡するが、その初現は幕末であり、[100] 明治末年には「天皇の天下を知食し給ふ道」[101] を意味する熟語として一般に知られるようになる。神道という言葉が、その「神」という文字が象徴するように、どうしても宗教的な色合いを拭い去りがたいため、天皇制の非宗教性を強調しようとする陣営が好んでもちいたのである。[102]

さて、この神社非宗教論は、天皇制との密接なつながりをもつ神道を、キリスト教や仏教など諸宗教との競合関係に陥らないように防禦するところから案出されたものである。政府は神道のビリーフ面の弱さをおぎなうために、神道国教期から教部省期にかけて教義面での体系化と統一をはかったのだが、これらの政策がいずれも破綻したことが示すように、結局のところ、それは成功をおさめることができなかった。そこでビリーフ中心的な宗教概念が神道のプラクティス的性質に合致しないことを逆手にとって、政府はあえて神社神道を西洋的な宗教概念の埒外に置こうとしたのである。

日本では仏教がそうであったように、ひろくアジアをみても土着的宗教はみずからを西洋的な宗教へと再編させてゆかないかぎり、一般に迷信邪教として抑圧されざるをえない。そのため、非西洋的な教説の多くは、キリスト教のようなビリーフ的性質をそなえたものへと、率先して自己を改変させていった。[103]だが、神社非宗教論において日本政府がとった方策は、そのような非西洋社会の一般的なあり方とは異質なものであった。それは、当時、日本であらたに起こった倫理と宗教の分離に乗じて、プラクティス的な神社神道がビリーフ的な宗教とは異なることを理由に、それを非宗教としての公共道徳へと仕立てあげるものであった。このような論拠をもって、神社崇拝は個人的な宗教信条にかかわりなく、道徳行為たる「崇敬」として、ひとしく国民に義務化されてゆくことになる。

しかし、宗教も道徳という概念も元来は「教」の一部であり、ともにビリーフの範疇に属するものである。神社非宗教論では、宗教というビリーフ的なものとプラクティス的なものとの対立が、宗教と道徳という対立関係にそのまま置きかえられているわけだが、宗教と道徳の違いはビリーフという一つの範疇内のものでしかない。そのプラクティス的な性質ゆえに、神社神道を宗教ではないと言うのならば、同様にビリーフ的な性質をもつ道徳とも、はっきりと区別されなければなるまい。

このようにみれば、神社非宗教論は論理をすり替えた強弁にほかならない。しかし、この非西洋的な教説が、キリスト教をはじめとする、宗教領域内でのヘゲモニー争いに巻き込まれることを拒否し、道徳の優越性をとなえる進化論的な論理を援用することで、宗教という領域そのものを相対化しようと試みた点は、西洋的な論理にたいする非西洋側の反抗として特筆されよう。しかし、宗教という西洋的概念を封じ込めるために、結局は道徳というより合理的な西洋言説が引き合いに出されたのであり、かえって日本における西洋的論理の浸透力を知らしめる結果となった。しかも、そこで西洋的言説と結びついたのは、やはり政府やエリート層であり、それによって民間層はより強固なかたちで国内の支配関係のなかへと組み込まれていった。

四　宗教学的言説の出現

勿論、このような論理的矛盾をかかえた神社非宗教論をはじめ、明治二〇年代に浮上した宗教理解は、信仰者にはかならずしも容易に受け入れられるものではなかった。そのため、「はたして道徳・祭祀と宗教は分離できるものなのか」、あるいは「宗教は科学と調和不能なものなのか」といった議論がしばしば起こった。とくに、宗教と道徳をめぐる線引きは、国家の神社政策の根幹にかかわる重要な政治的問題へと発展していった。その批判の主なものは、神社神道が皇室の祖先にたいする道徳的「崇敬」をうたっているものの、その祭神をすべて人間に帰するのは困難である。かりに祖先祭祀であると認めたにせよ、人間が霊魂として祭られている以上、明白な宗教的行為であるというかたちで明治三〇年代に明確なかたちをとるにいたる。(104)

当然のように、神社崇拝の違憲性をめぐる議論がくりひろげられるようになり、さらにはその基準をなす宗教とは一体何なのかという宗教概念の本質にかんする問いが浮上してくることになる。ここにおいて宗教概念はそれまでの社会で暗黙にもちいられていた「語彙的定義 Lexical Definition」から、意識的な議論をへた「厳密な定義 Precising Definition」へと移行してゆく。(105)その役割を担って登場したのが、宗教に関する新しい学問、すなわち宗教学であった。

日本における宗教学は、東京帝国大学の姉崎正治を創始者とする。東京帝国大学哲学科で井上哲次郎やケーベルに学んだ姉崎は、明治三一（一八九八）年には東大で講義「宗教学緒論」をおこない、ドイツ留学をへて、同三八年には東大宗教学講座の創設にあたって助教授に任ぜられるなど、日本に宗教学を移植するさいの推進役となった。欧米諸国での宗教学講座の開設は、明治六(一八七三)年のジュネーブ大学を皮切りに、同一〇年のライデンやアムステルダムなどオランダの大学、同一二年のコレージュ・ド・フランス、同二四(一八九一)年のハーバード大学の例などが跡を追う。東京大学の宗教学講座はこれらには遅れるものの、明治三七(一九〇四)年のマンチェスター大学での開講とはほぼ時期を同じくし、明治四三(一九一〇)年にようやくベルリン大学に設置されたドイツに対しては、日本のほうが先駆けた存在となっている。(106)

日本における政教分離の導入は、すでに一八世紀後半におこったヨーロッパに比べると、百年以上も遅れたわけだが、宗教学講座の設置にかんしてはほとんど時期差がないことになる。安政五(一八五八)年の開国とともに始まった、日本社会への欧米の宗教文化・制度の移入は、キリスト教の解禁、政教分離を経て、同三八(一九〇五)年の大学への宗教学講座の創設にいたり、およそ五〇年という短い時間のなかで、欧米諸国の歩みに形式面ではほぼ追いついたことになる。無論、それを促進したのは不平等条約の改正という政治的課題であり、そのような根本的動因なくしては、このような劇的な変化はおこらなかったであろう。

姉崎に代表される宗教学は、宗教を人間に本質的にそなわるものとする点で信仰者と共通する立場にたつ。ただし、福音主義のような啓示宗教の立場はとらず、宗教を基本的に「道徳の規範」(107)として捉える点では、まえの時期に登場した自由神学や井上円了の仏教論など、宗教の合理的解釈のながれを汲む。自由神学から宗教学が方法的に継承したのは、「高等批評」とよばれる聖典の歴史的批判である。この方法は「歴史的事実」と「伝説妄信」を峻別することで、「経典の偽作擬托」をあきらかにし、信仰本来のあり方をその「病態」から救い出そうというものである。(108)姉崎にとってその具体的な実践が、明治三二(一八九九)年の『仏教聖典史論』から本格的に展開される大乗非仏説論であった。

しかし、自由神学などがキリスト教の立場を前提とするのにたいして、宗教学は諸宗教の枠組よりも、それを越えた宗教の本質を優先する点ではっきり異なる。そのさいに重要な役割をはたしたのが、神との関係を「人心の普遍なる根柢動機」[109]として捉えなおす宗教心理学的な方法である。個人の「宗教的意識」[110]を基準とすることで、諸宗教や宗派は、その違いにもかかわらず、ひとしく同じ宗教現象のあらわれとして理解されることになる。[111]日本宗教学のマニフェストたる『宗教学概論』(明治三三年)のなかで姉崎は、宗教学および宗教概念を次のように定義づけている。

宗教学とは、宗教の現象事実を人心の普遍なる根柢動機より発して、人間の生活に諸種の発表をなす事実として研究する学なり。即ち宗教とは、単に一宗一派の謂いにあらずして、総ての宗教は同じく人文史上の事実として、人間精神の産物として、総て之が産物過程を包括したる概念把握なり。[112]

個人の宗教意識、この点において宗教学は、前代までの井上円了や岸本能武太らの比較宗教学とは明確に区別される。[113]明治二〇(一八八七)年の井上円了『実際的宗教学・理論的宗教学』、同二三年のムンチンゲル「宗教学の必要を論ず」、同二六年の三並良「比較宗教学と基督教」、同二七年の岸本能武太『宗教の比較的研究』など、[114]比較宗教あるいは宗教学に類する題名をもった著作が日本でも明治二〇年代には出されていたが、「此方法に依りて得たる宗教定義の最も普通なるは「宗教とは神の崇拝なり」[115]」と姉崎が看破したように、いずれも外在的な神観念を前提としたものにすぎなかった。

宗教的に同一の憧憬を表するに至りしといふ普遍なる宗教心理的研究の如きは比較宗教学の知らざる所なり。是れ比較的方法を施すの目的が一に比較に依りて歴史的親縁(同一起源及伝播)を明らかにせんとしたる為にして、此外に尚宏大なる人性的一致の類似あるを看過し、普遍なる宗教研究は主として力を此に用ふべきを知らざりしなり。[116]

姉崎が批判の俎上に直接あげているのは主にマックス・ミュラーであるが、言語的比較から宗教の起源に溯ろうとするその方法は、宗教を「人文史」すなわち「歴史的発達」のなかで捉えようとする姉崎にとっては、「人間精神生活の発達条理」を軽視したものに映った。[117] この時期、姉崎は宗教学の体系的構築にいそしむかたわら、具体的な歴史研究として初期仏教論に従事していた。そこでも、たんに大乗経典を開祖ブッダとは関わりのない偽典と批判するだけでなく、信仰の発展過程という視点から、「仏教徒が仏陀に対する尊信の情を人間たる仏陀からだんだん転じて、所謂本仏、法身仏にそそぐ様」をしめすものとして取り上げるようになっていた。[118]

当時、ミュラー流の比較宗教学は欧米でも隆盛を誇っていたが、[119] このように姉崎はみずからの学を、「一般に人文史的現象として心理的歴史的方法を以て研究すべき宗教学[120]」、すなわち歴史的過程における心理的現象の顕現として、それとははっきり一線を画したのであった。しかし姉崎にせよ、当初は比較宗教学から出発したのであり、それが次第にC・P・ティーレやウィリアム・ジェイムズらの影響をうけながら異なる体系を模索していったのである。[121] かれの「宗教学」が明確な体系をとってあらわれるのは明治三一（一八九八）年頃からであるが、[122] それが『宗教学概論』という書名のもとに出版される明治三三年をもって、日本における宗教学の確立とみなすことができよう。

そして、明治三一年に東京帝国大学で姉崎の宗教学講義が開かれたのにつづき、同三八年には同大学で宗教学講座が開設される。その後、帝国大学だけを例にとっても、明治三九年に京都帝国大学宗教学講座、大正一一（一九二二）年に東北帝国大学宗教学講座、同一四年に九州帝国大学宗教学講座、昭和二（一九二七）年には京城帝国大学宗教学講座が、相継いで創設されてゆく。また、そのあいだには、明治四二年に東京帝国大学内に宗教学会が、大正五年に東大・京大両校による宗教研究会が組織され、昭和五年には全国規模の日本宗教学会が結成されている。[123]

このように宗教学は日本の知識社会のなかで順調な歩みをみせる。しかし、だからといって、宗教学的な見解が社会を完全に席捲したわけではない。昭和初年になっても、一般に、宗教学は確固とした基盤を欠く学問と見られていた。当時、東京日日新聞は日本の諸学界の展望録を連載していたが、姉崎を鼻祖とする宗教学について、つぎのように評している。

　十九世紀末に、その歩みを初めた宗教学が、さう大した充実をもち得ないのは無理からぬ話だ。二十世紀の今日、今なほその学としての存在権承認問題で争つてゐる位で、「宗教学とは何ぞや」といふ問ひに対して、確然たる定義すらもつてゐない有様である。(124)

物足りなさが指摘されてはいたものの、依然、宗教を人間の本質とする立場をとらない国民道徳論の流れも根づよく、歴史学や文学、哲学などでは、人間の非宗教的な側面をとおして国民的アイデンティティの確立がはかられていた。そこでは、日本の伝統的精神は「国民性論」として道徳的にとらえるべきものであった。制度面からいえば、知識社会の主流はあいかわらず、このような非宗教的アプローチにあった。政教分離が制度的に確立している以上、宗教は基本的に私的領域に限定されたものであり、歴史や哲学のように公的領域で語ることは容易なことではなかった。

だが、宗教と道徳のあいだの線引きをはじめ、その公的言説たる政教分離に満足できないからこそ、数的には少数派だとはいえ、宗教学的な言説が登場してきたのである。その動きは、宗教学だけでなく、神道学という、より復古的なかたちをとっても現われる。神道学は、神道を本位とする立場から、神社を道徳の領域に限定する神社非宗教論の不自然さを乗り越えようとする言説である。そこにおいて神道は、道徳のみならず宗教の領域も、その構成要素に併せ備えているとされ、宗教か道徳かという二分法を超え出た極限概念として提示される。(125)

宗教学は信仰者の立場から、神道を宗教の一部とみなすべきだとするが、神道学が宗教の領域そのものが神道の一部をなすとする点で、両者は相容れない関係にある。(126)しかし、いずれも、国民道徳論流の神社非宗教論が不自然なものであり、宗教的な要素をおりこんだ議論が必要であるとする点では認識を共にしている。その点からいっても、宗教学や神道学のような言説の出現は、神道論をふくめ、日本的な政教分離の生み出した不自然さを補い正すために、道徳領域だけでなく、宗教の領域にまでふみこんだ公的言説が求められる時代になっていたことを物語るものであった。

ただし、宗教学が基盤とする個人の宗教意識は、まったく孤絶した個人をさすものではない。宗教意識は個々人の心に普遍的に存在するものとされたが、そこでいう個人とはあくまで国民国家の一員としてのものであった。その点について、姉崎は、「宗教の信仰理想に依り、国家の歴史に深い意味を発見し、以て国家の理想を高くし、又清めるので、是が宗教の本分である」[127]と述べている。

このような「国家と宗教との契合」[128]のヴィジョンは、後年、姉崎が内務省に協力するかたちですすめられた三教会同において、具体的に実践されることになる。明治四五(一九一二)年に開かれた三教会同では、「宗教と国家との結合をはかり……国民一般に宗教を重んずるの気風を興さしめん」と、政府の指揮下、キリスト教や仏教、教派神道の諸団体が招集されたのであった。[129]特定宗教からの分離、およびそれにかわる国民的意識の確立という点では、宗教学は井上哲次郎らの国体道徳論などの、支配層の立場からの国民統治論のながれを汲むものといえる。姉崎が東京帝国大学哲学科で井上のもとで学び、井上に見込まれ、その姪を娶ることになったのも偶然ではあるまい。

以上のようにみると、宗教学は宗教に合理的な解釈をほどこす立場を自由神学や国民道徳論と共有したうえで、自由神学からは宗教に理解をしめす立場を、国体道徳論からは教団の枠をこえた国民意識の確立をめざす立場を継承し、その両者を融合させようとしていたといえる。そのヴィジョンは、国民道徳論や神社非宗教論など、宗教を国家や科学と相容れないものとする体制側の見解にたいして、宗教的なものを温存したうえで、その対立を調停しようとした試みともいえる。しかも、明治三〇年代は「精神的煩悶」の時代ともいわれ[130]、若い人びとは国民道徳論のような形式的な規範では飽きたらず、高山樗牛のニーチェ主義や自然主義文学のように、内側から個人を充たすことのできる思想を求めていた。日清・日露戦争をとおして国民の愛国心は高められたが、その一方で、資本主義の進行にともなう貧富の差が拡大するなか、労働問題などが顕在化し、政府も人心統合の新たな策を必要としていた。

その点で宗教学は、国民道徳論とおなじく合理主義的な立場を前提とはするものの、宗教には合理性や道徳に解消しきれない固有性があるとする点で、内面的な世界を模索する当時のロマン主義的思潮に適したものであった[131]。姉崎は、「宗教的欲求の根本は有限の超越、無限の獲得にある」[132]として、国民道徳論を次のように批判している。

倫理的宗教を以て唯一真正の宗教であると主張する人々は、多くは現世的道徳を以て道徳の至極と考へ、此の道徳に合はない宗教は世道人心を害するといふことを気に掛けて居る。それ故に、其の宗教なるものは人心の神秘的傾向を、即ち宗教の超世的天職を現世的道徳に降伏せしめたものである[133]。

姉崎のとく道徳とは、人倫の関係に限定されるものではなく、「神意若くは神の終局目的観念……に随順協力する」[134]ものであった。その意味で、宗教学は啓示宗教にも飽きたらないが、道徳至上主義にも不満を覚える知識人たちの宗教的欲求をみたす可能性をもつものであった。他方、国民道徳論に行詰まりを感じていた政府にとっても、さきの三教会同のように、宗教の領域はあらたな人心把握の手段になりうるものと映りはじめていた。

要するに、宗教学の言説は内面的な渇望を感じている人びとにたいし、特定の教団に属せずとも、個々の人間の内面には宗教意識が具わっているのだと主張し、国民統合をはかる国家にたいしては、宗教をとおした人心掌握が可能であることを指し示したのである。つまり、個人と国家双方の欲求を満たしたうえで、両者を結びつける言説を宗教学は提供しようとしたのである。このような宗教学の言説によって、国民道徳論の時期よりも内面化されたかたちで、国家アイデンティティが個人に浸透する方法がもたらされることになった。

しかし、戦前の日本社会が天皇主権を旨とする以上、このような国家的志向性を通して、宗教学の言説は国家主義へと横滑りする可能性をはらんでいた。それは、姉崎が「皇運を扶翼し、益々国民道徳の振興を図らん事」[135]を謳った内務省主催の三教会同に参画したこと、明治四四(一九一一)年の南北朝正閏論において南朝論者として国体護持の熱弁を振るったことなどに、[136]如実にあらわれている。愚直ともいえる国家への志向性は、日本の諸宗教にみられる現世批判力の欠如に通底する面をもつ。否、姉崎の宗教学は、合理的解釈によって宗教を世俗社会に適合させる目的をもつため、社会・国家と宗教とのあいだに緊張関係を見出すことは、宗教者以上に容易なことではなかった。事実、三教会同のさいに、宗教界からは国家権力の介入を懸念する声が一部であがったが、[137]宗教学からは否定的な声はほとんど聞こえてこなかった。

他方、非合理性をひきうけた信仰者側からみれば、宗教学の言説は合理性をとりこんだ点で、宗教的世界から乖離したものであり、その基準に合わないものを蒙昧視する抑圧的なものに映った。個人意識の次元で宗教現象をひとしく捉えようとする視点は、それまで迷信として排除されていた民間信仰をも、宗教の範疇に包摂するものとなった。だが、そのことが、すべての宗教を対等に評価することを約束するとはかぎらなかった。

たしかに、宗教学は国民道徳論的な合理至上主義とは異なり、非合理的なものを認めるものである。ただし、そこでいわれる非合理性とは、哲学的な語彙で語られるような超越性や無限性のことであり、あくまで概念化されたビリーフの範疇に入れられるものであった。プラクティス的なものは、宗教学においても、あいかわらず迷信的なあつかいを受けていたのである。結局、民衆宗教や民間信仰は宗教という範疇に収められたものの、その内側で、克服されるべき「病態」として位置づけられたのであった。[138]たとえば、姉崎は天理教を「信解の知的方面なく実行努力の感情的宗教」と切って捨て、修験道や神習教を「何か妄想妄覚に支配せらるゝ」ものと批判している。[139]

もちろん、このような宗教学の言説が、現実に新宗教や民間信仰側の自己認識を変えたなどということはできない。宗教学をはじめ、近代西洋的な言説を実際に担っているのは、西洋文化の直接的な影響下にある、一部の都市知識人層にとどまる。知識社会から遠ざかり、民衆世界に入るほどに、宗教学的言説のおよぼす影響力は弱まるはずである。たとえば小沢浩は、金光教にあたえた国家的な影響の程度について次のように述べている。

自己の精神的救済を最大の関心事とする広汎な信徒大衆にとって、〔国家権力による〕教団の公的立場や教義の改変などの問題は、さしあたって重要な関心事とはなりえないという一般論的な理由に加えて、金光教の場合はさらに、国体の教義とは本来的になじまない教祖の思想が、「取次」という独自の信仰形態を媒介することによって、根強く信者大衆のなかに生きつづけることを可能にした、とみられる。[140]

西洋的な出自をもつ宗教という言葉は日本の信仰的世界にそぐわないと、現在もよく言われるが、その原因もこのあたりに存すると思われる。だが、一方でその局所的なものが、日本社会の宗教理解を大きく制約していったことも確かである。

そのような言説空間のなかで、民衆宗教や民間信仰が時代的合理性のもとに再編成されてゆき、相容れないものは迷信や邪教として抑圧されていった。しかも、民衆とよばれる存在もけっして一枚岩のものではなく、その内部でさらなる階層分化が進んでいた。小口偉一らが指摘するように、貧農たちは、豪農層のような通俗道徳とよばれる民衆思想を形成することさえ、不可能な状態におかれていたのである。[141] かれらの民俗的世界の復権は明治四〇年代における柳田国男の登場を待たなければならない。しかも、そこで描きだされた姿は、あくまで知識人による西洋的な概念化という代理表象をへたものであり、その日常世界とはすでに乖離したものであった。[142]

このように、前代までは宗教を外側から否定するにとどまっていた合理性が、宗教学的言説においては宗教的世界の内側にまで踏み入り、内部をくまなく照らし出すようになった。理性的な概念によって、宗教の本質が定義づけられ、その価値基準にのっとり諸宗教が評価されるようになったのである。宗教的言説の領域全体を規定する力はかつてキリスト教がにぎっていたが、いまや学問的な理性にとって代わられたのである。

むすびにかえて

安政五（一八五八）年の日米修好通商条約から不平等条約が日本に強いられることになったわけだが、明治二七（一八九四）年の日英通商航海条約における治外法権の撤廃、同四四（一九一一）年の日米通商航海条約における関税自主権の回復などをとおして、約半世紀後に、日本はついに国家主権を確立することに成功する。それは、宗教学的な宗教概念が確立する過程とほぼ併行するものであり、政治・文化ともに、日本が西洋的主体に匹敵するものに再編しなおされたことを示している。

むろん、西洋の衝撃にたいする日本社会の対応は一元的なものではない。本章でみてきたように、開国とともに西洋世界から流入したレリジョンという言葉は、知識人および支配層に受容され、ビリーフとプラクティス、合理的と非合理的なもの、各宗教単位と国民的意識のものなど、いくつかの分層へと構造化されながら、日本の社会のなかに浸透していった。

ひとつの言葉はたんなるひとつに統一された意味を表象しているのではなく、その内部に複雑な亀裂をかかえこむ。ある種の共通理解を前提としながらも、多様な階層や陣営からその言葉は解釈され、それぞれの解釈が他の諸言説や制度とのかかわりのなかで社会的な地位を付与されてゆく。そして、分層化された各世界は、それぞれ言説のもつ固有の原理によって支配されているため、そこに属するものはその内部で自足し、外部世界との違いをあまり自覚することはない。しかし、全体の構造からみれば、やはり国民国家や科学的合理性といった西洋的価値観を頂点とした、上下関係のなかに位置づけられてしまうことになる。

その力学的構造のなかで、宗教学のしめした宗教概念は、開国とともに流入してきたレリジョンが、文明・野蛮・未開という政治的枠組のもと、日清・日露戦争後に急速に確立されてゆく日本的な国民国家形成過程の文脈のなかで受容された、ひとつの到達点であると評することができる。それは、国民国家と科学的合理性に結びつくことで、政教分離期以降、非合理的なものとされた宗教の領域を、その独自性を保ちつつも、近代社会のなかに再定位しようとした試みであり、その西洋的な装いゆえに、諸々の宗教現象を規定するような影響力をもちえたのである。今日、私たちが理解するところの宗教概念も、その祖型はほぼこの段階に作り上げられたと言うことができよう。

そして、国家主権および西洋的主体を確立した日本は、明治末年からアジア進出を本格的におしすすめ、朝鮮をはじめとする植民地への抑圧的な宗教政策を外にむかって展開するようになる(143)。アジアの宗教にたいする日本人の態度を、姉崎はつぎのように論じている。

東亜、特に南方諸民族の文化の中で宗教問題を考へるについて、第一に着目すべきは、現代日本人、特に有識者の宗教に対する無関心又無理解といふ事である。日本国内の目安で云へば、宗教といふ事は寧ろ教団組織のことになつてゐて、多くの人は宗教といへばこの意味で解釈してすまし込み、其以外に問題のある事を深く考へない。即ち本尊、教祖、教義、教職などを総括して宗教と云ひ、その筆法で自分の事を解釈すると共に、他民族の事をも解釈しえたかの如くに考へる(144)。

かつて西洋のビリーフ中心主義に抑圧されていた日本社会であったが、今度はみずからがビリーフ的な主体となって、アジア諸地域のプラクティス的な信仰を圧迫することになった[145]。そこには、開国後、約五〇年という年月のあいだに、他者を圧するような西洋的主体へと自己再編していった日本社会の、いわゆる近代化とよばれる影の側面をみてとることができる。西洋諸国と日本のあいだに設けられた「文明」と「未開」という格差は、まず、日本国内にさまざまな政治・文化的な亀裂をもたらしたが、それにとどまらず、日本とアジア諸国のあいだにも、その格差を転移させていったのである。

今日、日本でも宗教概念をめぐる議論がおこなわれるようになってきている。だが、ややもすると、それはたんなる概念定義や日本宗教の特殊性に問題が矮小化される傾向にある。しかし、本章で明らかにしたように、もはや宗教概念を中立的な観察記述とみなすことはできない。むしろ、私たちの認識あるいは主体のあり方そのものを作り上げているものなのである。レリジョンという概念が伝わって以来、わたしたちの物のとらえ方は一変してしまったのだ。いかなる人間もこの社会の言説布置のなかに組み込まれており、その外部に逃れ出ることなどはできない。だが、支配的な言説に依拠したまま物事を見続けようとするのか、それともそれに抗い、この抑圧的な空間の構造を明るみに曝けだそうとするのか、その決断は、私たちの知がこの言説のヘゲモニー空間のなかで、どこに向かおうとするものかを如実に示すものとなろう。

第二章　明治二〇年代の宗教・哲学論
――井上哲次郎の「比較宗教及東洋哲学」講義――

はじめに――井上論への視角

ここに紹介するのは、明治期を代表する哲学者、井上哲次郎の東京帝国大学での講義「比較宗教及東洋哲学」である。これまで井上(一八五五年生―一九四四年没)は、明治期におけるドイツ国家哲学の導入者として、あるいは内村鑑三不敬事件にみられるキリスト教排撃者として、国家主義的な講壇哲学者と評されてきた(1)。所詮、その学問にしても哲学以前の「折衷主義」の域を出るものではないとされ(2)、政治的文脈はともあれ、彼の言説が学問として本格的に論及されることはほとんど無かった。

たしかに、井上の学問を時代主潮との緊張関係から測ってみるならば、多くの論者たちが指摘するように、それは思想的な深みを欠いたものと言わざるをえない。しかし一方で、日本の社会が西欧世界に組み込まれてゆく過程のなかで、それに呼応するような学問的言説を、東京帝国大学という社会制度をつうじて編成していった先駆的人物として井上を捉えてみるならば、その言動は明治という時代の知識社会の支配的言説を満腔をもって現わしていることになる。とくに、明治二〇年代から三〇年代にかけては、東大哲学科はじめての日本人教師として、またドイツ帰りの気鋭として、社会制度的な影響力の大きさは勿論のことだが、学問的にも井上が日本の知識社会を牽引していた時期であった。

これまでも、明治三〇年代は、井上が日本儒学三部作に代表される日本哲学史を確立していった時期であると一定の評価がなされてはいた。(3) 他方で、明治二〇年代は、教育勅語の擁護とキリスト教への攻撃という、政治的な言動を展開した時期であって、纏まった研究書が刊行されなかったこともあり、学問的にはほとんど採るべきものがないと見做されてきた。だが、本章で紹介するように、同時にこの時期には東大で「比較宗教及東洋哲学」講義を長年にわたっておこない、西洋の比較宗教学や東洋思想研究を、具体的にはインド哲学を中心とした研究をとおして、日本へと精力的に移植していたのであった。事実、この講義を聴講した者のなかから、宗教学の姉崎正治、宗教哲学の西田幾多郎、インド哲学の松本文三郎、中国哲学の高瀬武次郎、倫理学の蟹江義丸、哲学の桑木厳翼など、明治後半期のアカデミズムを背負って立つ研究者たちが輩出している。(4)

その後、井上は多くの政府諮問委員を歴任するかたわらで、明治四〇年代になると、政府と一体になった国民道徳論を展開し、大正末年には勅撰の貴族院議員にも任じられるなど、その社会的な影響力はながく衰えることを知らなかった。だが、学問的にみれば、やはり明治三〇年代をもって過去の人物に追いやられたと言うことができよう。その点で、井上の学問的言説がその社会的な地位と相俟って、日本の知識社会のなかで指導的な力を発揮していたのは、明治二〇年代から三〇年代にかけての時期とみることができよう。そして、ここに紹介する「比較宗教及東洋哲学」講義は、それまでドイツに留学していた井上が、帰国直後の明治二四(一八九一)年春から同三一(一八九八)年七月までの、約七年間にわたって行なったものであり、彼が学問的にひときわ輝いていた時期の所産である。

この講義は日本の宗教学の濫觴として、以前より言及されてはいた。たとえば、日本宗教学会の会長もつとめた田丸徳善は、本講義を左のように位置づけている。

ここで宗教学の本質について考えるにあたり、……まず「宗教学」というその学名を手がかりにすることにしよう。大まかに言って、わが国では、この学問はすでに数十年の歴史をもっている。一八九〇年、井上哲次郎が東京大学で「比較宗教学」と題する講義を行なったのが、その端緒をなしたと考えられる。(5)

田丸をはじめ、従来、この講義に言及してきた研究者はその題名や井上自身の回顧録に触れるものの、この講義内容を直接伝える史料の存在については一切言及されることがなかった。そのためもあって、井上の比較宗教及東洋哲学講義が当時の比較宗教学の言説のなかで具体的にどのような位置をしめるものなのか、そして比較宗教学が姉崎らの後出する宗教学とどのような関係にあるものなのか、いずれも吟味されることのないままに、なかば先入見のもとに、宗教学の黎明期にあたるものと、今日にいたるまで信じられたままになっていた。

しかし、一九九〇年代になって、井上直筆による本講義の一部分が東京都立中央図書館に現存していたことが今西順吉によって報告され、その翻刻が解説とともに公表された。(6) また、近年になって、当時の東大哲学科学生であった姉崎正治によって筆記された講義ノートも発見され、その翻刻もおこなわれた。(7) この二史料はいずれもバラモン教に関する講義原稿であるが、その他に、釈迦論に関する講義部分は、すでに井上自身の手によって明治三五(一九〇二)年に『釈迦牟尼伝』(文明堂)として活字化されている。この書物は井上の主著とみなされなかったためか、本講義の一部をなすことにはまったく言及されないままであった。本章では、学史的に貴重な意味をもつ比較宗教及東洋哲学講義の内容を復元するとともに、井上の比較宗教学の構想を、彼自身の思想経歴、および当時の日本の思想状況のなかに位置づけてゆきたいと思う。

一　比較宗教及東洋哲学講義

1　講義の大綱

さて、約七年間に及んだこの講義について、井上は次のように回顧している。

先づ仏教以外の諸種の哲学、即ち六派哲学は勿論、それ以外の諸派哲学に亙り、内外の著書を参考として講じ、最後に仏教に及んだのである。そして、仏教を講ずるに当っては、先づ仏陀の伝記を明らかにしなければならぬとの考へから、仏陀の伝記を講じた。(8)

明治二三(一八九〇)年度にはじまった本講義は、同二七年度までは「仏教前哲学」を、同二八年度から最終年の同三〇(一八九七)年度までは「仏教起源史」を扱った。ただし、明治二三年一〇月にドイツ留学から帰国したばかりの井上は、当時の新年度の開始月である九月から教鞭をとることはせず、実際に講義を開始したのは明治二四年春、すなわち明治二三年度の後半期頃からであった。(9)

いずれにせよ、講義題目は「比較宗教及東洋哲学」と銘打たれているものの、実際にはもっぱら「印度哲学」を扱ったものであることは明らかである。しかも、この講義は学生のあいだで評判を呼び、大講堂で百人以上の出席者が集まり、「聴講者常に教室に溢るゝ程」であったという。(10) 講義ノートを筆記した姉崎もそのひとりであるが、そのほかに、西田幾多郎なども受講している。(11) 東京帝国大学宗教学科の設立に関与した姉崎と、京都帝国大学宗教哲学科の設立にかかわった西田の両名が、ほぼ同じ時期に、井上のこの講義を強い関心をもって聴いていたのは興味深いことである。

まず、明治二三（一八九〇）―二七年度までの「仏教前哲学」は、おもにインド哲学の六派哲学を中心に論じたものである。本講義のなかで井上自身は、「印度ニ於ケル仏教外ノ哲学ハ或ハ九十五種ト称シ、或ハ九十六種ト称ス。然レドモ其中ニ肝要ナルハ六派ナリ。「ミマンサ」、「ベダンダ《ママ》」、「サンクヤ」、「ヨガ」、「ニヤ、」、「ヴイセシカ」、是ナリ」と説明している。また、井上はそれらをしばしば「婆羅門教」と呼んでいるが、これらは明確な統一組織体をなすというよりも、ヴェーダ崇拝を中心とするインド・エリート層の思弁的哲学という意味合いが強いものである[12]。

この「仏教前哲学」講義に関する史料には、井上の自筆原稿と姉崎の講義ノートの二者が今日残されているが、いずれも講義の全容を網羅したものではなく、相補的な関係にある。自筆原稿の記述から、明治二三―二七年度の講義全体が全一五章から構成されることはわかっているが、残念ながら、第一章から第七章までは、本文どころか章題さえも、二史料ともに記録されていない。つまり、今日目にすることができるのは、「仏教前哲学」の後半部にあたる第八章から第一五章にとどまるのである。左にその章立てと、典拠史料をあげておこう。

仏教前哲学（明治二三―二七年度）

第一章―第七章（欠）
第八章　尼夜耶学派……自筆原稿／姉崎ノート
第九章　勝論派……同　右／同　右
第十章　瑜珈派……姉崎ノート
第十一章　弭曼薩派……同　右
第十二章　吠擅多派……同　右

結局、この「仏教前哲学」論は、インド思想を総論的に述べた明治二七（一八九四）年四月の短篇「東洋の哲学思想に就て」、六派哲学とジャイナ教の混同を誡めた同年六月の小品「尼夜耶ト尼健子ノ別」(13)を発表したのみで、ほかに活字にされることはなかった。その意味で、自筆原稿および姉崎ノートは、不完全なものとはいえ、井上の「仏教前哲学」論の内容を具体的に伝える貴重な史料となっている。

さて、この明治二七年度をもって「仏教前哲学」に関する講義は終わり、翌二八年度からは新たに「仏教起源史」講義がはじまる。「〔井上〕博士は、今より原初の仏教に溯りて釈迦の自説を推究し、以て仏教々理の真相を看破せられんとす(14)」という当時の『哲学雑誌』の記事から、その目的が、仏教の原初形態としての釈迦自身の思想を明らかにすることにあったことが確認される。

さきの「仏教前哲学」論とは対照的に、この仏教論に関しては、やはり部分的なものとはいえ、講義に先立つ明治二七年に、研究方法をあつかった論文「仏教の研究に就て(15)」を、さらに講義中の明治二八年に、論文「印度歴史上に於ける釈迦の位地」と「釈迦は如何なる種族か」を発表し、那珂通世と釈迦の種族をめぐる議論も交えている。そして、明治三〇年には既発表論文を収めた小冊子『釈迦種族論』（哲学書院）を刊行している(16)。井上の釈迦種族論は、釈迦の一族がアーリア人種ではなく、もともとは日本人と同じ人種であったチュラニヤンから出たものであるとする説であり、そこには日本仏教こそが釈迦の教えの正嫡なのだという自負がみられる。この日本を正統とする意識は、後述するように、明治三〇年代に入ると鮮明なかたちをとって現われてくる。

ところで、井上自身は「仏教前哲学」の部分は勿論のこと、この釈迦論もふくめ、比較宗教及東洋哲学の講義全体を世に問おうとは考えていなかったようである。後年、その心中を「尚ほ未だ完備せざるを以て悉く之を筐底に投じ置けり」[17]と説明している。だが、釈迦論の講義が好評を博し、ノートが広く謄写されるようになったため、訛伝をふせぐべく、すでに講義の終了した明治三五(一九〇二)年の時点になって、『釈迦牟尼伝』(文明堂)として出版することになったのだという[18]。「仏教前哲学」部分とは異なり、釈迦論に該当する講義ノートそのものは未だ見つかっていないが、その序文から『釈迦牟尼伝』に掲げられた目次こそが、明治二八―三〇年度の「仏教起源史」講義の章立を精確に写したものであることは確められる。ただし、その目次にはあげられているものの、『釈迦牟尼伝』は第二章の本文を欠いており、先に発表された『釈迦種族論』がそれに当たると述べられている。このようにして、ここで私たちは、さきの「仏教前哲学」講義の明治二六・二七年度分に加えて、「仏教起源史」講義の明治二八年度から同三〇年度分の章立てを入手したことになる。「仏教前哲学」の場合と同様に、左に「仏教起源史」部分の章立てと典拠をあげておこう。

仏教起源史(明治二八―三〇年度)

さて、明治三〇年度をもって、この比較宗教及東洋哲学講義は終りを告げることになるが、その事情について井上は次のように語っている。

その裡、自分の講義は段々多くなって、印度哲学に手を伸ばすことは容易でなくなった。……殊に比較宗教学の立場から仏教を講ずることは、姉崎正治博士に譲った。(19)

勿論、ここでいう姉崎とは本講義ノートの筆録者のことである。後に、姉崎自身も「井上教授の東洋哲学は印度の六派哲学であったが、チハンドギャウパニシャドなどという名が続々出て物珍らしかった」と述懐しているように、この講義が契機となって、「自分は印度宗教に指を染めたい」と決心する。(20)その姉崎が明治三一（一八九八）年度からこの講義を引き継いだわけである。井上はかれを自分の後継者のひとりとして期待し、明治三〇年には『印度宗教史』（金港堂）を井上校閲のもとに出版させ、姉崎が講義を引き継いだ翌三一年には姪の井上マスを嫁がせている。

しかし、明治三一年度の「宗教学緒論」と銘打った姉崎の講義は、井上の比較宗教学とはおよそ性質を異にし、皮肉にも比較宗教学を時代の片隅に追いやるものとなる。だが、私たちはこの点に触れるまえに、井上のこの講義がどのような目的のもとにおこなわれたものであったのか、そしていかなる時代的意義を有するものであったのかを考えておこう。

2　印度宗教論の政治性

井上の比較宗教及東洋哲学講義に話を戻すならば、この講義が実際にはバラモン教と釈迦論を中心とするインド宗教論であったことが明らかになったわけだが、幸いなことに、その講義全体の狙いは講義中の明治二七(一八九四)年に発表された論文「東洋の哲学思想に就て」から、かなり窺い知ることができる。そこでは、六派哲学に代表されるバラモン教の特質の説明にはじまって、インド思想における仏教の位置づけ、そして中国・日本への北部仏教の伝播の意義が説かれている。

まず、六派哲学は以下の点で共通した特徴を有するという。第一に「「ベル」経」の信仰、第二に「厭世的」であること、第三に「物質の常住不滅」の確信、第四に「精神の常住不滅」の確信、第五に「輪廻」の信仰、第六に「因果」の信仰、第七に「此世界を脱却して他の世界に入ること」、つまり「解脱」の希求である。[21] この点は、井上の自筆原稿においても確かめることができる。[22]

なかでも、井上がもっとも深遠な思想とみなすベルダン派は、「始終変つて居るのが現象世界の事であります、……世界の本体は、決して変わらないものであります、其変わらない者は何かと云ふと梵天である、其梵天は何かと云ふと精神である、即ち我々の精神と此の梵天と云ふ者は、同一体であると云ふ考へであります」[23] という特徴をもつとされる。そこには、世界の根源には普遍的な実在が存在しており、それが歴史的なかたちを取って我々の日常に現象として顕現するのだという、井上が当時提唱していた現象即実在論の哲学が投影されているのを見て取ることができよう。[24]

そして、当時のインドの宗教状況のなかでは、このバラモン教こそが「印度の正統」であって、仏教は「寧ろ異端」であったという。[25] 仏教の特異性について、井上は、「「ベル」経」を聖典として崇めなかったこと、釈迦がバラモン階級ではなく「クシャトリアの種族より起つた」ことに起因すると説明している。[26] さらに、明治三二（一八九九）年の講演「仏陀論」では、バラモン教が自階級中心で差別的であるのに対して、「仏陀は一民族の為に宗を立てず」「普遍的」であるという特質を加えている。[27] また、その一方で、先にあげたバラモン教の特徴のうち、「厭世的」、「物質の常住不滅」、「輪廻」、「解脱」は、仏教にもみられるものであると指摘する。つまり、井上がバラモン教を研究したのは、「仏教は実に婆羅門教とは斯の如き密着の関係を有する者なれば、仏教者は先つ彼教を充分討究する所なかるへからず」[28] と、それを仏教と比較することで、インド宗教内における仏教の位置を明らかにすることにあったのである。その意味でいえば、バラモン教の研究は井上にとって予察的なものにすぎず、インド宗教研究の主眼はあくまで原始仏教の研究に置かれていたといえる。

井上が比較宗教及東洋哲学講義で「仏教起源史の一部」として釈迦伝を選んで講じたのは、このようにバラモン教の流れを汲みながらも、そこから独立して成立した仏教が、その後ふたたびバラモン教などの諸思想と混淆してしまったために、その事態を憂慮して、その創唱者である釈迦の伝記の復元作業をつうじて、「純粋なる原始的仏教の真面目」を掘り起こそうとしたためである。[29]『釈迦牟尼伝』のなかで、彼は日本の仏教者に対して、次のような注意を促している。

我邦の仏者が奉じて以て仏教とせる其中には波羅門教の元素を混入すること多く、従ひて又純粋なる原始的仏教と大に其趣を異するものあり、吾人は我邦の仏教を以て仏教の真面目となすものにあらず。[30]

このような見解は、明治三二（一八九九）年の姉崎正治『仏教聖典史論』（経世書院）、および明治三四年の村上専精の『仏教統一論 第一編』（金港堂）で展開される大乗非仏説論へのきざしを含むものであり、その点でも井上の研究は注目されるものであった。[31] 事実、釈迦論の反響は学生にとどまらず仏教界にまで及び、「文科大学に於ける、井上博士担任の東洋哲学及び比較宗教学は、夙に教界〔仏教界〕の耳目を注ぐ所なり」[32]と言われるようになる。

ただし、井上の原始仏教論は、彼自身が認めるように、パウル・ドイセンやリス・ディヴィスら西洋の仏教研究の影響下に成立したものであるが、井上にしろ、後の大乗非仏説論者にしろ、日本の場合には、西洋の研究とは異なって、原始仏教を純粋な教えとして高く評価することが、その変化形たる大乗仏教の価値を否定することには結びつかない。

「東洋の哲学思想に就て」論文のなかでも、井上は議論を原始仏教から大乗仏教へと転じ、南方に分派したいわゆる小乗仏教とは異なり、そこでは涅槃が「虚無的に解釈しないで、余程違った解釈を附けた」、すなわち「現象世界の考へで云へば虚無であるけれとも、違った意味で云へば虚無でない、世界の本体と冥合することである」と、現象即実在論的な思想体系をもつものと理解した。[33] そして、このような哲学体系をもった大乗仏教を、井上は「カント、ショッペンハウエル」あるいは「〔エドワルト・フォン・〕ハルトマン」ら、西洋の哲学思想と「同一」のものであるとし、左のように大乗仏教に代表される東洋哲学を賞揚するのであった。

　北方の仏教の世界観には、一種の深遠なる真理が含蓄されて居ると云ふことを断言しなければなりませぬ、……それ故に東洋の哲学と云ふものは十分研究する価があります。[34]

この主張は、東洋哲学は西洋に匹敵する思考体系をもつがゆえに価値をもつのであり、その特殊性にしても、西洋的な価値を普遍化したうえでの、その内側に属する固有性としてはじめて意味をもちうるという、きわめて西洋普遍主義的な論理にのっとったものである。[35] その点で、彼の門弟でもあるインド学者の松本文三郎の指摘、「西洋哲学の思想を基本とし東洋の学を研究せられたのは、我邦に於ては実に先生を以って嚆矢とする」という指摘は、正鵠を得たものといえよう。[36] 事実、井上の「比較宗教及東洋哲学」講義は、カントやショーペンハウエルなど西洋哲学を論じた「哲学」講義と併行して進められていた。[37]

だが、純粋な原始仏教と、その変化形たる大乗仏教をどう関係づけるのか。井上はそれに対して、「先づ純粋なる原始的仏教の真面目を描き出し、他日その時代を遂ひて如何に之れが変遷せるかを考覈し、遂に我邦現今の仏教が如何に原始的仏教より派生し来たれるかを見んと欲するものなり」[38] と抱負を語っていたのだが、その後、彼の関心は中国哲学と日本哲学に移ってしまい、実際に究明されることはなかった。

さて、このように井上はインド宗教のなかに原始仏教を位置づけたのち、仏教をキリスト教と比較することへとむかう。その目的は、「仏教と耶蘇教と違ふかと云ふことを明らかにして置く」点にあり、仏教は「物質不滅」と「因果説」という特質ゆえに、「今日学術に依つて、如何なる人も之に反対することができない所の真理」をもつ科学的合理性に則った哲学とされる。[39] 他方、キリスト教はそのような性質を有さないがゆえに、科学と合致しない「極く卑しいときの観念」[40] として批判された。

事実、講義の課題論文として「仏耶両教の歴史的関係」「大小二乗の比較論」などの題目が出されており、講義のなかでも、仏教とキリスト教の比較、大乗と小乗仏教の比較が行なわれていた可能性が高い。また、バラモン教に関する講義ノートの部分でも、キリスト教とベダンタ派の相違について、救済を「知識」に求めるか「信仰」に求めるか、あるいは現世を「迷悟」とするか「未来」に望みを託すかの違いにあると、同様の比較をおこない、キリスト教に対するベダンタ派の優越性を結論づけている。

キリスト教に対する批判態度は、すくなくとも井上が明治一六(一八九三)年に書いた「耶蘇弁惑序」に遡るもので、基本的には終生変わらぬものであった。(41) とくに比較宗教及東洋哲学講義をおこなっていた時期は、明治二四(一八九一)年一月におきた内村鑑三による教育勅語の不敬事件をきっかけとして、明治二六年にかけて「教育ト宗教ノ衝突」とよばれる論争が展開されたときでもあった。井上はそこで先頭に立って、キリスト教は日本の国体にそぐわないのだという論陣を張っていた。(42) 国体といえば、西洋哲学に則って儒学の忠孝思想を再解釈するかたちで、明治二四年に教育勅語の公定注釈書である『勅語衍義』(冨山房)を執筆したのも井上であった。(43)

結局のところ、井上のキリスト教批判は、つぎの二つの点に尽きると思われる。ひとつは内村を直接批判した文章にあるように、キリスト教のように彼岸的な神の存在を絶対視するならば、現世の秩序は相対化されてしまい、忠孝思想に支えられた天皇制、すなわち国体の根源が危機にさらされてしまうというものであった。(44) もうひとつは、比較宗教学において述べられているように、キリスト教は創造神の存在を信じるような蒙昧な宗教であり、哲学的な合理性をもたないというものである。これは、宗教は哲学や道徳よりも劣るものであり、その蒙昧さは、合理性の発展とともに哲学や道徳へと解消されるという精神的進化論にもとづいている。(45) おなじ宗教といっても、仏教が哲学的要素を多く含むのに対し、キリスト教はそのような要素を一切もたないとされる。これは、明治二二(一八八九)年に公布された大日本帝国憲法に代表されるような、宗教は私的で非合理的なもの、道徳は公的で合理的なものという啓蒙主義的な政教分離観に対応するものであり、井上の宗教と道徳・哲学観はその申し子のような存在であった。

これらの点を考え併わせるならば、この時期の井上の比較宗教及東洋哲学講義が、後年、彼自身が回顧しているような「公平なる立場」(46)にたったものなどではなく、西洋の宗教たるキリスト教に対して東洋哲学の仏教の優位性を主張するという、きわめて政治色のつよい企てであったことは明白である。(47)

3　比較宗教学と東洋哲学

井上における西洋と東洋の対立、および宗教と哲学との対比は、かれの比較宗教学を他の研究者のものとは、かなり色合いの異なるものへと仕立て上げた。今日、日本における西洋流の宗教研究の端緒とみなされる井上の研究であるが、明治二〇年代は彼のみならず、比較宗教学が多くの研究者の口にのぼった時期であった。ここでは井上の論文、明治二六(一八九三)年の「宗教の研究法に就て」、および同二七年の「仏教の研究に就て」にもとづいて、当時の比較宗教学の方法論を見ておきたい。なお、この比較宗教学の方法自体は、明治二三年秋の帰朝時には井上のうちでほぼ確立していたらしく、当時発表された「仏教講究に関する井上哲次郎氏の談話」(48)からそれを確認することができる。

それは、「歴史的研究」「比較的研究」「批評的研究」の三つからなるものであり、歴史的研究によって、各宗教の起源を明らかにすると同時にその発展形を明らかにする。そして、比較研究によって諸宗教の優劣を比較し、明らかにされた長短をもって、各宗教の純粋なる理想形を批評的に明らかにするという手順をとるものである。これらの作業を通して、各宗教はあるべき本来の姿を獲得することが可能になる。(49)学年末に出された井上の論文題目のなかにも、「仏教と老荘との比較」や「大小二乗の比較論」、あるいは「法華経の本文批評」「法華経の真贋」や「仏教の欠点」など、これらの研究方法に関係したものが見出される。(50)

しかも、「単に其宗其宗の教義のみを学修する而已にては、決して其奉ずる所の仏教を盛んにすること能はざるべきなり」(51)という井上の言葉が示しているように、これらの研究によって、宗派心が克服され、あるべき仏教やバラモン教という各宗教全体の統一像が把握されることになる。今日ではかえって奇異に映ずるが、仏教にしろヒンズー教にしろ、そのような統一した各宗教の呼称は、キリスト教文化との接触のなかで、一九世紀になって用いられはじめたものであった。[52] 明治一〇年以降、とくに明治二〇年代になると政教分離と相俟って、「宗教」という概念が固有なものとして浮上してきてはいたが、いまだそれが各宗教の境界を越えて前面に出てくるにはいたらず、むしろ宗教という言葉は各宗教を比較するさいの予備知識として存在するに止まっていた。明治二〇年代の井上についていえば、彼自身は信者ではないものの、「真正の仏教をして宇内に光輝を放ち、現今の社会に適応して之れか嚮導者たらしめ、生命ある宗教たらしめん」[53] と言うように、仏教という個別宗教の発展に期待をかけていた。比較宗教学及東洋哲学講義が結局は釈迦論を主眼としたものであったのも、井上の仏教に寄せる期待から出たものとみることができよう。

比較宗教そのものについては、第一章でも述べたように、明治二三(一八九〇)年にムンチンゲルが論文「宗教学の必要を論ず」をドイツ普及福音教会の雑誌『真理』一三号に発表したのを皮切りに、明治二六年に井上円了が哲学館での講義録『比較宗教学』を、翌二七年にユニテリアンの岸本能武太が東京専門学校での講義録『宗教の比較的研究』を相次いで刊行し、ユニテリアンの東京自由神学校やユニバーサリストの宇宙神教神学校においても比較宗教学の講義がひらかれていた。[54] ここからわかるように、比較宗教学をささえる中心勢力は自由神学系のキリスト教徒であり、その動きに呼応した一部の仏教学者であり、それは神学の一部をなすものとして登場してきたのである。その研究者たちも特定宗派の信仰者として比較宗教学に携わり、他宗教もおなじ「宗教」であることを認めながらも、最終的にはその主眼を、自派の教義の合理化をおしすすめ、他宗教に対する優越を説くことにおいた。

それに対し、井上の比較宗教学は、帝国大学という宗派性から独立した場で論じられたという点で、当時ではむしろ特異なものであった。また、井上自身も、仏教を支援するものの、特定の信仰心をもつことはなかった。特定宗派に属することなく、アカデミズムに身を置いて宗教を研究するという点では、井上の比較宗教学は、たしかに明治三〇年代に登場する姉崎らの宗教学の先駆をなすものと評価することが可能であろう。

さらに、井上の比較宗教学の異質さは、「比較宗教及東洋哲学」という名称にあるように、宗教研究が哲学と併記されている点にも見出される。それは、「釈迦は絶大の宗教家と極深の哲学者とを併せて之れを有するものなり(55)」という、井上の釈迦論にも端的に現われている。また、井上がみずからが影響を受けた学者としてあげた名前を見ると、マックス・ミュラーのヴェーダ論のほかに、リス・ディヴィスやオルデンベルク、パウル・ドイセンらの原始仏典研究があげられており、前者が比較宗教学の祖と目されているのに対して、後者は宗教学者ではなく東洋哲学の研究者として広く知られていた(56)。この二つの潮流が井上のなかで同居可能であったのは、両者がともに宗教や哲学の原初形態の復元をめざすという起源的な志向をもち、宗教の合理的解釈をおこなうという理神論的な傾向をもっていたためと考えられる。

実際のところ、当時から現在にいたるまで、井上は宗教研究ではなく、日本をはじめとする東洋哲学史の先駆者として認知されている。また、比較宗教及東洋哲学講義にしろ、井上自身をふくめ、しばしば「東洋哲学」と略称していたが(57)、「比較宗教学」と呼ぶことはまれであった。その講義内容もあくまで「印度哲学」であって、「印度宗教」と呼ばれることはなかった。この講義における宗教と哲学の関係について、後年、井上は次のように説明している。

> 洋行前は東洋哲学史として主に支那哲学を講じていたのであるけれども、帰朝後は……大いに印度哲学に力を用ひて、六派哲学其の他外道哲学に及び、後、仏教の講義を始めたのである。何分、印度哲学及び仏教のことに論及して来ると、何うしても宗教の問題が関連して来る。殊に婆羅門教だの仏教だのといふものは一方に於いては哲学であるけれども、一方に於いては宗教である。宗教と哲学とは密着不離の関係を有して居るものである。其の処で、哲学の講義ではあるけれども、さういふ問題を取扱ふところからして宗教のことにも論及せざるを得なかつた。さういふ場合には猶太教だの基督教だの、其の他の宗教を引き合ひに出して比較対照して研究すること

が必要であった[58]（傍点、磯前）。

すでに留学前の明治一六（一八八三）年度に井上は「東洋哲学史」を講義しており、帰国後の比較宗教及東洋哲学講義にしても、彼にとっては対象を中国哲学からインド哲学に代えたにすぎず、依然として哲学の講義であった。ただ、インド哲学がバラモン教にしても仏教にしても、井上にとっては哲学であるものの、同時に宗教的要素を有していたために、いきおい宗教の問題にも論及せざるを得なくなったということなのである。このように井上が東洋哲学を主とする立場から本講義を捉えていたのであれば、彼がそれを「東洋哲学」と略称していたことも納得がゆこう。

そして、宗教の存在価値を「世道人心を裨補するの一点」にもとめる井上にとって、明治中期の諸宗教は、「何れの宗教も此の如く不完全なるが故に、取りて以て我教育界の欠陥を充たすこと能はざる」ものにすぎなかった[59]。そのため彼は、「種々なる特殊の宗教に共通なる点を取り、更に之を鎔鑄して統一的の新宗教」として、既成宗教に代わる「倫理的宗教」を建設すべきであると説く[60]。それは同時に「迷信的分子をスッカリ取つて仕舞つて、道徳即ち宗教としよう[61]」という、宗教を道徳・倫理へと合理化する精神的進化論にもとづくものであった。このような宗派を超えた統一宗教をめぐる発言は、明治三〇年頃から顕著になり、後になるほど強い主張となってゆく[62]。明治四五年に結成された帰一協会でも、宗教学者の姉崎が各宗派の独立性を前提としたうえで、諸宗教のゆるやかな結びつきを想定したのに対して、井上は統一された「理想的宗教」を主張し、見解の違いが鮮明になっている[63]。

明治二〇年代の中頃に、「新宗教」なる言葉が流行したことがあり、それは既成宗教に代わって新たな宗教を——統一したものであれ各宗分立したものであれ——、作り出そうという動きであった[64]。井上自身もこの新宗教なる言葉をしばしば用いたが、彼自身の統一宗教への希求はそれよりも古く、明治一〇年代にまで溯るものであった。ドイツ留学以前の、明治一六年に発表した著書『倫理新説』において、はやくも「未ダ現存セザル一種高等ノ宗教[65]」を倫理的な観念にもとづいて確立する必要を述べている。

しかも、明治二〇年代中期までは、この統一宗教の土台になるべき既成宗教として、井上は仏教に期待を寄せていた。比較宗教及東洋哲学講義もこの時期に開かれていたわけだが、それが原始仏教論を主眼としていたのも、仏教が「諸宗教中最も深遠に高尚」にして、「日本の文化上に大影響を及ぼしゝもの」であるがゆえに、その短所の改良をふくめ、仏教に期待していたために他ならない(66)。

ただし、「仏教は社会を教化するを以つて目的となす(67)」と述べているように、井上にとって宗教はあくまで社会を統合する手段にすぎない。彼のような理神論者にとっては、宗教と道徳の差は紙一重のものであったため、比較宗教及東洋哲学講義においても宗教と哲学を並べて論じることが可能になったのであった。それは結局のところ、宗教が道徳へと還元されることを意味するものであり、そのなかで比較宗教学は、宗教を「社会の状勢に応同して変化させる(68)」という合理化の役割を担わされることになる。このような井上の宗教観は、おなじく比較宗教学に従事していても、信仰心をもつ自由神学や仏教学者には受け入れがたく、「博士の説は宗教は存在す可らず独り道徳のみ存在すべし」という倫理中心主義ゆえに、あるいは既成宗教を認めない「学者の迷夢」として、つよい反発を招いていた(69)。

二　東洋哲学史の展開

1　西洋と東洋

ところで、そもそも何故に、井上は東洋哲学を志したのであろうか。彼が日本における東洋哲学史研究の先駆者であり、まして東大教授という社会的地位をとおして、その言説を知識社会に浸透させていったのであるから、その動機は彼個人にとどまらず、その後の日本の知識社会にとっても意味を有するはずである。

すでに述べたように、井上が留学したのは、西洋ではヴェーダ研究や原始仏教研究が盛んな時期であり、井上のインド研究がその影響下に始まったことは動かしがたい事実であろう。ただし、ミュラーらのインド研究が、オリエンタリズムから出た西洋人のためのものであったのに対し、井上の研究は、その模倣であるにせよ、それを日本人にとって意味あるものへと置き換えをしなければならなかった[70]。井上のインド研究の目的が最終的には原始仏教の闡明におかれていたことは既に指摘したとおりであるが、西洋の仏教研究と異なり、井上の釈迦論が大乗非仏説論へと展開しなかったのも、「吾が日本のやうな仏教国」[71]に利するために研究に従事する立場からすれば当然の帰結となる。

東大第一期生の井上は学生時代に曹洞宗の原坦山の大乗起信論講義を聴き、仏教にも西洋哲学に相応する性質があると興味をもったようだが[72]、本格的に東洋哲学史の研究に着手するのは、東大を卒業した直後、明治一三(一八八〇)年から文部省編輯局で『東洋哲学史』の編纂に係るようになってからのことである。その後、明治一五年には東大助教授に就任するが、そこでも『東洋哲学史』の編纂を続け、同一六年からは中国哲学を主題とするかたちで「東洋哲学史」講義を教えることになる[73]。さらに明治一七年にはドイツ留学に赴き、その地で井上は東洋哲学史を研究する必要性をいっそう強く感じることになる。ドイツの法律学者、スタインと交わした会話の様子を、井上は次のように記している。

スタイン氏を訪ふ、氏曰く、東洋哲学には論法なく西洋哲学には尽く論理的に発達せりと。予曰く、是亦誤謬の甚たしきものなり。第一東洋に論法なしとは何の証拠有りて言はるゝや[74]。

東洋に哲学は存在しないとスタインが発言したのに対し、井上は東洋にも西洋に比肩しうる哲学が存在することを、西洋人に向かって、そして日本人にも主張する必要性を痛感する。スタインに対する反発は、先に触れたような井上が終始抱いていた反キリスト教の意識とも重なってゆく。

欧米の宣教師が我邦に来りて動もすれば世界の中に於て唯々耶蘇のみを真正の宗教なりと説く、然れども彼れ曾て和漢の宗教を研究せしことなく、初めより唯々己れの信ずる所の宗教のみを以て精確無二の宗教となし、強ひて我邦の無智蒙昧なるものを引き入れんとす、盲為も亦甚しと謂ふべし。(75)

ここには、対西洋を意識した日本のナショナリティの確立という問題がひそんでいる。明治二四(一八九一)年に帰国した直後の、「他邦の宗教を信ずる時は遂に其宗教の本家なる他国を尊信景慕するに至る戒慎せざる可んや(76)」という発言は端的にそれを表している。ただし、西洋に抗しうる日本のアイデンティティを立ち上げるためには、その妥当性の根拠として井上が「哲学」という概念にしばしば言及したように、西洋哲学を普遍的なものとして受容したうえで、その内部へと日本の哲学・宗教を再定位しなければならなかった。井上自身が認めているように、西洋という他者にして普遍でもある眼差しのもと、その承認を得ることなしには、日本がみずからの思想的アイデンティティを築き上げることはできなかったのである。(77)

私たちはそこに日本の思想史研究が、その出発点から拭い去りがたい西洋中心主義とむすびついていたことを確認する。これまでも井上の哲学が折衷的だという批判がなされてきたが、彼の目的が東洋思想を西洋的に読み替えることにあった以上、それは当然のことである。むしろ、問題化されるべきなのは、現代の私たちが、西洋的論理を内在化した言説空間で思考しているという点では、依然、井上とおなじ地平に立っていることのほうであろう。

ただし、井上は日本や東洋の思想を西洋に比するだけで事足れりとしたのではなかった。西洋的な普遍性を前提としたうえで、「欧州人は小乗家の仏教を講究し、之れを以て仏教全体を推論するが故に大なる混雑を来たせり(78)」というように、西洋の東洋研究の偏りを批判し、いまだ西洋人が手をつけていない日本や中国哲学の研究を、日本人が率先しておこなうべきだと力説したのであった。それは井上が万国東洋学会の出席をはじめ、西洋の地でみずから感じ取ったことでもあるが[79]、しばしば西洋人から指摘されたことでもあった。たとえば、ドイツの哲学者、リーブマンは井上に次のように勧めている。

余〔井上〕久シク東洋哲学史ヲ著ハスノ志アリ、未ダ成ラズ、他年必ズ稿ヲ脱スベシト云ヒシニ、〔リーブマン〕氏云ク、之アル哉印度哲学ノ如キハ不充分ナガラオルデンベルヒマキスミラー諸氏ノ著アレトモ支那日本ノ哲学ニ至リテハ著述極メテ少ク、殊ニ日本哲学ノ如キハ絶テ之ヲ知ルモノナシ、君若シ東洋一般ノ哲学史ヲ著ハサバ其功固ヨリ大ナルベシ云々ト[80]、

しかも、日本国内でも、「抑々我邦にハ固有の哲学未だ嘗て存在し成立したることなきは、今更に言ふ迄もなし」[81]という認識が知識人のなかに広まっており、哲学といえば西洋に関する研究がもっぱらであった[82]。このような国内外の状勢を目にして、井上はみずから日本と中国の哲学研究に着手することを考えるようになる。勿論、それは井上にとって日本人が自分のナショナリティ、さらには東洋というアイデンティティを立ち上げるのに格好の機会と映ったはずである。

帰国直後から、井上は比較宗教及東洋哲学講義としてインド哲学を教えはじめるが、それに併行するように、明治二三（一八九〇）年にストックホルムの万国東洋学会での報告「性善悪論」を皮切りとして、明治三〇年ごろまで儒学や老荘思想など中国哲学に関する諸論文を発表している[83]。帰国した井上がすぐに日本研究ではなく、インド研究に着手したのは、おそらくはヒンドゥー教にしろ原始仏教にしろ、西欧の研究蓄積が充分にあったためと思われる。それらを紹介することで、まずは西洋流の東洋哲学研究および比較宗教学の成果と方法を日本へ移植させようとしたので

あろう。また、中国哲学については、井上は留学前より東大で講義をおこなっており、すでに彼自身のなかに、ある程度の蓄えがあったと思われる。

インドと中国、当時の井上にとって、二つの東洋像が存在していた。インドまでを包摂する広義の東洋は、仏教を共通項にして捉えたときに浮上するものであり、代わって儒教を通じた理解をするときに、中国を軸とする東洋が前面に現われ出てくるのであった。仏教圏としてのアジアと、儒教圏としてのアジアである。だが、いずれにせよ、それらと対をなすもう一方の極には日本という存在が想定されていたのであり、その議論の行きつく先は、仏教であれば大乗仏教論へ、儒教であれば日本儒教論へと、ドイツ留学時から思い描いていた日本哲学の研究へと帰結してゆくのであった。「今は日本哲学を完了せんとして努力しつゝあるが故に、仏教起源史の業を大成せんこと、尚ほ遠き将来にあるが如し」[84]という言葉にあるように、『釈迦牟尼伝』を除けば、インド研究も中国研究も、ともに纏められることのないままに放置され、井上は日本哲学史の研究にむかうことになる。

2　日本研究へ

明治三〇年代にはいると、井上は『日本陽明学派之哲学』(明治三三年)、『日本古学派之哲学』(明治三五年)、『日本朱子学派之哲学』(明治三九年、以上いずれも冨山房)の、いわゆる日本儒学三部作を世に問い、そのあいだにも日本儒学史料を収めた『日本倫理彙編』(明治三四年、育成会、蟹江義丸共編)や『武士道叢書』(明治三八年、博文館、有馬祐政共編)を翻刻してゆく。[85]これらの書名が如実にしめすように、明治三〇年代の井上は、日本および東洋思想の特質を、儒教的なものに求めていった。結局、かれは仏教圏と儒教圏という二つの東洋像のうち、儒教圏としての東洋および日本理解を選択したわけである。

そして、この一連の日本哲学研究が開始される直接のきっかけになったのも、やはり西洋に対する意識であった。明治三〇(一八九七)年、パリの万国東洋学会に参加した井上は、江戸時代の儒教の紹介を内容とする講演「西洋文明の導入以前における日本哲学思想の発達について」をおこない[86]、以降、儒教を軸として本格的な日本哲学史の研究に取り組むようになる。

帰朝後、日本の哲学思想史とも言ふべきを纏めて見たいと言ふ考へが起つて来たので、大学でもさう言ふ意図から、日本の陽明学、古学、朱子学、折衷学等各学派の哲学に就いて講義をした。それから軈て日本の神道史にも及んだ[87]。

右の言葉にあるように、この発表の翌三一年から井上は「比較宗教及東洋哲学」講義を姉崎に譲り、自分は「東洋哲学史」講義として日本哲学史を担当するようになる[88]。その成果が先にあげた明治三〇年代に現われてくる著作群である。そして、この時期、井上は木村鷹太郎らとともに大日本協会を結成し、日本主義を宣布する。それは、「すべて宗教殊に仏教と耶蘇教とに反対して国家主義を以て国民の理想とせんとする[89]」運動であり、そのなかで宗教は国民統合を阻害する厭世的かつ蒙昧なものとして批判された[90]。

井上が「倫理的宗教」や「理想的宗教」という宗教統一を強く主張しはじめるのも、丁度この時期からである[91]。それは諸宗教の独立性を解体し、それらを国民道徳へと鎔鋳しようという日本主義の発想と揆を一にする。しかし、明治三〇年代前半の井上はいまだ諸宗教の各要素を平等に取り込み、宗教を倫理へと進化させるという考え方にとどまっていた。それが、明治四〇年代にはいり、戊申詔書の渙発を契機とする官民一体となった国民道徳論を社会に唱導してゆくなかで[92]、漢学復興の機運とも相俟って[93]、その基軸にすべき思想として儒教をはっきり見据えるようになる。そこでは、かつてのように仏教に対する好意的態度は姿を消し、仏教は厭世的で迷信的なものとして、キリスト教と同様に、「陰気臭い」「亡国の宗教」という完全に否定的な評価がくだされることになる。[94] その一方で、儒教には左のような讃辞がおくられる。

日本の教育と云ふものは明治になつても自ら儒教の形を取り来つて居る。孔子の立てられた教と同じ形を取つて居る。決して仏教を基礎として居る訳でもなく、基督教を基礎として居る訳でもなく、純粋な徳教が基礎となつて居る[95]（傍点、磯前）。

ここにみられる「徳教」という言葉は、明治初期の知識人がしばしば用いていたものである。しかし、それに代わる「宗教」と「道徳」という言葉が定着してゆくなかで次第に忘れ去られてゆく。[96] それを、明治四〇年頃から井上があえて持ち出したのは、[97] 然るべき理由のあることであった。もともと徳教という言葉は、宗教と道徳が渾然一体となったものであり、井上もここで「道徳が主であるが、それに宗教的分子が含まれ〔る〕」[98] と述べている。ただし、宗教的要素といっても、キリスト教や仏教のもつ現世批判的な彼岸思想は斥けられ、「唯々人々思ひゝに信ずる所の天の信仰」という儒教の現世的性質を意味するものであった。[99]

ここには、明治三〇年代中頃までの倫理至上主義[100] が鳴りをひそめ、道徳のなかに宗教的な敬虔さを組み込んでゆこうとする姿勢への変化を見て取ることができる。ただし、あくまでその軸をなすのは「世間的、実際的」な国民道徳であり、なかでも儒教のもつ「差別的博愛」によって、天皇を頂点とする世俗の秩序は絶対化されることになる。[101] その点で井上は依然として啓蒙主義者であったのだが、その彼にしても、明治三〇年代以降に登場した「煩悶の世代」とよばれる青年層に対して、国民道徳を説くためには、内面的なものを通して訴えざるをえなくなっていた。時代主潮はすでに啓蒙主義からロマン主義へと移っていたのである。[102]

しかも、井上のいう儒教とはあくまで日本化されたものであって、革命を容認する中国思想とは区別される。[103] そこで前景に現われ出てくるのが、祖先崇拝および家族制度と一体をなす「万世一系の皇統」、日本国体の特殊性である。(104)すでに明治二四（一八九一）年に執筆した『勅語衍義』で、「孝悌忠信」と「共同愛国」が謳われていたが、(105)ここではそれが歴史的伝統に裏付けられた日本民族の独自性として強調されることになる。それとともに、神道が大きな意味をもつようになってくる。明治三〇年代初頭まで、井上は「俗神道は多く迷信のみ」としてその宗教性に批判を加えていたが、明治末年以降、神道に言及する機会が次第に増えはじめる。そして、国民道徳の中核をなす「祖先崇拝と家族制度」を兼ね備えた「民族的精神」という地位を神道に認め、ついには「神道を本位として仏教でもキリスト教でも何でも其中に摂取し、……世界統一の精神を鼓吹する」という、世界の中心思想としての評価を与えるまでにいたる。(106)

明治二〇年代には、西洋的な普遍性のもとに東洋と日本を位置づけることに力を注いでいた井上だが、明治四〇年代になると、完全に日本の特殊性を前面に押し出すようになる。(107)それは倫理と道徳という言葉の扱いにも端的に現われている。(108)明治三〇年代中頃まで、倫理と道徳は普遍的な人倫という意味合いでほぼ同義語として用いられていたが、四〇年代には、道徳は「国民道徳」という固有の民族観念と結びつくものとなり、普遍性を含意する倫理は、道徳のもつ特殊性を輔翼する副次的な位置を与えられるにとどまった。

既述したように、井上の認識論の基礎をなす現象即実在論は、特殊と普遍を融即的関係のもとに理解する。それは特殊を普遍へとつなぐ回路であるとともに、逆に普遍性を特殊性に還元するという危険性も孕むものであった。事実、大正期以降の井上の議論では、神道に体現される「日本民族の精神」が、「哲学的に観れば矢張り宇宙の唯一の実在に帰着して了ふ」と、普遍性に支えられたものとして、その特殊性が排他的なかたちで全面肯定されることになる。(109)

このように井上のなかで特殊性が強調されるようになった原因を、その時代相に関連づけて考察することは別稿を必要とするが、今日の政治・思想史の研究成果からみて、やはり明治三七―三八(一九〇四―一九〇五)年の日露戦争の勝利が決定的な意味をもったと考えるべきではあろう。その勝利は、日本はもはや西洋に後れをとった国家ではなく、世界列強に伍した存在であるという対外意識をもたらし、さらに他国にはない独自の歴史伝統をそなえた国家なのだという強烈な自負を国民全体に広めることになった。一方、国内では、このようなナショナリズムの高揚とともに、ロマン主義や自然主義の流行にみられるような若い世代の内的苦悩、そして資本主義発展の歪みがもたらした労働運動や社会主義の台頭が現われはじめていた(110)。国家エリートたちは、そのなかでより強固なかたちで人々を日本国家へと統合してゆかねばならない危機感に駆られていた。国家エリートの旗手、井上哲次郎の学問もまた、このような問題状況を典型的に反映したものであったと思われる。

3　分立する学問

本稿では、明治二〇年代の比較宗教及東洋哲学講義の復元を軸として、明治末年頃までの井上哲次郎の学問構想とその変化をみてきた。井上は、東大卒業後の明治一〇年代後半に中国哲学を中心とする「東洋哲学史」を構想したわけであるが、この時期の日本はいまだ欧米列強との不平等条約下におかれ、植民地化の危険にさらされていた。そして、神道国教化政策は破綻したとはいえ、いまだ西洋的な政教分離が成立していない状態にあった。そのような状況のなか、この時期の井上は、「我ガ邦ノ人、近来長幼ニ拘ハラズ、貴賤ニ論ナク、滔滔トシテ泰西ノ学ニ心酔スル(11)」というような、欧米化する日本社会の風潮に反発を感じ、そこから西洋に比肩しうる東洋「哲学」史を構築しようと考えはじめたのであった。

さらに、明治一七(一八八四)年から同二三(一八九〇)年のドイツ留学をきっかけとして、その傾向は一層強まりを示すことになる。帰国後の明治二〇年代後半は、インド哲学を中心とした比較宗教及東洋哲学講義をおこない、中国哲学の研究も交えながら、東洋哲学史の確立を推し進めてゆく。この時期の日本では帝国憲法の公布をとおして、建前上とはいえ、近代啓蒙主義の産物である政教分離が導入され、知識社会では宗教と道徳がはっきり区別されるようになる。しかも、公的領域と結びついた道徳は、私的領域に限定された宗教に対して、合理的なものとして優越した地位に据えられることになる。井上が注釈書を書いた教育勅語の渙発、それを契機とする「教育ト宗教ノ衝突」は、当時の啓蒙主義知識人のもつ反キリスト教あるいは反宗教的な雰囲気を端的に示すものである。

本章で紹介した井上の比較宗教及東洋哲学講義も、またそのような立場から論じられた。それは、宗教は哲学や道徳の未熟なものにすぎないという認識のもと、バラモン教や原始仏教を東洋哲学史の一部として扱い、それらの思想がキリスト教よりも優った哲学的体系を備えていることを主張する。その論証のために、井上が移入した比較宗教学と原始仏教研究の方法は、当時の西洋における東洋研究の最新知識であり、明治二〇年代の井上の学問が日本の知識社会の推進役であったことが伺える。

その後、明治三〇年代に入ると、井上は「日本哲学史」と称して、それまでの広汎な東洋思想の研究から、日本儒学史の研究へと焦点を絞り込んでゆく。この時期の日本は日清戦争と日露戦争の勝利をとおして、国民意識が明確なかたちを取りはじめており、井上の日本哲学史もまたそのような雰囲気を体現したものとなっている。日本哲学史への井上の意欲は、すでに明治二〇年代初頭のドイツ留学期に萌してはいたが、このようなナショナリズムの高揚と歩調を合わせるように、具体的な研究へと結晶化していったのである。そして、このことは、井上のなかにあった二つの東洋像、仏教圏と儒教圏としてのアジアのうち、中国と日本を結んだ儒教圏を選択させるものとなり、かつては一定の評価をうけていた仏教は厭世的という批判のもとに斥けられるようになる。明治三〇年に唱えはじめた日本主義も、反宗教的な愛国主義を打出した点で、そのような井上の立場を如実に語るものとなっている。日本への志向性は明治四〇年代になると、より明確なかたちを取ってゆき、明治二〇年代の関心事であった西洋的普遍性との照応関係は後退し、日本という特殊性が前面に出てくる。同時に、井上は文部省が提唱する国民道徳論——先の日本主義の発展したものともいえるが——との関わりを深め、学問的水準を保った著作を発表することは皆無となる。今日における井上評価は、おおよそ国家主義のイデオローグあるいは日本思想史の開祖というものだが、その印象はこの明治三〇年代から四〇年代にかけての彼の活動に由来するところが大きいと思われる。

このように井上が学問的活動の第一線から遠のくなか、新たな世代の研究者たちが、井上の構想した東洋哲学史の各部門を分立させるようにして、アカデミズムに登場しはじめる。井上の門下生でいえば、東大では、明治三八(一九〇五)年に姉崎正治によって宗教学講座が、大正九(一九二〇)年に田中義能や加藤玄智によって神道講座が新設される。宗教学・神道学とも、宗教を人間の本質としてとらえ、それを学問の中核に据える点では共通するものであり、その点では啓蒙主義者の井上が組み込みきれなかった宗教の問題を、積極的にあつかう学問であった。その意味で、姉崎の宗教学は井上の比較宗教学とは明確に一線を画していた。

また、すでに設置されていた教育学講座も、井上の女婿である吉田熊次が明治四〇(一九〇七)年から、倫理学講座も大正一五(一九二六)年から国民道徳論者の深作安文が教鞭を執るようになる。その他にも、明治三四(一九〇一)年には梵語学講座が、大正六(一九一七)年には印度哲学講座が新設され、前者はマックス・ミュラーの薫陶をうけた高楠順次郎が、後者は大乗非仏説論で知られる村上専精が担当することになる。彼らは東大出身ではないが、井上をはるかに凌ぐ文献的知識をもつ本格的な仏教学者として登場してくる。中国哲学に関しても、明治三八年に旧弊的な漢学支那語学講座が支那哲学支那史学支那文学講座へと改められ、服部宇之吉らが担当するようになった。(112)

そして、大正八(一九一九)年に文科大学が文学部に改組されたおりに、いずれの講座も――その翌年設置の神道講座だけは学科に昇格しなかったが――、井上が領袖をつとめる哲学科から独立した学科となる。それ以降、哲学科そのものは次第に西洋哲学専攻の学科となり、これも井上門下の桑木厳翼が、新カント派という新たな知識をもって教えることになる。(113) こうして、かつて井上が構想した東洋哲学史という学問は、宗教学、神道学、印度哲学、中国哲学、倫理学、教育学、哲学など、さまざまに分立した講座あるいは学科として、彼の門下生や本格的な訓練を受けた者によって担われてゆくことになる。彼らの多くは、その身にまとった新たな学問によって、現在にいたるまで東大各学科さらには学界の開祖とみなされているが、一方で井上は各学科から言及されない存在となっていった。(114) 本章の冒頭にひいた、田丸徳善による宗教学の先駆者という井上評価にせよ、あくまで姉崎を直接の学祖と見做したうえで、井上をその前史として位置づけるにすぎない。

そのなかで、かろうじて井上に対する学問的評価として残ったのが、日本儒教史であった。結局、それも日本思想史という分野が、制度的にも原理的にも自立しえず、他の学問のように衆目の一致する学祖をもちえなかったためと思われる。そのゆえ、積極的なかたちではないが、明治三〇年代に残した井上の研究がその起源として仮託されるようになる。しかし、井上はみずから日本思想史を称したことはない。あくまでも日本哲学史として理解していたのである。不十分なかたちとはいえ、日本思想史という研究分野が成立するのは、明治末年から大正期にかけて、村岡典嗣や津田左右吉の登場を俟たなければならない。(115)

その意味で、今日の井上評価は、かつて哲学科から分立した各学問による彼の軽視が不当であるように、一方で日本思想史の開祖という位置づけもまた妥当ではない。好意的にせよ、そうでないにせよ、これらの井上評価は、明治三〇年代以降に次々と自立していった個別分野の視点から測られており、彼の学問のもつ未分化な広がりを把握しきることができないでいる。[116] 本論において確認したかったのは、井上の学問を歴史的文脈に即して意味付けようとするのならば、各学科が分立した時期を超えて、明治二〇年代の比較宗教及東洋哲学講義に代表されるような、井上自身が東洋哲学史と呼んだ茫漠とした広がりをもつ言説として、捉え直すことが必要になるということである。

このような段階を通過するなかで、日本の学問は西洋哲学の論理を受肉化することに成功をおさめ、次なる世代によって専門的に分節化された原理と制度が打ち立てられてゆくのであった。明治二〇年代を中心とする井上の言説は、日本における近代学問の確立を準備した、まさに胎動期の所産なのである。そして、かれの東洋哲学史をめぐる研究の推移過程、すなわち明治一〇年代の中国哲学にはじまり、同二〇年代のインド哲学への展開、明治三〇年代での日本儒教さらには神道への収斂という事態そのものが、明治期において東洋あるいは日本というアイデンティティが、西洋世界との交渉のなかで、どのようにして確立されてきたのかを物語るものとなっているのだ。

付論　国家神道をめぐる覚書

一　研究史の流れ

今日、国家神道をめぐる議論では、「国家神道」という呼称を用いるべきか否か、さらに用いるとすれば、どのように定義されるべきかという点に主たる関心がおかれている。国家神道なる呼称を広く人口に膾炙せしめたのは村上重良であるが、[1]かれによれば国家神道とは、実際には宗教にほかならない神社崇敬を政府が非宗教行為と規定することで、国民全員に対して強要した国教制度であり、形式的な政教分離をよそおった信教自由への侵犯行為ということになる。戦後、靖国神社の国営化や創価学会の政界進出が取り沙汰されるなか、政教分離の理念がふたたび侵害されることを危ぶんだ村上は、戦前の国家神道体制がいかに信教の自由を侵すものであったかを明らかにすることで、戦後社会における宗教政策の指針を示そうとしたのであった。[2]

村上は国家神道体制を明治維新から敗戦後まで一系的に発展したものと捉えたが、今日では、明治一〇年代後半から二〇年代には積極的な神社政策がみられなかったことが、阪本是丸や中島三千男らの研究によって明らかにされている。[3]さらに、そこから国家神道という概念そのものが不必要なのではないかという意見も、一部の神道学者や制度史研究者から出されるようになった。[4]そもそも戦後、「国家」神道という言葉は、その先駆者である村上や藤谷俊雄に端的にみられるように、国民の信教自由に干渉した国家をつよく非難するというマルクス主義的な立場から用いられたものであった。近年の国家神道不要論がそれを批判する見解をとる以上、戦前の社会には国家や神社が国民を抑圧したという事実はなかったという正反対の主張を暗黙のうちに含むことになる。(5)しかし、これらの研究はおもに神社制度から議論を展開するものであり、国家神道が一般の神社だけでなく、靖国神社のような創建神社あるいは宮中祭祀を構成要素に組み込んでいる事実を考えるなら、神社制度史だけから国家神道の全体像を論じることは無理があろう。また、現在のところ、これらの制度史研究は個々の法令の意図を実証的に吟味するものであっても、それらが集積した結果、社会的にどのような影響を及ぼしたかを論じるにはいたっていない。

しかし、そのような難点を抱えるにもかかわらず、神社政策の不活発期の指摘は、国家神道概念を抑圧という含意をもって使用し続けようとするマルクス主義系の歴史学者にとっては、(6)その立場を根底から揺がすものとなっている。その懸念を露呈させるものとなったのが、同じマルクス主義歴史学の陣営内でおこなわれた宮地正人と中島三千男の論争であった。(7)中島は積極的に神社不活発期の存在を国家神道論に組み込むことで、その確立期が明治後半期まで遅れると主張したが、宮地はそのような議論が天皇制の抑圧的性質を曖昧にさせることになるのではないかと反駁したのであった。この議論の争点は、マルクス主義歴史学者にせよ、国家神道の指標を神社神道に置いているため、神社政策の不活発期を認めるならば、明治時代のなかば過ぎまで国家神道体制は未成立であったということになってしまうことにあった。しかも、これらの研究では国家神道を天皇制イデオロギーと同一視する傾向があるため、ひとたび国家神道の未成立を容認してしまえば、戦前において天皇制による国民の抑圧が存在しない時期があったという結論に達せざるをえなくなってしまう。このことは、安丸良夫のように村上国家神道論の一系的発展史観を批判する研究者もふくめ、(8)マルクス主義歴史学の国家神道論が論理的に抱え込まざるを得ないジレンマであった。

それに対して、おなじく国家神道概念を支持する研究者でも、宗教学者の村上や島薗進は、国家神道のなかに教育勅語や帝国憲法など非宗教的要素までをふくめる立場をとる。そのような立場をとることで、たとえ神社政策の不在期があったにせよ、国家神道は学校教育や憲法をとおして天皇制イデオロギーを一貫して喧伝していたということになる。(9) 島薗は自分の理解を広義の国家神道概念として、神社神道に限定する狭義の理解に対置させるが、このように国家「神道」のなかに神社政策とかかわりのない非宗教的要素を包摂してしまうことは、当時の神道や宗教の範疇がどのようなものであったかを不問にしてしまい、マルクス主義研究者の場合以上に、国家神道と天皇制との同一視を曖昧なかたちで推し進めることとなる。

そもそも、このような国家神道を天皇制イデオロギーと同一視する見解は、加藤玄智など戦前の神道学者に端を発するものであった。(10) ただし、戦前の保守層の内部においても、それはけっして支配的な見解になることはなく、神道を国体と同等の網羅性をもったものへと祭り上げたがる神道学者や神道家の願望にとどまっていた。それが戦後になって「国家」という言葉が、戦前のような国民という主体を創出する肯定的な意味から、国民の自由を抑圧する否定的なものへと反転してゆくなかで、マルクス主義者や宗教学者は、かつて神道学者が主張した神道の網羅性を逆用することで、戦前においては国家神道が天皇制イデオロギーと同様の抑圧性をもっていたという批判をおこなったのである。他方、戦後の神道学者たちは戦前における神社と国家権力の結びつきを否定しようとしているわけだが、それもこのような神道の政治性を過大視する傾向に対する反動ともいえる。

たしかに、実際に天皇制国家は神社だけでなく、時期によって学校教育や宗教教団など、さまざまな回路を通して国民の規律化と抑圧を進めていった。ただし、それを一律に国家神道と名づけることは当時の理解と乖離するものであり、むしろ国家神道を政府の神社政策として限定的に定義づけたうえで、それを天皇制国家を支えるイデオロギー装置の一部として位置づけなおす必要があろう。(11) そのとき、国家神道と天皇制との関係性はかつての神道学者の願望から解き放たれて、具体的な歴史事象の分析を通して主題化されることが可能になる。そのなかで神道学者が懸念するような神社のイデオロギー的役割の問題も、その段階に応じて、天皇制国家のなかでの位置付けを変えていった歴史的なものとして捉えなおされるようになる。

さらに近年の新しい研究として、国家神道という体制は西洋の政教分離や宗教概念が日本の社会に定着してゆく過程のなかで、そのような西洋化に対して日本社会が示したひとつの反応であったと捉える動きもある。このような観点からみれば、村上が国家神道批判をおこなうさいに基本理念とした信教の自由もまた、この西洋化過程が進行するなかで生み落とされた歴史的産物にほかならないことになる。その代表的な研究に山口輝臣と島薗進のものがある[12]。山口のものは宗教概念と制度史のからみに焦点をあてた研究として評価されるべきだが、国家によるイデオロギー的抑圧という視点を欠いているために、静態的な制度史の枠に収まってしまった感もある。その点で島薗のものは国家神道と民衆宗教の拮抗関係を視野におさめた力動的なものといえるが、近代に成立した宗教概念の歴史的性質を指摘する一方で、自分が分析概念としてもちいる宗教の概念は時代的制約を被らない普遍性をもつと考えるために、かえって国家神道がどのような変遷過程を経て成立したものかという歴史的視点を欠落させることになっている。だが、これらの研究が登場してきたことによって、国家神道をめぐる議論は、国内における支配権力と民衆との関係に加えて、そのような関係を条件づける世界的な西洋化の動きとそれに対する土着エリート層の反応という観点が考慮されるようになった[13]。

以下、本論ではこれらの研究のもつ問題点をふまえ、宗教という西洋的概念が日本に定着する諸過程のなかにこそ、国家神道とよばれる国民教化の体制が成立可能になる社会空間が開かれていったのだという観点のもと、天皇制および神社との関わりに目を配りながら、その成立過程について筆者の見解を簡単に述べておきたい。

二　国家神道の成立過程

ここでは国家神道をもって、神社を通して天皇制ナショナリズムを国民に教化しようとする戦前の社会体制とする[14]。それは日本の社会が西洋近代化の波を被るなかで、一方でキリスト教に対抗するかたちで日本の土着信仰と伝統的な宮中祭祀を結びつけながらも、同時にそれを西洋的な政教分離および国民国家の理念と整合するものへと改変してゆくという宗教的政策であった。そして、この国家神道を正当化するためにとられた論理が、信教の自由を逆手に取った神社非宗教論である。それは神社を宗教ではなく公共道徳に属するものと規定することで、キリスト教や仏教などの個人の宗教的信条にかかわりなく、神社崇敬を国民に義務づけることができるというものであった。

国家神道の変遷に関する時期区分は三つの段階に分けることができる。第一段階はその前史をなす神道国教化政策の時期であり、慶応四(一八六八)年の神祇官布告から、明治一五(一八八二)年における官国幣社の教導職兼補禁止までが、おおよその時期にあたる。これは、いわゆる神道を国教として天皇制ナショナリズムの支柱に据えようとした試みであり、さらに神祇祭祀を軸とした神祇官・神祇省期と、三条の教憲と呼ばれる教を軸とした教部省期の、二つの時期に区別される。ともに政教分離に基づく信教の自由および宗教という理念が社会に定着する以前の段階であり、近世的な「神祇」ないしは「教」という概念のもとで、キリスト教に対抗しながら、斉一的な国民教化をめざした時期といえる[15]。

そのなかで、神社は明治元(一八六八)年の神仏分離令による仏教との切断、明治四年の神官世襲制の廃止など、近世的な性質からの遮断が遂行される。代わって、後の国家神道体制の礎となる官国幣社・府県社・郷村社という社格体系が確立され、「国家ノ宗祀」として天皇制国家による一元的掌握がおこなわれた。また、明治五年には楠木正成を祀る湊川神社が別格官幣社に列せられ、明治一二年には東京招魂社が靖国神社と改称されるなど、その後の神社体系の骨子があらかた出来上がることになる。ただし、この時期の国民教化は、後のような祭祀の場所としての神社を最大の拠点とするものではなく、宣教使や教導職という教化をになう官吏、あるいはその教化対象である講社集団を梃子として推し進められたものであった。[16] その点から言えば、この時期の神社の位置づけは、第三期になって確立する近代的な「神社神道」観とは異なる可能性がある。[17] それが、国家神道と呼ばれるような政治・文化的機能をもつにいたるためには、政教分離の確立などの次段階の政治的改革を経たうえで、その神社体系に対する意味づけの再編がおこなわれるのを俟たなければならなかった。

第二段階は、明治一七(一八八四)年の教導職廃止に伴う公認教制度と明治二二(一八八九)年の大日本帝国憲法の公布をとおして、信教の自由が日本に定着してゆき、公的領域として国民の義務とされる道徳と、個人の裁量に委ねられる宗教という私的領域に、それまで未分化であった教が区分される時期にあたる。ここから神道は、宗教である教派神道と道徳である神社神道へと分轄されてゆくことになる。それにともない神社は講から切り離され、もっぱら国家的祭祀を担うものへと位置づけられ、旧来もっていた宗教的性質は空洞化させられてしまう。しかし、それでも神社は祭神を祀り、参拝行為をともなうがゆえに、西洋近代的な宗教概念からみれば、やはり宗教の範疇に属するものであり、道徳としての神社神道はそのような政府の主張にもかかわらず、宗教性を帯びたものとして存在することになる。そのためか、この時期の政府はこのようなグレイ・ゾーンたる神社を国民教化のイデオロギー装置として積極的に活用することはせず、むしろ一八八七年の官国幣社保存金制度にみられるように、伊勢神宮を頂点とする神社体系は存続させるものの、それを支える財政的援助を打ち切る方針に転じてゆく。[18] これが、阪本らのいう神社政策の不活発期にあたるものである。

この時期、政府は前段階までの近世的な色合いを濃厚に引きずる神道国教化政策から撤退し、かわって西洋近代の啓蒙主義的な政教分離政策を推進していた。そのため天皇制ナショナリズムの教化手段も、教育勅語や御真影の配布、あるいは神話を含まない歴史教育など、学校教育という非宗教的な回路が前面に押し出される。[19] 靖国神社の増改築および皇族や忠臣を祀る創建神社の設立がこの時期の唯一ともいえる積極的な神社政策であるが、それは歴史上の人物を慰霊するという点で一般の神社と異なり、啓蒙主義的な忠君思想をとく教育勅語の理念に合致するものであった。[20] 明治二二(一八八九)年にほぼ完了した天皇陵の治定、維新志士たちへの大規模な贈位なども、このような忠君思想の理念に沿って、忠臣を顕彰するとともに、その献身の対象となる天皇家の歴史を国民に可視的なかたちで提示することが目的とされたものと言えよう。[21]

ただし、大日本帝国憲法で保証された信教の自由とは、あくまで臣民としての義務である国民道徳が、個人的な関心事である宗教の問題に優先するという条件下のものである。それを象徴するのが明治二三(一八九〇)年の内村鑑三不敬事件であった。「教育と宗教の衝突」と呼ばれるこの出来事は、日本における信教の自由は天皇制という世俗社会の権威を是認する者のみに与えられることを露呈させるものとなった。[22] また、明治二五年におきた久米邦武の論文「神道は祭典の古俗」をめぐる筆禍事件にしても、啓蒙主義的な政策の施行された時期とはいえ、神道に対する合理的解釈にしても、一定の許容範囲を超え出ることはできないことを明白にしたものであった。[23] 近年、この時期に自由な信教の空間が存在するかのような見解も出されているが、天皇制ナショナリズムの教化が神社を通してではなく、教育を介しておこなわれていたということに過ぎず、やはり信教の自由に対しては抵触してはならない禁忌が設けられていたのである。

さらに留意すべきことは、政府は天皇制イデオロギーの教化のために西洋近代的な範疇である宗教や道徳という回路を使い分けながらも、天皇制そのものはそのような範疇にはいずれにも収まらないものとして、道徳や宗教を超えた現人神という無制約な超越的存在にされていたということである。この天皇制のもつ無制約さは、その道徳的教義が基本的に天皇家に対する祖先崇拝として形式的に提示されるにとどまり、国民教化の具体的な内容を規定するまでにはいたらないことに対応する。明治一三(一八八〇)年における神道界の祭神論争がひきおこした混乱を経験したことで、[24] 政府は天皇制イデオロギーの内容を茫漠とした無規定なものにしたほうが、かえって国民からの多様な思いを柔軟に受け止めることができると考えたのであろう。[25] 天皇制が前近代的な教の性質を有することを積極的に利用して、それを西洋から取り残された未開として位置づけるのではなく、西洋近代的な範疇を超え出た存在として解釈する。そのようなかたちで、日本政府はいやおうなしに巻き込まれた西洋化の過程に対して、非西洋側の社会が示しうる対抗戦略のひとつのあり方を示したのだといえよう。

そして、これらの先行段階の諸政策を前提として、三番目の時期において神社を積極的に活用した国民教化政策、厳密な意味での国家神道体制が布かれることになる。それは、官国幣社国庫供進金制度が施行され、神社合祀が本格的に開始された明治三九(一九〇六)年頃から、昭和二〇(一九四五)年の十五年戦争の敗北までの時期におよぶ。ここにおいて神社非宗教論は政府に積極的に利用されるようになり、神社崇敬は宗教ではなく国民道徳の範疇に属するという論理にもとづいて、地域改良政策などと結びついて、神社が国民教化の地域的拠点とみなされるようになる。[26] ただし、この時期の神社はかつての神道国教化政策期のように政府のほうから国民へむかって教えを説く場所のひとつとしてではなく、国民のほうから皇祖崇敬という祭祀行為を率先しておこなう場所として、その社会的役割の意味を変えていた。神社は天皇制と同様に、明確な教義とのかかわりを回避することで、国民の側からの多様な投影を可能にする場として機能することを期待されることになる。ただし、天皇制の場合とは異なって、このような教義の空洞化は神社の存在意義を稀薄にし、かえって人々に神社崇敬への自発的欲求を起こさせない要因として作用することになった。

その後、明治四五(一九一二)年には内務省が三教会同を開催し、天皇制ナショナリズムの教化回路として宗教教団の組み込みをはかり、大正九(一九二〇)年には文部省が国史と改称した歴史教育に神代の物語を加えはじめる。[27]これらは国家神道政策とは区別されるべきものだが、前段階での啓蒙主義的な道徳教育がゆきづまりを示してきたことから、政府が合理主義的な道徳教育の枠を超えて考え出した国民教化の手段であった。そして、これに対応する国家神道政策が、神社崇敬の奨励であった。この政府の動きに対して、大正一〇年代になると神社の宗教的性質がキリスト教や仏教側によって取り沙汰されるようになり、神社非宗教論は信教の自由を妨げているという議論が盛んになる。その流れのなかで、大正一五年の宗教制度調査会、および昭和四(一九二九)年の神社制度調査会が政府の諮問機関として発足する。そして、保守陣営のなかから神道学という新たな学的言説が登場し、神道なるものは宗教や道徳という範疇に収まるものではなく、むしろそれらを包摂する極限概念であり、国体すなわち天皇制ナショナリズムとほぼ同義語のものであるという主張がなされるようになる。[28]すでに指摘したように、この見解こそが、国家神道の政治性を天皇制と同格のものとして過大視する戦後の国家神道論の基盤を築いたのである。

さらに昭和に入って、社会が戦時体制に移行してゆくと、神社崇敬はよりあからさまに国民に強要されるようになり、昭和七(一九三二)年には上智大学生の靖国参拝拒否をめぐる問題が起こる。そして、皇紀二千六百年を祝う昭和一五(一九四〇)年には神祇院がついに内務省外局として設置されるにおよび、第三期の国家神道体制は十五年戦争の激化とともに頂点を迎えることになる。ともするとこの戦時期のあり方はファシズム体制がもたらした異常な逸脱型とみなされがちだが、この時期に国家神道体制が隆盛を誇ったことを考えるならば、むしろここにこそ国家神道の本質が存するという理解もまた可能であろう。

以上のようにみると、厳密な意味での国家神道がしっかりと確立したのは、やはり第三期からと考えるべきであろう。しかし、第一期には神社を国家の宗祀とする神社体系が築かれ、第二期には天皇主権という但書きのもとで啓蒙主義的な政教分離が確立されるとともに、忠君思想に基づいた創建神社が整備されている。その意味では紆余曲折を経ながらも、前段階までに施行された諸政策を取り込んで組み合わせ、新たな意味づけを与えることで、第三期において国家神道という体制が確立可能になったとみるべきである。

現在の研究では、国家神道体制の前提をなす西洋的な宗教概念がどのように日本に移植されていったのかが明らかにされつつあるが、今後の課題としては、宗教概念とともに国家神道を支える基本範疇であった「神道」や「神社」がこれらの諸過程のなかで、どのようにして今日的な含意をもつ第三期の概念へと変化していったのかという点の解明が期待される。(29) また、これらの諸概念の形成過程をふまえたうえで、国家神道体制が神社や民衆宗教あるいは広く社会一般に与えた思想・制度的な影響を論じることも求められよう。国家神道研究はその呼称を使用するか否かの議論に終始することなく、国家神道という概念を用いることで当時の社会のどのような側面を照射可能にするのかという問題意識のもと、近代宗教史や政治・文化史をめぐる広い研究の文脈のなかへと接合されてゆく必要があるのだ。(30)

さらに今後は、これらの議論を一国史の枠組みに閉じ込めるのではなく、日本特有の社会状況を押えたうえで、国家神道政策とそれに対する社会の諸反応を、近代西洋化に対する非西洋社会側がしめす多様な反応のあらわれとして、比較宗教史的な視点のもとに定位する作業も進められるべきであろう。概して比較という方法は、文化的な差異に言及しながらも、結局はそれを認識主体の同質性のもとに解消してしまう傾向にある。しかし、ここではそれが転倒され、西洋化という共通した状況にありながらも、それぞれの社会がその歴史的な背景をもとに多様なかたちで示す反応を、差異とその連関の相のもとに把握してゆく行為として捉え直されることになる。(31)

第二部　宗教学の成立

第一章　宗教学的言説の位相

――姉崎正治論――

一　宗教学の今日的課題

今日、カルトと呼ばれるような宗教教団がひきおこす事件が報道されるたびに、いったい宗教とは何なのか、という関心はますます高まりつつある。ただし、そのさいにジャーナリズムやメディアに登場して、その不可解な宗教について解説をおこなうのは、もっぱら弁護士やジャーナリストたちであり、宗教の説明を任とするはずの宗教学者の声はあまり聞こえてこない。その背後には、しょせん、宗教学は宗教を擁護するものにすぎないのではないかという世間の失望が存在しているように思われる。そもそも、宗教学という、浮世離れした感のある学問が注目をひくようになったのは、一九九五年にオウム真理教がひきおこした地下鉄サリン事件に代表される一連の出来事であった。そして、この学問が世間の冷笑をかう契機になったのもまた、これらの出来事であった。

地下鉄サリン事件や拉致事件で私たちが目にしたものは、宗教的真理という名のもとに他人の生命をうばう宗教教団のおぞましさであった。まず私たちの目をひいたのは、現実に殺された人間や財産を奪われた多くの人間の存在であった。そして被害者と加害者という観点から、弁護士やジャーナリストたちが個人の社会的責任を問題とするのに対し、宗教学者はおおむね宗教に好意的な態度をとるという印象をあたえるものであった。その後、世間の批判もあってか、宗教学者はむきだしの宗教肯定論を控えるようになり、かわって宗教のもつ暴力性とそれを生み出した社会状況の分析へと転じていった。しかしそこでも、宗教学者が自分の学問と宗教の親和性を主題とすることはみられず、依然として、自分たちの現実的な責任を自覚していないのではないかという不信感は残されたままである。(1)

オウム真理教をめぐる事件では、マスコミに対して、社会正義という名のもとに視聴率という商業的な報道動機を覆い隠し、悲惨な出来事を見世物に替えてゆくという傍観者的な態度がきびしく批判されていた。宗教学者のなかにもそれを糾弾するものもいたが、それならば、みずからの属する宗教学という学問の場をまずはじめに批判しなければなるまい。かつて自分のおこなってきたことを批判しなければ、また新たなる問題の陥穽にはまり込んでしまうに違いない。そこにはその責任を一部の学者に帰すことができるような問題のみでなく、宗教学という学問自体のかかえる抜き去りがたい歴史的性質が潜んでいるように思われる。ここでは、宗教学者が一般の人々に宗教擁護論と受け取られるニュアンスを残すのはなぜか、そして宗教学はどこでつまずいたのかを考えてみたい。

宗教学が日本の社会に深く交わったのは、これまでにも少なくとも二度あった。ひとつは明治・大正の信教自由をめぐる議論の時期、もうひとつは敗戦直後の神道指令の時期である。前者は宗教学の黎明期、後者は宗教学の転換点にあたる。その中心的役割を果たしたのが、それぞれ姉崎正治と岸本英夫という東京大学教授であった。本章では、そのうち、宗教学の基礎をつくりあげた姉崎正治の宗教学をとりあげてみたい。姉崎は、今日では忘れ去られた感があるが、厳密な意味での宗教学を、日本で最初に確立した人物であり、東京大学のみならず、学会組織や日本の宗教政策において、明治後期から昭和の戦前期まで指導者的な役割をはたしてきた人物である。(2)

もちろん、宗教学科は東京大学のほかにも、京都大学・東北大学など旧帝大系の国立大学に、さらには仏教やキリスト教系の宗門大学においても、それぞれの伝統をもって少数ながら存在してきた。しかし、宗教学という学問が、その存立基盤を宗教教団の神学・教学からの独立と価値中立を謳い文句とするかぎり、やはりその中核は日本の場合には国立大学に求めなければならないだろう。(3) そして国立大学のなかでは、明治三一(一八九八)年における東京大学での講座開設が圧倒的に早く、(4) 文字どおり、姉崎の担当した東京大学の講座が日本の宗教学の出発点となっている。これらの点からみて、姉崎を議論の対象にすえることは、宗教学のかかえる問題の一端を考えるには格好の材料となるはずである。

二　姉崎正治の宗教学

1　宗教本質論

姉崎正治は明治三三(一九〇〇)年の『宗教学概論』で、「総ての宗教現象の根本として……其概念の統一的本質となるべき中心動力を認識せんと欲するなり、是れ宗教研究の発足点なるべし」(5) と、みずからの学問が宗教の本質論を目的にすると宣言する。そして、その本質は「宗教現象の根柢は個人の意識にあり」(6) と、個人意識の次元にもとめられる。そのため、神への帰依心は「自己の生存を主張し拡張し豊富にし永遠にせんとする欲求の自然の結果として、自己以上の実力に近親し、或は之を獲得せんとする欲求意欲」(7)、すなわち人間の生存欲求にもとづくものと説明されることになる。強烈な自己否定をともなう神秘主義的な没我状態さえ、個人の生存欲求が逆説的なかたちで現れたものと捉えられるのである。

現実には諸宗教の神や信仰体系にはかなり違いがあり、相容れないことがらも少なくない。しかし、宗教は人間の営みととなえる姉崎にとって、そのような違いは絶対的なものではなく、おなじ「宗教的意識」の現象面へのあらわれ方の差として映じるにすぎない。かれは宗教というものを、現象と本質の二重性からなるものと理解しており、個々の「成立宗教」は現象にすぎず、本質は個人の宗教的意識にあると解しているのである。もちろん、本質論だからといって現象は軽視されるべきものではなく、諸宗教の丹念な「比較」をまって本質たる宗教的意識は究明され、その本質にもとづいて現実の諸宗教も適切な位置があたえられる。つぎの言葉は、姉崎の宗教学構想を如実に物語っている。

大体に於て人間天性の一致を認むる以上は、其宗教発達変化の中に統一一致を発見し、又其変化異種の生ずる所以をも説明し、此等特殊の事実が一般に宗教発達の中に占むる位置を明らかにせざるべからず、即意識に於ける事実として、人心の宗教の性能を観察し、其の社会的発表の理法を歴史比較の二方面より研究するを要す。(8)

このように宗教の本質を人間の宗教的意識にもとめることによって、現実の諸宗教の差異を絶対視しない姿勢、そのような「心理主義」的態度こそが姉崎宗教学の土台をなしている。(9)『宗教学概論』の本論が、宗教的意識をあつかう「第一章　宗教心理学」で始まるのは端的にそれを示すものである。

この後、ドイツ留学をへた姉崎は、神秘主義へと大きく傾いてゆき、かつての著作『宗教学概論』を「宗教の外殻のみに触れて深き真髄に及び居らざる」(10)とみずから批判するようになる。この傾倒ぶりをもっとも強くしめす著作が、明治三七(一九〇四)年の『復活の曙光』であるが、それにもかかわらず、ここでも「人が……人性の中に現れて居る神秘を自覚するならば、「人即神」の宗教に到達することは容易であろう」(11)と、宗教的体験の神秘性をあくまで人間の内面をとおした出来事として、依然、心理的な側面から把握しようとしている。『復活の曙光』のみならず、『宗教学概論』の成立以降、姉崎の心理主義的な宗教理解は、終生変わることがなかったと思われる。

さて、『宗教学概論』の終章にあたる「第四章 宗教病理学」において、姉崎は「其教会其宗義を以て宗派の別をなし、宏博に反して偏狭となり、知見に反して宗義を人に強ゆる」[12]と、自宗派のみの絶対性を説くような教団のあり方につよい批判をくわえている。彼にとって、現象面での相対的な差異にすぎない教団に絶対性を見出すような信仰は、宗教の本質から目をそらさせるものでしかなかった。姉崎にとって問題なのは、教団という現象そのものではなく、それを通して現われる個人の宗教的意識の深さなのである。宗教はあくまで「個人的生命の上に立ちて」、そのうえで「社会全般の潮流を支配する勢力過程」をもつものとされる。[13]そこに、姉崎の宗教理解が教団を単位としたものではなく、個人を基本として成立していることを見てとることができよう。

ただし、姉崎は教団を全面的に否定しているわけではない。なぜなら、彼にとって宗教とは個人の内面に基礎をおくと同時に、現実の世界に現出するさいには教団や儀礼など外的なかたちをとるものと理解されていたからである。ただ、「信念の排斥性、信念の偏固、及古典偽造」など、自分の信仰にいたずらに拘泥するときに、「病態」に陥るとされたのだ。[14]

この見解は、従来の宗教研究、すなわちマックス・ミュラーらの比較宗教史や個別の特殊宗教史など、特定の宗教観から宗教と宗教でないものを弁別してきた神学色のつよいものとは一線を画すものである。[15]姉崎は、当時「迷信」と蔑視されていた民間信仰や未開宗教も宗教の範疇にふくめて論じており、なかでも明治三〇年に『哲学雑誌』に報告した「中奥の民間信仰」は、大学の命令とはいえ、組織立った民間信仰の調査報告としては本邦初のものであった。[16]

たしかに、姉崎の比較及び文献学的方法はミュラーらに負うところが大きい。しかし、あらゆる時代・地域の成立宗教をひとしく宗教の範疇におさめようとする姿勢は、従来の宗教研究にはみられない姉崎の学問のもつ新しさである。そして、それを可能にしたのが、多様な歴史現象の基底に共通の宗教意識を設定するという心理主義的態度であった。しかし、宗教に含められたからといって、それがすべて平等に評されるとはかぎらない。宗教という範疇に収められた諸現象は、姉崎のなかで進化主義的な階梯をなすように並べられていた。この階梯の最上段にあたる「純粋なる」「理想的宗教」について、姉崎はこう語っている。

道徳的世界秩序は即宗教の道徳にして世間道徳の理想の究竟は終に宗教の理想に摂せられ、神の意識に基きて一切道徳を修する事……宗教上の終局目的即道徳の規範となるにあり。此故に純粋の自律的宗教にては、特に神に事へん為の行為儀礼を要せず……従て特に神人の媒介者……僧侶司祭あるを要せざるなり。一切善は即神事にして、一切の信者否一切の精神ある者は皆僧侶にてあるなり。[17]

この言葉からも、教団組織という外的要因ではなく、個人の「人格品性」こそが真の宗教性のしるしだ、と考えていることがわかろう。そこでは、もはや儀礼や教団組織など形式的な特徴のちがいが信仰心を左右する決定的な要素とみなされることはない。人格品性の模範が教祖のような宗教的達人であり、後年、姉崎はその具現化した姿を日蓮や聖徳太子にもとめるようになる。[18]そして一方で、反対の極にはさまざまな病態が設定される。しかし、両者はまったく異質のものではなく、人格覚醒の度合によって人間はこの両極のあいだを移行することになる。それは教団の次元でおこるものではなく、あくまで個々人の内面において成し遂げられるものなのである。教団に主体をおいた神学的研究から、個人の人格に主眼をおく宗教理解への移行、ここに心理主義と人格主義が一体となった姉崎の宗教学の特質を確認することができる。

このような視点は、当時の哲学的主潮に由来するものと考えられる。姉崎が、エドワルト・フォン・ハルトマン『宗教哲学』(明治三一年)、ショーペンハウアー『意志と現識としての世界　上・中・下』(明治四三・四四年)の翻訳者であることは、[19]けっして偶然ではあるまい。かれが深い造詣をしめすこの「理想主義」は、個人の敬虔なる心情に宗教や道徳の本質を見出そうとする唯心的・超絶的な思想である。政治面ではすでに国家主義が成立し、思想面では唯物論や功利主義など近代的合理性が席捲するなか、国民主権のための政治闘争の希望もなく、既存の宗教伝統的な思想に一体感ももてなくなった当時の知識人たちは、個人の内面に自由と安心を求めようとしていた。[20] 姉崎の宗教学にみられる心理主義・人格主義的傾向もその流れに掉さすものである。また、かれは学問と信仰の関わりについて、つぎのように述べる。

宗教の器具として用ゐられし科学哲学が、却て彼を批評し彼を研尋し、其威厳をも教権をも重んぜざるに至りし……此事態は却て宗教をして乾燥煩瑣なる宗義の細たらしめず、自由にその人心安立の本職を尽さしむる……[21]

当然の帰結として、学問は教団の教義のためではなく、個人の精神に仕えるものとされる。しかし、ここで確認すべきことは、姉崎の宗教学は病態におちいった教団を批判することはあっても、宗教そのものの否定を意図してはいないということである。むしろ、宗教の旧弊的なありかたを批判することで、もうひとつ別の、あるべき宗教の姿を描きだそうとしているのだ。その点で、姉崎の宗教学ははっきりとした宗教肯定論の立場をとっている。ここに姉崎が構築した宗教学固有の場があり、同時に信仰的欲求を前面に押し出すことのない人々との溝が存在する。そして、これ以降の宗教学もまた、多かれ少なかれ、あるべき姿の宗教の究明というこの特有の理念のもとに、学問的な営みを続けてゆくことになる。[22]

以上、『宗教学概論』をとおして、姉崎正治の宗教学を支える二つの柱、「宗教心理学」と「宗教病理学」を、個人の宗教意識の観点からみてきた。この書物ではあと二つの柱、「宗教倫理学」と「宗教社会学」が論じられている。本章ではこの二つの柱を、今度は宗教的意識の共同化という観点から扱うことになろう。だが、その前に、このような個人主義的傾向をもつ宗教学が、当時の社会状況といかなる関わりをもっていたのかを考えておきたい。

2　権力批判論

当初、神道国教政策を打ち出した明治政府であるが、しだいに政策を転換しはじめ、明治二二(一八八九)年に発布された大日本帝国憲法では、天皇主権とともに、ついに形式的にではあるが信教の自由を明文化する。その一方で、おなじ年に公布された教育勅語をとおして、政府は神道国教論にかわる教化方針、国民道徳論を打ちだす。一方、姉崎について言えば、かれが岸本能武太らと比較宗教学会を結成するのが明治二九(一八九六)年、東京帝国大学哲学科において「宗教学緒論」を講義するのが明治三一年、宗教学講座を担当するのが明治三八年である。[23] つまり、日本において宗教学が姉崎に導かれるかたちで思想・制度的に確立されていったのが明治三〇年前後であり、それは明治の社会体制からみれば、ちょうど国民道徳論と信教の自由が確立していった次の段階にあたる時期ということになる。

国民道徳論とは、広い意味でとれば、道徳をとおして国民の教化をおこなおうという政府や保守層の方針をさす。[24] それは信教の自由の成立と表裏一体をなすものであり、宗教が個人の自由にゆだねられ、この領域での国民教化が違憲となるのならば、道徳の領域をとおして、それを遂行すればよいという考え方である。そのなかで神道は、しだいに宗教たる教派神道と道徳たる神社神道に切り離され、神社崇敬は御真影の崇敬とともに国民の道徳的義務として位置づけられるようになる。

しかし、当然予想されることであるが、神社崇敬は信仰行為なのではないか、御真影の崇敬も個人の信条への干渉ではないのかという、信教自由の侵犯を危惧する声が上がる。その典型が、明治二四(一八九一)年の内村鑑三の教育勅語不敬問題に端を発する「教育ト宗教ノ衝突」事件である。[25] 東京帝国大学の哲学科教授井上哲次郎とキリスト教徒のあいだで、信教の自由と国体の関係をどのように考えるべきかという議論が展開され、その後には神社と宗教をめぐる問題も識者の注目を集めるようになった。

神社崇敬が宗教行為ということになれば、その義務化は信教の自由に反する違反行為となり、政府はこの教化方針を撤回しなければならなくなる。また当時一般には、神道は神霊の存在という信念を前提とし、それに対する儀礼を有する点であきらかな宗教であるとみなされており、しかもその一方で、教祖や教典や祭神に関して明確さを欠いており、教義も個人の救済問題に対処できていないという点で、キリスト教・仏教よりも劣るものと評されがちであった。このことはキリスト教徒や仏教徒らが神道に対する批判的な立場から指摘するだけでなく、井上哲次郎や保守的政治家のような、神道に好意的な者たちもまた懸念するところでもあった。(26) 神道が一宗教にすぎないと認定されてしまえば、政府の保護のないままに他宗教との競合状態におかれることになり、キリスト教や仏教のまえに敗北を喫することが容易に予測されたためである。神社をとおして天皇制国家にたいする人心把握をはかろうとする政府にとって、それは致命傷になりかねず、それゆえに神社崇敬の問題は政府にとって譲ることのできないものであった。

このように、明治二〇年代以降も、宗教は国体の根幹と絡んだ社会問題であり、個人の信教自由を旨とする宗教なる概念は、国民教化を推し進めようとする政府にとって依然、足枷となったままであった。ただし、信教の自由がすでに法制化されていたため、議論は以前のように特定宗教の国教化あるいは布教禁止というかたちではなく、神道の宗教性をめぐって展開されることになる。いきおい、宗教をめぐる研究も、研究者自身が意識するかしないかにかかわらず、きわめて政治的な状況に放り込まれざるをえなかった。

一部の宗教家たちはこのような状況に対応すべく、明治二九(一八九六)年に仏教とキリスト教を中心とする宗教家懇談会をひらく。この会議は、諸宗派がそれまで対立してきた過去のいきさつを水に流し、たがいの信条を尊重しあったうえで、より社会性をもった宗教活動を共同で営んでゆこうというものであった。雑誌『太陽』の宗教欄記者の資格で参加した姉崎は、宗派をこえた宗教者の新しい動きにつよい感銘をうけ、「此の如き時世に出づるの宗教は、最早永く宗派的宗義的たるを許さず、其運動は社会道徳の方面に尽さざるべからざるに至らん」[27]という感想を残している。そしてこの直後に、かれは宗教家懇談会の学問版ともいえる比較宗教学会を岸本能武太らと結成するにいたる。

当時、姉崎は東京大学在学中で、「教育ト宗教ノ衝突」の当事者のひとり、井上哲次郎のもとでインド宗教史やドイツ哲学を学んでいた。仏光寺派絵所の息子として真宗信者の家庭に育った姉崎にとって、「教育ト宗教ノ衝突」と宗教家懇談会という二つの出来事は、日本における宗教問題の政治的な難しさを知らしめるものであったと同時に、その困難さを打破する可能性を示すものとして重要な意味をもっていた[28]。

このような状況のなか、姉崎は明治三一(一八九八)年から東京帝国大学で宗教学の教鞭を執りはじめる。宗派をこえた立場から、理論や実態をふまえた専門家として宗教問題に答えをだしてほしい。そのような期待のなか、姉崎は宗教学講義の担当を任されたのである。この後、明治三三年になると、姉崎は文部省より念願のドイツ留学を命じられることになるが、そのさいに彼に寄せる人びとの期待を、東京帝国大学の雑誌『哲学雑誌』は次のように伝えている。

今や宗教の事漸く世人の注意を喚起し来りて理論に実際に自家の意見を吐露するの尠しとせず。然も一宗一派に偏せず公平に之を其根底より研究せんとするものに至りては極めて少なし、此時に当りて姉崎氏特に選はれて……[29]

ちなみに、東京帝国大学で宗教論を講じたのは姉崎がはじめてではない。彼の師井上哲次郎が、すでに明治二四(一八九一)年から「比較宗教及東洋哲学」という題目の講義を哲学科でおこなっている。井上の宗教論とは、バラモン教や仏教、キリスト教などの諸宗教の比較をおこなうことで、成立宗教から抽出された「理想宗教」を撰定しようという目論見をもったものであった。しかも、井上にとって宗教は蒙昧なものに過ぎず、あくまで国民道徳へ昇華されるべきものであった。最終的には、皇道が倫理化された理想宗教とされ、宗教のもつ敬虔な感情は国体たる忠孝観念に還元されることになる。(30)

井上は明治三〇(一八九七)年をもって比較宗教及東洋哲学講義の担当をやめ、翌年から姉崎の講義「宗教学緒論」に席をゆずる。(31) 井上が姉崎によせる期待の高さは、この明治三一年に自分の姪、井上マスを姉崎に嫁がせていることからも窺える。しかし、結果的にみて、姉崎の学問はその期待を裏切ることになる。誰にもひとしく宗教的意識は存在するとみる姉崎にとって、神道および神社はその神霊的存在の確信を指摘するまでもなく、あきらかな宗教であった。かれが宗教学を専門とする東京帝国大学助教授という立場にあるがゆえに、この見解は社会的に大きな影響力をもつものとなり、神社崇敬を道徳義務とする陣営に動揺をあたえてゆく。その師の井上でさえ、「宗教学上から宗教学者は宗教のなかに神道を籠めて取扱っております。当然のことであります」(32)と、但書きをつけたうえで、持論の神社崇敬論を述べなければならなくなる。

すでに述べたように、姉崎の宗教学が本質的に宗教擁護論の立場をとる以上、神社を非宗教と称して他の宗教の上位におき、信教の自由を規制してゆこうとする井上哲次郎や政府の見解と対立するのは必至であった。このような姉崎の立場を浮き彫りにしたのが、大正一五(一九二六)年と昭和四(一九二九)年の宗教制度調査会での発言である。宗教制度調査会は、キリスト教・仏教・神道の三教を平等にあつかうという名目のもと、信仰への国家介入、および宗教団体の組織形態の画一化をねらいとする宗教法を作成するために、政府が設置した諮問委員会であった。(33)

その委員として参加した姉崎は、政府の意向にそぐわない発言を繰り返し、会長の平沼騏一郎をはじめ、当時の文部大臣や宗教局長らを窮させている。神社崇敬は宗教的礼拝とどう違うのか、道徳的にそぐわない祭神の存在をどう考えているのか、神社崇敬義務化はないか。[34] いずれも、神道非宗教論が実質的な神道国教化の復活をもくろみ、国民の信教の自由を侵略しようとしているのではないか、という姉崎の疑念から出されたものである。

なかでも、姉崎が強く主張したのは、この法案は「宗教団体法」と命名すべきものであって、「宗教法」と呼ぶべきではないということであった。大正一五(一九二六)年六月三日に開かれた第二回会議で姉崎はこのように明言する。

要スルニ此ノ法案ニ於テ法律トナリマシタ場合ニ其ノ支配スル所ハ宗教ノ信念並ニソレカラ出マシタ所ノ団体組織、儀礼ガ社会的ノ事実トナツテ現ハレタ場合デアル、宗教ノ信念ノ内容其ノモノニ直チニ這入ルコトノ出来ナイコトハ申ス迄モナカラウト思ヒマス。サウシマスルト要スルニ此ノ法案全体ガ所謂宗教団体ニ関スル法律デアルト了解スベキカノヤウニ考ヘマス。[35]

そこには字句の違いでは済まない問題が潜んでいることを、姉崎は看破している。[36] それは、教団のことはともあれ、個人の内面には国家であろうが立ち入るべきではないと、かれが考えているためである。その後も姉崎は同じような質疑を繰り返し、個人の信仰も監督されるべきだとする政府側と息詰まるやりとりを展開している。[37] この宗教法案は結局のところ、両年度とも貴族院に上程されたものの、廃案に処されてしまう。しかし、昭和四年度に上程されたときの法案の名前は、姉崎の奮闘もあってか、宗教法案ではなく「宗教団体法案」と改められていた。

このように、政府が各信者の信仰心にかかわりなく強権的に神社崇敬を強いる状況のもとでは、姉崎のように宗教擁護論の者は政府の方針と相容れることができないため、いきおい国家に批判的な立場にたつことを余儀なくされた。つまり、宗教擁護論そのものが、権力批判的な立場の表明でもあったわけである。それは、明治期の社会主義や共産主義者にキリスト教徒が多く含まれていることとも共通する。そして、真摯な人格主義の実践者である姉崎は、打算的な観点から自分の信念を曲げようとはしなかった。そのため、東京帝国大学宗教学研究室には仏教・キリスト教・

教派神道の諸信者がつどい、「宗派心を去って互いに理解し同情する気風」[38]が生い育っていったのである。

3　共同体論

貴族院で宗教法案が廃案になった理由は、二度とも、国民教化のためにも宗教者にもっと自由な活動を保証すべきだというものであった。[39]つまり、宗教制度調査会が提出した法案は、貴族院にさえ国家主義的で時流にそぐわないと判断されたわけである。一方、姉崎はこの調査会で、国家による教団監督に関して承認する意思をしめしている。かれは「自分以外ノ第三者ニ対シテ話ヲシテ引入レヤウトシタ」[40]ときに、はじめて個人の信条が「社会的ノ事実トナリ、サウシテ此法律ノ範囲ニ参リマス」と、個人の私的領域をはなれ、信仰が他人との共同性を形成した段階で、国家は宗教を監督する権利をもつという考えを披見している。そこには同じ調査会で、懸命に個人の信教自由を守ろうとした姉崎の個人主義的な姿とは相容れないものがみられる。姉崎には個人主義だけでは捉えきれない側面が存在するのだ。事実、明治三六(一九〇三)年の丁酉倫理会で、姉崎は自分の人格主義が個人主義とも国家主義とも異なっていると述べている。

今の国家主義は基礎なき者であると申しますれば、直に個人主義を唱へるものだと誤解せられる恐れが大いにある。併し我々は人格修養と云ふものは、さういふ偏頗なる修養では到底満足が出来まいと考へる。[41]

すでに述べたように、姉崎は宗教の基礎的欲求を個人に発するものとみる。しかし、それは宗教が個人の次元に終始することを意味するのではない。「宗教現象の根柢は個人の意識にありと雖も、其顕動発表の舞台は社会的人文に存す」[42]と、かれは個人の宗教的意識を社会の共同性に開かれてゆくものと捉えている。この個人から宗教共同体が形成される過程を論じたのが、『宗教学概論』の「第二章 宗教倫理学」と「第三章 宗教社会学」であった。

同一神力の啓示を受け、之を信じ之を行ふ儀礼は宗教的団体の根本結合力となり、同一の理想欲望に依りて動き、同一の救を要求する者は之が現実の為に其規定実力遂行に集中団結し、下は家族的祭祀の小宗教団体より、国家的民族的宗教となり、普遍神性を称する教権的教会に至るまで、皆儀礼の客観的効力を実現するを目的とせり。(43)

個々人が共通の信念・儀礼を媒介にして共同を構築することで、「内面的宗教意識」は「客観的勢力社会的実力たる宗教」に移行する。(44) 姉崎のいう「宗教倫理学」とはこの過程の前半部、個人の宗教的意識が行為として具現化される部分を扱うものである。個人の宗教的意識は、儀礼等の表現行為の介在によってはじめて他人に認識可能となるのだから、この過程が個人意識と共同体の結節点をなすことになる。そして、「宗教社会学」は、その結果成立した宗教共同体を扱うものである。

このように姉崎の宗教学においては、「同一の理想欲望」によって個人が結合して宗教共同体が成立するとされる。そして、家族祭祀から世界宗教にいたるあらゆる宗教共同体は、いずれも個人の宗教的意識がそのまま外へむかって拡大されたものと捉えられ、共同体と個人は本来的に相和するものとみなされる。だが、実際には姉崎のなかで、すべての種類の共同体が同等にあつかわれたわけではない。

残念ながら、『宗教学概論』では、これ以上、具体的に共同体の問題が語られることはない。そしてこれ以降、姉崎は共同体と個人の問題を学問的な手続きのもとでは論じようとはしなかった。彼自身の関心が『宗教学概論』のような学問体系の構築作業から、より実践的な信仰行為や政治実践へと傾斜していったためである。そのため、その後の姉崎は、自分の共同体観を前提としながらも、それを現実の日本社会における国民統合、さらには国際社会での平和実現という実践問題へと展開させてゆくことになる。(45) 以下、かれが己れの学問の社会的実践として深くかかわった三教会同と帰一協会の様子を通して、その共同体観が具体的にどのようなものであったのかを確かめてゆこう。

三教会同は、明治四五(一九一二)年、政府が、内務次官の床次竹二郎を中心に推し進めた会合であり、床次が姉崎らとはかって、神仏各派の管長とキリスト教代表者を召集し、各宗派をとおしての国民教化を図ろうとしたものである。その趣旨を継承した帰一協会は渋沢栄一が発頭人となり、国民の思想善導を考えてゆこうと、学者・宗教家・政財界の人物たちがつどい結成したものである。その会員にはさきの床次や著名な宗教家が名を連ね、姉崎は幹事として趣意書等の起草から雑誌編纂まで一手に引き受けている(46)。だが、三教会同における政府と宗教教団との接近は、政教分離を危惧する陣営からの疑念を招き、「政治家が宗教を利用」しているなどの非難を浴び、帰一協会もまた「三教会同の幽霊」と批判される(47)。そのなかで、推進役の姉崎も「床次君の参謀長姉崎博士」、あるいは「赤門の御用学者」と酷評された(48)。

ところが皮肉にも、姉崎にとってこの批判点にこそ、三教会同の評価すべき点があった。「宗教の信仰理想に依り、国家の歴史に深い意味を発見し、以て国家の理想を高くし、又清めるので、是が宗教の本分である」と考える彼は、積極的に「国家と宗教の結合」を望んでいたのである(49)。もちろん、姉崎の宗教学の主旨からいって、その結合は国教制定などではなく、明治二九年の宗教家懇親会以来の、諸宗派が独立性をたもったうえで国民教化にあたるという発想にもとづくものではあった。しかし、そこに「内務省が其の斡旋案配をする機関(50)」として介入することを願う姉崎と、その批判者たちの間には根本的な国家観の相違が横たわっていた。姉崎はみずからの国家観を次のように説明している。

> 本能結合の状態が段々家族的種族的の生活となつた……其の生活に対して理性の説明を与へ理性の命令が加つて秩序義務と云ふ観念が生じて、さうして其の秩序義務を法律として整へると云ふ為に、国家と云ふ団結が生じて来たのであります(51)。

ここでは、国家が個人的欲求の実現のためにも、その欲求衝突を調停するためにも不可欠な存在とされている。しかも別の箇所で述べているように、国家は「克忠克孝の事実を実行」する伝統的な国体でもあり、同時に「世界人道」の働く普遍的な「文明の為の団結の場」でもあるとされる[52]。姉崎は、個人を調和的に結びつけ、人道の名のもとに他国家と連帯するような、個的存在を互いに開かしめる理知的・開放的な存在として国家を捉えているのだ。ここには、個人を分裂させ、階級的対立をもたらすような権力機構としての意味はない。それは、かれが国家をしばしば「社会」の同義語とし、家族の延長上にある自然生的な共同体と想定していることからも肯けよう[53]。

このようにみてくると、国家こそが個人を包摂する共同体の基体として、姉崎がもっとも重要視していたものであったことが分かる。国家を理性的存在として、個人に肯定的な存在として信じるがゆえに、内務官僚の床次と連係し、内務省の宗教介入を画策したのである。後の宗教制度調査会における教団管理を肯定する発言も、国家の合理性によって教団のドグマ性を排除し、国家という共同社会を個人が構築するさいの障害とならないようにするためであったと推測される。

姉崎が、明治三六(一九〇三)年における親友高山樗牛の死を契機として、日蓮主義に傾倒していったことはよく知られているが[54]、日蓮主義のもつ国家主義的な性質も、このような姉崎の国家理解の観点から咀嚼してしまえば、あまり抵抗感をもたずに受け入れることのできるものであったのだろう。また、明治四四(一九一一)年に南北朝正閏論争がおこったさいに、姉崎は強硬な南朝正統論者として活躍したのだが、そこでの天皇ならびに国体にたいする熱烈な愛着心も[55]、やはり同様の点からみれば、自然生的な国家共同体の正しい姿をまもるために出た必然的な行動として理解することができよう。

以上のことを考え併せれば、姉崎の宗教学において、宗教の基礎を個人の意識におく一方で、教団の閉鎖性をつよく批判してゆくという姿勢は、かれが宗教というものを、個人を単位としながらも、それが教団に分断されることなく国家のもとに収斂してゆくものとして構想していたことの現われと理解することができる。事実、国家主義的な色彩をもつ日蓮主義への傾倒と、神秘主義的な個人の内面への没入は、姉崎がドイツ留学から帰国した直後の、明治三七年頃にほぼ時を同じくして起きている。そして、国家規模で諸宗派が連帯して社会的な啓蒙活動をおこなう、その構想の実践が帰一協会であり三教会同であった。若き日、宗教懇話会に感銘をうけた姉崎であるが、政府が宗教に理解を示して積極的に介在すれば、より社会的な実践力をもちうると考えていたのである。

姉崎が指摘するまでもなく、共同性が個人の前提をなすという見解は、今日も動かしがたいところである。しかし、だからといって、国家をはじめとする共同体内部に矛盾が存在しないということにはならない。むしろ、共同体が個人の存在前提であるにもかかわらず、否、それゆえに、必然的にその内部に支配関係を生じ、共同体相互の関係においても自分の生存をかけて衝突してしまう。ここに、私たちの抜きさりがたい葛藤があるはずである。

もちろん、姉崎も当時の社会問題として個人と国家の衝突や階級対立があるのは知っている。理念のうえにおいてさえ、その調和が容易ではないことは当然知っていたはずである。そして、姉崎がその解決のために持ち出した切札が、「人格主義」の実践であった。彼自身が発起人のひとりであり、人格主義の討究と実践を旨とする丁酉倫理会でおこなった左の挨拶は、姉崎の見解をよく表わすものとなっている。

有らゆる方面に於て、活発なる精神を持ち、旺盛なる同情を持ち、而してそれが国に対して愛国となり、人間に対しては博愛となり、自分に対しては自分の真正の性質を考へ自分の品性を養ひ、道徳を支配するやうに、さう云ふことの十分出来得るに足るの資格、性質を養ふのが、即ち……心の欲する所に従て而も則を越へないといふ、そういふ心を養ひ、国家家族の利害休戚を其儘に自分の至情至誠で負担し得るやうな、そういふ性格に着目するのが、それが真正の倫理的修養と称するものであると我々は信ずるのでありまする。[56]
人格主義によって個々の人格が変容すれば、さまざまな矛盾・対立も解消すると確信しているのだ。姉崎が社会運動に関心をもったのも、宗教によって「下層多数の人民[57]」にまで人格の覚醒を及ぼし、社会の底辺から質的な変革を引き起こすことが可能と考えていたためである。さきに、国家主義でも個人主義でもないという姉崎の発言を取り上げたが、そこにも、個人の覚醒を介在させることで両者の対立は克服可能になるという彼の理念の現われをみてとることができる。ここで姉崎の宗教論は、「道徳的世界秩序は即宗教の道徳にして世間道徳の理想の究竟は終に宗教の理想に摂せられ、神の意識に基きて一切道徳を修する事……宗教上の終局目的即道徳の規範となるにあり[58]」というように、井上哲次郎の道徳論とほとんど区別のつかないものとなる。

しかし、ここでも姉崎は理念を述べるに終始する。だれもが人格者になれるのか、それで矛盾は解消されるのかなど、その理念と現実の橋渡しについて説明がなされることはない。かれの現実認識は、つねに「天地間万物の生命は、皆共に、同情融会の関係でその生々を営み、この関係は万古一貫の秩序に依つて行はれ[59]」という予定調和的な理念で覆われているのだ。かつて、国粋主義と反宗教をかかげる高山樗牛らの日本主義が台頭してきたとき、姉崎はまっさきに彼らの主張には資料的な裏づけがみられないと批判した。[60]しかし、同様の非難は彼自身の思索にも向けられるべきものでもあった。

このような思考様式は、明治後半期以降、流行した理想主義の「現象即実在論」の一種といえる。その提唱者ともいえる井上哲次郎によれば、現象即実在論とは「世界の差別的方面を現象と称し、世界の平等的方面を実在と称するので、差別即実在といふのがこの現象即実在の考へである[61]」。現象界の内奥に実在界が設定されているため、物事の対立は表層的なものにすぎず、すべては本質的に調和しているとされてしまう。現実の姿を病態とし、みずからが思い描く理念のほうが本質であるとする、この理想主義的な姿勢が姉崎のまなざしが現実に届かないようにしていると も言える。姉崎のしめす宗教の観念が、現実における善悪の渾然一体化した状態から乖離して、全き善きものとして措定されてしまうのも、この理想主義的な思考のためである。

理想主義的な傾向は現象即実在論にかぎらず、ショウペンハウアー、ハルトマンへの傾倒など、姉崎とその恩師井上哲次郎に共通してみられるものである。とくに、個人の敬虔な心情を基点とした国民の精神的統一は、両者ともに強く願うところであった。事実、帰一協会や丁酉倫理会、三教会同などには、姉崎だけでなく、井上も運営者側の一員として積極的なかかわりを示している。だが、その敬虔なる心情を、宗教的なものとするか、道徳的とするかにおいては、両者はたもとを分かつ。それは本章のはじめにも指摘したところである。

人間の内面に主体をみとめ、しかもそれが国家という共同体に帰ってゆく点では、敬虔なる心情の位置づけは両者とも変わるところがない。しかし、姉崎が簡潔に説明しているように、それを道徳と解したとき、その心情は「直接には国家を本位とし、国家のために人を作り上げるにある」[62]と、国家の側に引きつけられることになる。一方、宗教と解したときには、「個人の精神を平等遍通の理想に接触せしむる」[63]と、世界市民的な色合いをおびることになる。後者は、姉崎の国家観が国体を一方の柱としながらも、世界に向かって開かれた文明的な性質をもつのと符合するものである。この違いが、井上は国家主義者、姉崎は個人主義者として、異なる陣営に分けて評価されてきた所以であろう。

たしかに姉崎は井上とは異なり、国家の論理に埋没した個人の存在を拒否し、個人の内的尊厳を強調していた。しかし個人の意識を基本としながらも、既存の国家を善良なものと信じ、そこに宗教的意識を収斂させてゆくというその論理は、帰結点において井上と変わらない地平にたっている。もはや、そこには姉崎が学生時代に体験した「教育ト宗教ノ衝突」のような、世俗的な国家に抗する彼岸的宗教という構図は存在しないのである。

結果的に、姉崎の宗教学は、国民教化という啓蒙的役割を宗教にあたえることで、ややもすれば反体制的であった宗教を国家のなかに導き入れ、市民権を得させる役割をはたすことになる。姉崎宗教学の体系は、まさにそれに呼応する構想を有している。宗教倫理学を分水嶺にして、宗教心理学が個人に、宗教社会学が共同体に対応する。そして、宗教病理学において、宗教の本来の姿と病態が弁別され、人格の修養を介在させて個人と共同体の調和がはかられる。

それは、国家主義的匂いをはなつ国民道徳論に違和感を感じる宗教者や知識人たちに、個人の内的領域を確保しつつ国家へ帰属できるという国民主義的な言説を提供するものであった。いいかえれば、宗教学という回路を介することで、国家的アイデンティティは国民道徳の時期よりも、より深く個人の内部に浸透してゆく可能性を見出したのである。ただし、そこで説かれる宗教は、矛盾をはらんだ現実の状況を反映したリアリティをもったものではなく、そのような現実のかなたに理想化された観念的なものにすぎないのだが。(64)

三　社会的存在としての言説

さきのオウム真理教をめぐる事件のなかで、宗教学者は、教団の実際の行為に目を向けようとせず、教義のみを観念的に取りあげて宗教を擁護するその姿勢ゆえに批判された。その批判はおおよそ二つの点からなっている。ひとつは宗教擁護論であること。もうひとつは宗教の現実的行為に無関心なことである。この二点に関するかぎり問題の根はふかく、姉崎にまで溯るような宗教学の成立期から一貫して抱える体質に由来する部分が少なくないと思われる。最後にこのふたつの点について言及しておきたい。

姉崎をはじめ戦前においては、宗教擁護論の立場にたつこと自体が、国民道徳論や国家神道による個人の権利侵害にたいする意義申立てを意味した。それは姉崎にみたように、共同体内部の権力関係に自覚的でないため、個人が国家に収斂するという帰結をまねいてしまうのだが、少なくとも目に見える範囲では信教の自由を阻もうとする国家権力を不当なものとする批判力をたもっていた。しかし、戦後になって、ＧＨＱの神道指令によって国家神道が解体され、宗教共同体を抑圧する権力自体が消失してしまう。より強大な権力が消えたため、今度は、被害者的立場から解放された宗教共同体そのものが内部に抱える権力構造が露呈しやすくなる。だが、宗教学は社会状況の変化にもかかわらず、擁護論の立場を固持してきたため、社会に占めるその意味が変質してしまい、ともすれば素朴な宗教肯定論に陥ることになった。

たとえば、戦後、姉崎は国家神道の解体を支持するが、神社神道そのものの内容については、ほとんど懸念を示していない。(65) 神社神道のもつ封建的な共同体遺制や天皇制への依存的体質には批判をくわえてはいないのである。このような姿勢は、かれの後継者である岸本英夫、さらにはその門下生である村上重良ら、東京大学系の宗教学者へと受け継がれてゆく。岸本はＧＨＱの神道政策にかかわった人物であり、村上は国家神道批判で知られた人物である。そこでは、国家神道と神社神道が明確な対立項として措定され、国家神道が国家権力による宗教を抑圧する存在として批判される一方で、神社神道はそのような権力的性質とは関わりをもたない民族宗教として評価されることになる。(66)

もっとも、戦後の宗教学が帰属意識をもとめる共同体の場は、戦前の姉崎のように国家を基体とするものではない。戦後、国家の権力的性質は警戒されるようになると同時に、もはや個人の帰属母体としてリアリティを感じられるものでもなくなった。かわって、より身近なものとして教団や地域共同体に帰属感が求められるようになる。これらは、かつて姉崎が個人と国家が結合するさいの障害になりやすいと批判したものであるが、国家が帰属感情を喚起しない戦後の状況下では、個人を包摂する帰属基体の共同体として適切であると思われたのであろう。しかも、宗教学では、家族から世界宗教まで均しく個人の宗教的意識が外延化したものとされ、共同性の質的違いが問題視されないことが多いため、帰属先となる共同体の規模も容易に変更できるのである。

このように、戦後、国家神道が解体されたことにより、諸宗教を対等にあつかうことを唱える宗教学には望ましい状況が生まれるのだが、それは同時に、宗教学が以前からもっていた共同体擁護的な性質をも明るみにだすものとなった。もちろん、戦後の高度経済成長期において、地縁・血縁的共同体が急速に解体してゆくなか、それらに代わって個人の帰属する共同体を模索しようという点で、この宗教学の試みはそれなりに評価されるべきであろう。だが、それは共同体の統合機能を積極的に評価する立場を前提とするものであり、共同体のもつもう一つの側面、すなわち個人の抑圧という問題が主題化されることは、まったくと言ってよいほど無かった。[67] たしかに一九七〇年代に、共同体を再評価しようというその姿勢は、個人主義を謳う合理主義を乗り越える脱近代の思想として評されることもあった。しかしそれが、知識人としての自らの立場のかかえる抜き去り難い近代性への自覚を欠いた場合には、脱ー近代という発想はともすれば前近代の封建主義への安易な先祖帰りへと直結することにもなりかねなかった。[68]

オウム真理教の事件は、まさにその共同体そのものにこそ問題があることを突きつけるものであった。教団の内部は、科学などの知識財あるいは資産や身体的性質がその地位を決定してゆくという階級構造につらぬかれていた。異議を唱えるものは排除され、多くのものはその集団のもつ価値規範に盲目となる。そこには、かれらの否定した世俗社会とまったく同じイデオロギーの支配原理が、より剥き出しのかたちで存在していた。反日常性をうたい、共同体形成をおこなった集団は、おぞましいほどに世俗的なものであった。時代とともに、宗教学は依拠する共同体の次元を移行させてきた。姉崎においては国家に、その後継者の岸本は村落共同体に、その後も宗教学者たちは新宗教教団に、さらには小規模な霊的共同体にと。しかし、理想的な共同体をなんらかの次元に実体的に想定し、共同性を楽観的にとらえるという点ではつねに一貫していた。だが、今むしろ求められているのは、共同性そのものの分析に向かうことではあるまいか。

そのためには、個人主義と共同体が容易に両立しうるという、個と共同体の予定調和の発想を対象化する必要があろう。姉崎が宗教の本質を、人格の覚醒による個人と共同体の調和に求めたように、一般に宗教学は共同性を理念的なかたちで語ることが多い。そのため、共同体がその内部において個人を抑圧し、その外部において他者を排除するという問題がつねに隠蔽され続けてきたのである。しかし、私たちはこれまで十二分に共同体による個人の抑圧に苦しんできたのではないだろうか。宗教学者が共同性や宗教を基本的に善なるものとして描いてこれたのは、かれらが社会的に恵まれた地位にあり、社会的弱者が被るような共同体的抑圧をあまり感じなくて済む立場にあったためではないだろうか。

事実、宗教学のもつ宗教擁護論的な価値観は、その外側に存在する世界に対しては充分な説得力を発揮してはいない。もちろん、共同体が不要だと言っているのではない。共同体から離れて生きてゆけないからこそ、共同体と個人の間に折衷的な橋をかけるよりも、現実における共同体のあり方を分析対象にすえる必要があるのではないかと問いたいのである。

二番目の点としては、宗教を理解するさいの現実感覚の欠落があげられる。それは宗教学の説く宗教論が、予定調和的な共同体観に代表されるような観念論的な性質――姉崎のいう理想主義的性質――をつよく帯びていることと関係があると思われる。すでに姉崎において指摘したように、理想主義的な態度は現実よりも理念が優越するため、どうあるべきかを交えて現実を語ってしまうことになる。そのため、実際に現実に何が起こっているかではなく、研究者が現実をどのように見たいかという理想が上回ってしまうのだ。結局、そこで思い描かれる宗教は当初から善なるものとして措定されているため、現実に宗教がひきおこす様々な問題は、その歪んだ病態にすぎないと非本質化され、研究者の識閾の外に追いやられてしまうのである。

これまで、宗教学にかぎらず観念論的な思想研究は、思想をその歴史的文脈から分離し、研究者と思想の密室的世界を構築することで両者の直接的邂逅が起こりうると信じがちであった。たとえば、オウム真理教の教義にはみるべきものがある、と。しかし、今回の事件は、このような思想の問題を我と汝の一―二人称問題として扱ってしまうことに極度の危険がひそんでいることを暴いた。私たちは、思想をそれが機能する社会的状況のなかに引き戻さなければならない。その思想が現実の社会に節合したとき、どのような事態を引き起こすのか、すなわちイデオロギーが「社会的存在」化する場をみる必要があると思われる(69)。

このことは、研究対象を分析するときだけに注意すれば足りることではなく、私たちが研究者として社会に向かって言葉を発するさいにも当てはまることである。宗教研究を生業とする以上、私たちの言葉はその専門家の発言として社会に広く影響力をおよぼす可能性をもち、場合によっては特定の立場を正当化する事態をもひきおこす。それゆえ、宗教を信じたい仲間に向かってだけでなく、宗教に関心のない人々にたいしても、説得力のある発言をおこなう義務があることを自覚していなければならないのである。

社会的存在としての思想という視点を欠いたがゆえに、宗教教団の問題を教義や体験談というテクストの次元で評価し、その思想が社会に着地した場面――拉致や殺人はこの次元でおこる――にまで目が届かないのだ。宗教学者の発言が、弁護士やジャーナリストとの接点をもつことのできない理由はここにある。これまで、宗教学者は「宗教」の希望を語りすぎたのではないだろうか。今、必要なことは、宗教学という学問を信じて努力邁進することではあるまい。むしろ、それは宗教学とその外部との溝をより深める結果をもたらすのではなかろうか。反対に、宗教学が今なお前提としている人格主義や宗教擁護論そのものを分析対象にすえることで、外部に自らを開いてゆくことこそが求められているといえよう。

「宗教とは泥に咲く蓮華のようなものである」という言葉があるが、もし宗教の紡ぎだす言葉が日常の苦しみや葛藤のなかに咲いた一輪の花であるとすれば、その花を生み出す現実社会という泥の部分との節合点にこそ、宗教研究者は目をむけるべきであろう。現実のもつ矛盾のなかでこそ、宗教の本質は顕われるのであり、泥と花とを一体のものとして捉えたときにこそ、日々の生活で苦闘する人びとの胸にも届くような議論が可能になるはずではあるまいか。

第二章　姉崎正治における国家と宗教

——西洋体験とナショナリズム——

はじめに

日本の社会にとって近代とはいかなる時代であったのだろうか。幕末の開国によって、西洋の資本主義と帝国主義の体制へと組み込まれてゆくなかで、日本社会はそれにどのように対応しようとし、また弄されていったのか。本章では、姉崎正治という戦前の日本を代表する知識人をとおして、近代の日本社会が抱えこんだ問題の一端を考えてみたいと思う。

姉崎は、東京帝国大学に日本初の宗教学講座を開設し、日本宗教学会の初代会長をつとめるなど、近代日本の宗教学の確立につとめた人物として知られる。さらに貴族院議員や宗教制度調査会委員・朝鮮教育審議委員など、政府関係の役職を歴任し、国際学芸協力委員や太平洋問題調査会委員などの国際平和を促す活動にも従事している。また、聖徳太子奉讃会や帰一協会の幹事などとして、知識階級を中心とする宗教・道徳運動にも積極的に関わり、その華やかな経歴は国内外を問わない。その点で姉崎は、今日では忘れ去られた感がつよいが、文字どおり、戦前の日本社会を代表する知識人、しかも日本の政府や社会動向に影響をあたえる立場にあった、きわめて政治的な性格の知識人であったといえる。

しかも明治六(一八七三)年に生まれた姉崎は、二一歳のときに日清戦争、三一歳のときに日露戦争、四一歳のときに第一次世界大戦、五八歳のときに十五年戦争の勃発と、近代において日本がかかわった大きな戦争を、各年代ですべて体験している。そして、日清戦争後の黄禍論が盛んになった時期にドイツに留学し、第一次世界大戦勃発時にはアメリカの大学で教鞭をとり、第二次世界大戦開始時には滞在先のイギリスから引き揚げ船で帰ってくるなど、当時の日本のおかれた位置を欧米の視点から冷静に捉えることのできた数少ない人物でもあった。また、その一方で、彼は宮家に仕える家に生まれたこともあって生涯におよぶ敬虔な天皇崇拝者であり、三〇歳代初頭には熱心な日蓮信者、四〇代には聖徳太子信仰者になっていた。

姉崎のなかで、このようなナショナリスティックな部分と国際協調的な部分がどのように結びついていたのか、その関係性を理解することは、彼個人の問題にとどまることなく、西洋世界の圧力のもと日本社会がいかにして国家的アイデンティティを確立し、西洋やアジアの社会にかかわってゆこうとしたのか。さらには、そのような国際社会に組み込まれていった日本社会のなかで、国家と個人がどのようなかたちで結びついていったのかを明らかにすることにつながるであろう。

そして、姉崎がこのような問題に直面したさいに、解決の切り札として頼みにしたのが宗教であった。周知のように、宗教という概念はReligionという言葉の訳語であるが、それを今日のように、個人の内面にかかわる非合理的な領域を含意するものに仕上げてゆくさいに、大きな役割を果たしたのが、姉崎が日本に導入した宗教学という学問であった。その後、傾倒してゆく日蓮信仰や聖徳太子信仰をふくめて、姉崎はこの宗教という固有性をもった領域を頼みとすることで、未完成な日本という国民国家の確立、さらには東西両洋の衝突がもたらした国際的混乱を克服し、精神的自覚をもった新たな文明を作り上げようとしていった。

私たちはこの姉崎の生涯を、熱狂的な宗教者あるいはナショナリストとして片づけてしまうこともできる。しかし、私たちが現在も強固な日本人という民族意識や、宗教教団が引き起こす諸問題に苦慮していることを念頭に置くならば、姉崎の生涯を通して提示されるであろう様々な主題はけっして解決済みのものだとは言い切れないはずである。むしろ、いやおうなしに日本が呑み込まれていった近代西洋の規定的構造のなかで、ひとりの宗教的な知識人がどのように考え行動したのか、その言動をその可能性と時代的拘束性の両面から読み解いてゆくということは、私たちに積極的な意味をもたらすことになろう。

本論では、姉崎の思想的遍歴を当時の社会状況のなかに位置づけることで、そこに浮かび上がる近代的なるものの問題性を考えてみたいと思う。以下、姉崎の生涯を三期に大別し、「宗教と国家」、「西洋体験と日本表象」、「東西調和とその破綻」という題名のもとに、順次みてゆくことにしたい。

一　宗教と国家

1　浄土真宗と天皇家

姉崎の思想形成を理解するうえで決定的な契機をなしたと思われるのが、浄土真宗と天皇家である。明治六（一八七三）年、かれは京都において仏光寺の絵所の子供として生まれるが、晩年、「自分が、宗教学に志したもとの起りは、姉崎家の家系にある」と回顧しているように、のちに姉崎が宗教学を専攻するさいに、生家の家業が影響をあたえていたようである。この絵所という仕事は「阿弥陀如来の像を書いて、門徒に供給する役目」(1)であり、姉崎家はそれを江戸中期から代々家職として守ってきた。全国に末寺や檀家をもつ真宗六派のひとつ、仏光寺の寺院組織[2]のなかで、絵所という家職は姉崎家に独占的に許可されたものであり、かれの育った環境は寺院社会で暮らす者にふさわしいものであった。

子供の時には祖母が家の中心で、その敬虔な風で育った。朝夕二度は必ず勤行し、……如来様はお慈悲のかたまりだという話も、その勤行の時聞いたのである。[3]

姉崎がこのように振り返る祖母を中心とする信仰世界は、近世以来の篤信家や妙好人のものであり、今日我々が「宗教」という言葉から思い浮かべるような近代西洋的なレリジョン概念とは異なるものであった。

近世的な信仰世界では、なぜ読経が朝夕二度必要なのか、その本尊が阿弥陀如来なのはどうしてか、救済への確証はどこで得られるのかなど、自分の信仰行為にたいする概念的な理由づけは求められず、ひたすら日常的な実践行為への没入が求められた。それを今日の人類学的な範疇をもって、プラクティスと呼ぶとすれば、私たちが現在「宗教」と呼ぶところのものは、プロテスタンティズムに代表されるように、自分の宗教信念を概念化して自省的に把握するビリーフという別の範疇に属するものとなる。[4]

姉崎が生まれた明治六年は日本でキリスト教が黙認されるという、宗教制度上、画期的な年でもあった。このことが契機となって、キリスト教と仏教・神道など、それまで互いに関わりなく存在していた諸宗教が、「宗教」という共通の場に帰属するものとして意識されるようになる。また、同年には梓巫・憑祈禱など、プラクティス的な民間信仰が迷信として禁止されてもいる。この時期の京都は開明派の知事、槇村正直によって西洋化が推進された、全国でも有数の地域であった。しかし、そのような政策も庶民の精神の内側には根を下ろすにはいたらず、姉崎をとりまく宗教的な環境は、近代的な宗教概念へと開かれたものではなく、仏光寺あるいは浄土真宗という自派の信仰世界の内部に没入したままのものであったと思われる。

たしかに、姉崎は自伝のなかで自分が宗教学という学問を専攻したのは生い立ちと関係があると述べているが、このように考えてみると、彼が西洋の学問体系である「宗教」学へと飛躍するには、祖母たちの近世的な信仰世界からの離脱が必要であった。その点で、東大に進学し西洋的な学問に接しはじめた姉崎が、二三歳の時に、自家の宗教でもある浄土真宗を評した文章には興味深いものがある。

明治二八(一八九五)年九月に発表された「邦人性格上の一大欠点」という論文のなかで、姉崎は日本人の性質には運命に抵抗する意志の強さがみられないと指摘したうえで、「思うに親鸞の唯信弥陀宗は、此の欠点に向ては一箇の好薬剤たるを失はざるべし、然れども其感化は……我民族の性格の上に顕著なる変化を与へず(5)」と、一定の評価をあたえながらも、その国民性の欠点を克服するにはいまだ十分ではないと断じている。この論文は、「如何なる宗教が最も我が民族の性格を革新して沈毅ならしむるに足るか(6)」という問いかけで結ばれており、自家の宗旨に不満を感じた姉崎が、たんに個人の信仰や仏光寺という宗派の世界にとどまることなく、日本という形成の途にある国民国家に望ましい宗教を模索しはじめていたことを示している。

この論文の発表された明治二八年の四月には日清戦争が終結しているが、日本という近代国家がはじめて迎えた本格的な対外戦争は、姉崎に日本国民としての自覚を促し、三国干渉のときは多くの国民と同様に「憾は頗る深く強く、憤慨もした(7)」という。東大入学以降の姉崎の宗教論は、このような時代状況の影響をうけ、国家と宗教という関係性をはっきり意識するようになる。そして、明治二八年の時点で答えることのできなかった、どのような宗教が日本国民に望ましいかという問いを探究する手段が、この直後に姉崎のなかで明確なかたちを取りはじめる、宗教学という学問であった。

さて、姉崎の思想形成に大きな影響を与えたもうひとつの契機は天皇家であるが、明治初期には福沢諭吉が「日本には唯政府ありて未だ国民あらずと云ふも可なり」[8]と歎いたように、一部の国家エリートを除き、国民や民族に関する明確な意識は存在していなかった。姉崎の生まれた明治六(一八七三)年には、一月に徴兵令、七月に地租改正の施行と、国民国家をささえる国民皆兵と徴税体系の骨子が整えられ、天皇制を頂点とする近代国家の統治体制の土台が——立憲制という大きな課題が残されてはいるが——固められつつあった。それにたいして、民族・言語・領域などを根拠とする均質な国民意識のほうは、後年の日清・日露の戦争期をつうじて形成されるものであり[9]、姉崎にとっても当初実感することができたのは、国家でなく天皇家であった。

姉崎の父、正盛は仏光寺の絵所を務めるかたわら、桂宮淑子内親王にも「家従」として仕えていたが[10]、それは近世から明治初期の京都では珍しいことではなかった。京都の人々は絵所や医業などの芸業によって、あるいは町人として生計をたてながら、しばしば天皇を頂点とする公家社会の周縁に出入りをしていた[11]。姉崎自身、幼い頃の皇室の思い出を次のように語っている。

　自分が少しく物覚えのつく頃、父は桂宮家に仕えていて、宮様が御病気だときいて非常に心配していた。そして、宮様が滋養物に鶏のスープを上がったその余りをもらって、喜んだのを覚えている。又その頃、陛下が京都に行幸になり、桂宮家にお出でになった時、陛下のお歩きになる道に白い布を敷いた。その布の片端を頂戴して、陛下の御足跡がついているのを有難く感じた事もある[12]。

すくなくとも明治二〇年代まで、天皇の存在は一般の日本人にとって現実感をもった存在ではなく、「天皇」という呼称の定着とともに、国民意識が形成されてゆく過程で創造されていったものである。かつて江戸幕府に仕えた武士であった西周は、姉崎の生まれた翌年にあたる明治七(一八七四)年のときに、「帝王きわめて尊厳なりといえども、人たるを免れず[13]」と述べ、天皇への敬愛の念は表するものの、明治政府の説くような現人神のイメージは誤りであると公言している。しかし、京都で宮仕えをしていた人々にとっては、さきの姉崎の回顧にみられるように、天皇家は畏敬の対象であると同時に身近に感じる存在であった。近世の天皇は、外部の者にとっては、近世以来の「天子」として隔てられた禁忌であったが、公家社会に暮らすものにとっては、実際に接することはできないにしても、自分の感情を投影することのできる具体的な存在であった[14]。

このような公家社会に連なるものならではの思いは、明治一四(一八八一)年一〇月に桂宮と父正盛が相継いで死去した出来事に対しても吐露される。正盛は桂宮の墓地検分に泉涌寺に赴いた晩に倒れ、翌日に急逝している。

幼心の吾れ、父は宮様の御供したりの感深く、御墓地を参拝する毎に父の霊は御墓辺を守りて彷徨すらんと想ひて、御墓前に涙を落とせしこと幾度か、此よりして陵墓に対する崇敬の情は、身に切に、稍長じては、山城国中の陵墓を巡拝せしこともありき[15]。

その言葉のとおり、姉崎は明治二五(一八九二)年、一八歳の冬に京都府内の皇室関係の墳墓をめぐり歩き、「山城国内の御陵墓」という感傷にみちた文章を記している[16]。父への思慕の情と重なって、天皇家への敬愛の念はより切実なものになっていたのであろう。その後、明治四五(一九一二)年の明治天皇逝去のさいにも、姉崎は宗教的ともいえる熱情をしめす。天皇が死去すると、「霊柩を送りまつりて、神前に拝跪せんとの熱望抑へ難く[17]」と、自薦で文部部内奏任の総代奉送者として大葬に加わる。

そして、京都・桃山天皇陵での埋葬の晩、乃木希典の殉死が報じられることになる。姉崎はその死を、かつて桂宮に殉じた「我が亡き父の事[18]」と重ね合わせ、「彼の忠誠は而かく純粋に而かく直接に而かく強猛なりしなり、彼の死したるは自ら傷けたりと言はんよりは寧ろ先帝聖霊の御誘ひなり[19]」と、つよい感銘をもって受け止める。

明治二〇年代になると、天皇制も国民のあいだに定着しはじめ、明治天皇の危篤から死にいたる出来事のなかで、情動的ともいえる反応をしめす国民も多くいた。しかし、知識人のあいだでは冷静な発言も存在していた。早稲田大学教授の浮田和民[20]は、帰一協会で姉崎の同人であったが、「〔乃木〕大将の死は……立憲国民又は実業国民としての日本人に対して世人が今日思ふ程の効果はあるまいと思ふ」[21]と発言している。また、夏目漱石は「天子いまだ崩ぜず。川開を禁ずるの必要なし。細民これがために困るもの多からん。当局者の没常識驚ろくべし」[22]と、天皇重体の理由をもって国民の日常生活を抑圧する権力のあり方を批判している。

このように、姉崎の天皇観は、同時代の知識人の醒めた天皇観に比すると、近世の公家社会の雰囲気を引きずるためか、熱狂的なものであった。明治政府は明治一〇年代には天皇の全国行幸をもって、明治二〇年代には御真影の教育機関への配布をもって、京都の公家社会内の者にしか実感できない天子から、国民の誰もが国家アイデンティティの根源として想起することのできる天皇へと、天皇像の転換をはかることに成功をおさめる[23]。姉崎はこの時期に幼年期から青年期をすごしたために、神聖さとともに身近さを兼ね備えた近世的な天子像に、近代国家の象徴としての天皇像を一体化させて、その天皇観を発展させていったと思われる。

明治国家の基礎が確立する時期に自己形成をおこなった明治三〇年代の思想の担い手たちは、姉崎にかぎらず、それ以前の世代と異なり、もはや国家や国民という存在を対象化できず自明視するにいたるが[24]、姉崎の場合は、近世的な天子観のもとに育ったために、同世代の仲間以上に、天皇そしてそれが体現するところの国家に対する精神的な没入が強かったといえる。姉崎が明治四四(一九一一)年の南北朝正閏論において文部省糾弾の先鋒となり、昭和期に激しく聖徳太子に傾倒してゆくのも、このような背景があったからと思われる。

2　比較宗教から宗教学へ

明治二六(一八九三)年、姉崎は帝国大学文科大学、のちの東京帝国大学の哲学科へ入学し、本格的に西洋の学問に取り組むことになる。東大に姉崎がはいる前後、明治二五年から明治二九年の頃にかけて、日本の宗教家や知識人のあいだでは、「新宗教」なる言葉の流行がみられた。[25] この言葉は今日のような明治維新前後に成立した民衆宗教にたいする呼称ではなく、二重の意味をもって使われた。ひとつは「一教派の名を作為し、其信条を組織する」ような、新たな宗派を創唱しようとする動きであり、もうひとつは「一切宗教は同じく絶対真理の表現」とし、宗派を超えた「宗教」としてのまとまりを前面に押しだすものである。[26]

いずれにせよ、従来の既成宗教に対する不満が背景にあり、「迷信」からの脱却をはじめ、近代化の進展する時代状況に対応できる新たな宗教を模索するものであった。それにたいし、姉崎は前者の新しい宗派を樹立する動きを、「自己の宗派を完成無欠となすの退縮的偸安的精神」と否定的に捉え、諸宗派や各宗教の枠を超えようとする後者を「真実に安立を求むる者」と積極的に評価しようとした。[27]

すでに触れたように、明治初期までの日本には「宗教」という言葉もそれに対応する概念も存在しておらず、明治六(一八七三)年のキリスト教黙認を契機として、諸宗教間の関係を日本国内で論じる必要から広まり、政教分離を前提に、「信教の自由」をうたった明治二〇年の帝国憲法の公布をとおして、個人の私的領域に属する概念として知識人を中心に根づいていった。それとほぼ並行するように、姉崎の幼年時に施行されはじめた大教院ならびに教部省の政策、道徳と宗教が未分離のままに「教」概念に包摂された近世的残滓をひきずる政策も、明治一七(一八八四)年の教導職の廃止をもって最終的に解体された。

明治二〇年代後半には、明治二六(一八九三)年九月にシカゴで開催された万国宗教会議への日本の宗教家の参加、明治二九年の日本国内の宗教家懇談会など、さきに述べたように、宗派や各宗教の旧弊的な枠を超えて「宗教」としてのまとまりを打ち出してゆこうという動きが宗教家のなかから現われてくるが、このような新宗教にたいする動きもまた、宗教概念の宗教界への広がりに呼応するものであった。

これら新宗教の一連の動きは、いずれも明治三〇(一八九七)年には衰えることになるが、それと前後するように学問では比較宗教学Comparative Religionが隆盛をむかえる。明治二三(一八九〇)年にムンチンゲルの論文「宗教学の必要を論ず」がドイツ普及福音教会の雑誌『真理』一三号に発表されると、翌二四年九月には東京大学において井上哲次郎が講義「比較宗教及東洋哲学」を開始する。明治二六年には三並良の論文「比較宗教学と基督教」が『真理』四二号に、おなじく井上円了『比較宗教学』が哲学館講義録として、同二七年にも岸本能武太『宗教の比較的研究』が東京専門学校の講義録として出版されている。

このような比較宗教学の盛況を、当時、姉崎は「大学院に宗教研究の学生を出し、諸学校に比較宗教の講筵続々開かれしは皆宗教の比較的学術的研究が勃興したる結果なり[28]」と描写している。ただし、「学術的研究」といっても、比較宗教学を支える主勢力は井上哲次郎や姉崎の属する帝国大学ではなく、自由神学系のキリスト教であり、その動きに呼応した一部の哲学系の仏教者であった。ユニテリアンの東京自由神学校や、ユニバーサリストの宇宙神教神学校でも比較宗教学の講義がおこなわれ、仏教側でも古河老川が自由討究を旨とする経緯会が結成された[29]。

明治一八(一八八五)年頃から日本に伝道されはじめた自由神学は、それまで宗教とは相容れないとされた進化論の受容をとおして、教会の権威からの自由および迷信を払拭した宗教の倫理化を説き、キリスト教の合理化をはかった一派である[30]。それは廃仏毀釈の損傷から十分に立ち直れていなかった仏教にも影響をあたえ、仏教の哲学化の動きを推し進めることになる。

このように、比較宗教学は、進化論という科学的言説を取り込んだ神学あるいは教学として存在していた。世間では新宗教の流行を統一宗教への動きと解する向きもあったが[31]、井上哲次郎のような無信仰者を少数の例外とすれば、いずれも自宗教に帰依する立場をふみこえることはなかった。そこにみられるのは、他宗教もおなじ「宗教」であることを認めながらも、あくまで自宗教の優越、あるいはそこへの帰依が前提とされ、そのうえで他宗教と連携してゆこうという考えであった。

そして、明治二六(一八九三)年から東大で学びはじめた姉崎もまた、このような比較宗教学の雰囲気のなかに置かれることになる。大学院に進学した明治二九年には岸本能武太とともに比較宗教学会を組織し、その後、東京専門学校で「比較宗教学」の講義などをおこなっている[32]。また、明治三一年には姉崎の処女出版にあたる『印度宗教史』が井上哲次郎校閲のもとに金港堂から刊行されるが、それもまた比較宗教学の方法をインド諸宗教の記述に援用したものであった。

すでに一四、五歳の頃、「自分の考えているような学問は哲学だと……。しかし、ただ哲学ではなく、やはり宗教だ[33]」と思いはじめていた姉崎ではあるが、このような比較宗教学の世界は、いまだ教学的ではあるものの、彼にとって初めて本格的に接する西洋的な学知の世界であった。こうして彼をとりまく環境は、実家の浄土真宗のプラクティス的で宗派的な世界から、西洋的なビリーフを中心とする「宗教」概念の世界へとおおきく変化していった。

しかし他方、すでに明治二八(一八九五)年の段階で、彼は「比較研究は自家自身を以て最終の目的となす者に非ず[34]」と、比較宗教学に物足りなさを覚え、それを一手段として包摂するような新しいかたちの宗教研究を模索していた。姉崎が宗教学の確立を名実ともに説くようになるのは、その名のとおり、明治三三(一九〇〇)年に上梓された

『宗教学概論』においてである。[35]

姉崎の宗教学の中核は「人文史的把握」にあり、宗教現象を「〔人間の〕心的機能と社会的発表と其歴史的発達のあらゆる方面」から統一的に理解しようというものである。[36] なかでも、「宗教的意識は吾人が宗教なる現象の源泉を求むべき最近又最明の根拠なり」とされ、[37] そのうえで「其顕動は此の如く社会的歴史的生命を有する」[38]と、その個人意識が社会的現象として表出されると定義づけられた。

まず、宗教を人間の心理問題として理解しようとする点で、宗教学は、岸本能武太や井上円了らのような、旧来の比較宗教学とははっきりと峻別される。比較宗教学は、各宗派を越えた「通有の分子」を捉えようとするものの、「宗教とは神の崇拝なり」というように、具象的な把握の域を越え出ることはない。[39] 姉崎の宗教学においては、宗教がすべての人間に通底する意識の現われとして捉えられたことで、宗派の違いは本質的な意味をもたなくなり、ひとつの固有なまとまり Sui Generis としての「宗教」の性質が前面に押し出されることになった。また、社会的現象の把握においても、宗教の起源を探究したり、来るべき理想形を追い求めるのではなく、各時代における宗教の社会的あり方を歴史的な発達過程として捉える点で、その研究は従来の比較宗教とは一線を画している。

勿論、世界的にみればそれは姉崎だけではなく、心理的理解についてはC・P・ティーレやスターバック、社会的把握についてはジョン・ファークファーなどが、その前後する時期に試みており、西洋の宗教研究の一般的動向と並行するものであった。[40] 姉崎における宗教学の成立過程が西洋の動きと同時的に起こったということは、それほどに彼の宗教理解が西洋的な論理で構成されるものになっていたことを示す。いまや姉崎自身が宗教研究の面では日本における西洋的知識の最先端となっていたのである。

さて、姉崎における比較宗教学から宗教学への転回は、明治三二(一八九九)年から翌三三年にかけての、神話学者の高木敏雄との日本神話をめぐる論争のなかに具体的に確認することができる。明治三二年は「日本神話学発生の年」といわれ、高木や姉崎のほか、高山樗牛らが加わって、日本神話をめぐる議論を華々しく開始した年である。[41] そのなかで姉崎が主張したことは、神話を「人文史的事実として」「心理的内容社会歴史的位置」から捉えるというものであった。[42] 一方、高木の議論に対しては、「神名の起源を天然現象に求むる」比較言語学にすぎず、「外面的類似の比較研究」にとどまると、姉崎は激しく批判を加えた。[43]

この論争の結末は、今日、「神話の社会性、祭儀性を指摘した点で画期的なもの」と評されるように、姉崎に軍配があがる。[44] たしかに、彼の神話論は神話を起源論的にあつかわず、歴史・社会的な精神の産物としてとらえた点で、大正期の津田左右吉や和辻哲郎の神代史研究へと途を開くものとなった。しかし、その一方で論争相手の高木や、かつての久米邦武が論文「神道は祭天の古俗」で試みたような、記紀を人類の普遍的思考に結びつけようという研究の回路を切断してしまったとも言える。[45] 姉崎宗教学の特質をなす「人文史的」方法は、「社会人文の反映として此神話を観察すれば、国民精神の深刻真摯なる方面に関係多きを知る」という論理のもと、日本国体の闡明という固有性の問題へと回収されてゆくものでもあった。[46]

実際、姉崎はスサノヲ神話を、「唯一の君主にして又祖神なる太神に対する畏敬尊崇」および「其子孫にいます現人神に対する忠順尊信」を主題にするものと結論づける。[47] しかも、そこで説かれる日本民族とは、歴史的性質の究明を唱えるにもかかわらず、階層や時間をこえた一体性として想定されるものであった。そのような姉崎の国体論の危うさは、すでに触れた彼の天皇観と相通ずるものである。

以上のような姉崎における宗教学とその宗教概念の成立は、政治的には明治二二(一八八九)年の大日本帝国憲法による政教分離の確立、および明治二七年に始まった日清戦争を背景とするナショナリズムの高潮に呼応するものでもあった。政教分離の確立によって、非合理的かつ私的領域としての宗教は、合理的で公的な領域としての道徳とはっきり分離される。また、日清戦争の体験は、国民国家のアイデンティティを国民のあいだに広く浸透させる役割をはたした。日清戦争は近代日本国家が総力戦体制のもとに初めておこなった本格的な対外戦争であり、戦うべき他者として外国を措定したことで、日本人という自己意識の明確な形成を促すことになる。(48) 既述したように、姉崎もその例外ではなかった。

そのなかで、日本主義という啓蒙主義的なナショナリズム運動が台頭してくる。日本主義の提唱者たる井上哲次郎は、理神論的見地から、「道徳は仏教若くは基督教に代はりて宗教の地位を占むべきものなり」(49) として、非合理的な性質をもつ宗教は最終的には合理的な道徳へと発展解消されて然るべきだと主張した。日本主義は国民国家的な自発的愛国心を旗印とするものであるが、宗教は「出世間的、非国家的」性質をもつとして、愛国心の発育を妨げると非難された。(50) 日本主義では、国家が合理性と結びつけられる一方で、宗教はその障害をなす非合理的で迷信的なものへと貶められたわけである。

しかし、明治三〇年代は「煩悶の時代」と呼ばれ、一時は日本主義に賛同した樗牛が結局そこから離脱してしまうように、(51) そのような形式的な道徳主義では人々の心を満たすことは到底無理であった。道徳主義に物足りなさを覚えた多くの人々は、個人の内面を充足させる新しい思想を求めており、その結果、「宗教への関心が高まり、多くの人びとが精神的煩悶について語り、既成の道徳にかんして懐疑を口にする風潮」(52) が生じるようになった。当時流行しはじめた自然主義文学も、このような状況に対して、「国家社会の領域とは切り離された私的な個の世界に沈潜する」(53) 方向に答えを見出そうとした試みであった。他方、宗教学は、相容れないとされた個人と国家を結びあわせ、新たな社会統合をめざす言説として登場してくる。

この宗教学的言説を成り立たせるために重要な役割を果たしたのが、姉崎が東大の学生時代にケーベルから学んだ宗教のロマン主義的理解であった。[54] それは、姉崎が「宗教は此自己以上の実力と交渉して、其助を得或は之を獲得せん欲求の設定」[55] であると定義づけたように、有限な存在である人間が無限なるものを志向する欲求の現われとして宗教をとらえる立場である。ここにおいて宗教は合理性ではとらえきれないものとなり、啓蒙主義者たちが批判してきたその非合理的性質に積極的な意味づけがなされるようになる。そして、「宗教其物は迷信にあらず、安立の力なり感化の源泉道徳の根源なり」[56] と、宗教は道徳に解消されることのない独自の固有な領域として存立可能になる。

この宗教の固有性を積極的に非合理性にもとめる姿勢は、姉崎の宗教学にはじまったことでなく、それに先立つ比較宗教学、さらには信仰者一般に共通するものでもある。その意味でも、浄土真宗に慣れ親しんだ姉崎にとって、ロマン主義思想は受け入れやすいものであったと思われる。ただ、宗教学においては、先行する宗教的諸言説と異なって、その固有性が各宗派に回収されず、一般社会と結びつく点で相違点を有する。もはや宗教は具体的な神仏をおがむ信仰者だけのものではなく、「一般人類精神として」[57]、人間誰もがもっている心理的特質のひとつに過ぎないのである。

ここにおいて、宗教は彼岸的な聖職者の世界から、世俗世界すなわち一般社会に日常的に存在しうるものと解釈されることになる。明治三〇年代に多くの人々が感じていた内面の空虚さを埋めるものとして、大きな脚光を浴びることになるのである。明治二〇年代後半からはじまる一連の諸宗教の合同会議にしろ、明治三〇年代に本格化する田中智学の日蓮主義などの在家主義の運動にしろ、いかに世俗社会に宗教が寄与しうるかを主題としたものである。[58] そこでは、非合理的で私的な領域の宗教こそが、公的な領域の道徳あるいは国民生活を支えうるのだという議論が展開されることになる。

ただし、市民社会が未成熟な日本では、社会という言葉はそのまま国家へと吸収されてゆく。姉崎は宗派的な固執を一貫して批判したわけだが、それに代わるアイデンティティとして国家を提示することで、形式的な道徳主義に終始しがちな日本主義よりも、直截的に個人の内面と国家がつながる回路を切り開いたのである。まさに、それは国民の内的自発性にもとづく国民国家の体制にふさわしい言説であった。勿論、その国民国家の政治・文化的頂点には天皇が君臨するわけであり、姉崎のなかでは、近世的な天皇への敬愛と近代的な国民国家の意識が、宗教という西洋的概念を介してここで結びつくことになる。

二　西洋体験と日本表象

1　黄禍論と反西洋

西洋的な知にもとづいて日本の固有性を語り直すこと、それは井上哲次郎のような国家主義的な日本主義にしろ、福沢諭吉のような開明的な欧化主義にしろ、開国以来、近代日本の知識人に共通したあり方であった。その点について、近代における非西洋地域の主体形成の問題として、酒井直樹は次のような指摘をする。

アジアの国民の国民的、文明的、人種的同一性には、暗黙に偏在する西洋の存在が必要なのだ。世界の「残余」の国民性は、西洋が参照点として感じられることによって、初めてその住民にとって意味あるものとなるのだ。(59)西洋に反発するにせよ、同一化するにせよ、日本が近代西洋世界に組み込まれている以上、酒井の言うように、私たちは西洋的論理が「参照点として」普遍化された基準の内側で生きざるをえない。それはしばしば非西洋人である私たちに、自分が西洋的論理を欠いた存在であると思わせることになるが、その欠損感を西洋的な知で充塡しようとするのか、むしろその欠損状態こそが日本の特質であると評するかで、欧化主義と日本主義の立場は袂を分かつことになる。

留学以前の姉崎は、欧化主義と同様に西洋的知との同一化を志向する立場にあったが、なかでも彼が同一化の対象としたのはドイツであった。後に姉崎は、自分がヨーロッパに寄せた希望を次のように述懐している。

僕が未だ欧洲を見ず典籍に依りて其文明を遠望せしに当りては、竊にその文明の美を歎仰し、海を航して此国に来らんとする時の最大の希望は、此文物に躬ら接し其精神に於て得る所あらん事を期したりき。(60)

しかし、当時のドイツは、皇帝ヴィルヘルム二世の指揮のもと、英仏に比肩しうる帝国主義国家を作り上げるべく、対外諸政策を精力的に展開している最中であった。極東政策においては、明治二八(一八九五)年一〇月の三国干渉、さらには明治三〇年一一月の義和団によるドイツ人宣教師の殺害を契機に、山東省を拠点として政治・文化両面から強硬に中国進出をおしすすめていった。

そして、明治三三(一九〇〇)年六月には北京でドイツ公使が義和団に殺害される事件が起こり、清朝が列強諸国に宣戦布告する北清事変へと発展していった。姉崎がドイツ留学したのは、丁度この時にあたる。同年五月にヨーロッパに上陸したさいには、「永く夢にせし欧洲も現実なりぬ(61)」と喜んでいた彼も、七月にはドイツのキールでヴィルヘルム二世の匈奴演説を耳にし、「憤慨(62)」することになる。

この匈奴演説は「キリスト教に根ざさる物は、之を剪滅せよ、……彼の異教徒支那人を懲らし、彼等をして、千年の間、我等ドイツ人の面を仰ぎ見る能はざらしめよ(63)」という内容で、「白色人種の黄色人種に対する恐怖、嫌悪、不信、蔑視等の感情を表現した(64)」黄禍論を鼓吹したものであった。このドイツの地では、侵略される中国も、列強として攻め入る日本も、ひとしく黄色い禍として蔑まれるにすぎなかった。ヴィルヘルム二世はすでに日清戦争末期の段階で、アジアに台頭してきた日本に警戒心を強めていた。このような状況のもと、「走卒児童に至るまで支那人黄色人種を憎み、路行く我等に対してまでも石を投じ罵言を放つ[65]」という辛い体験を姉崎は味わうことになる。

この姉崎のドイツ留学体験は、かつて憧れた同一化の対象に現実に出会ったとき、はからずも相手からその同一化が拒まれるという出来事であった。次に問題となるのは、それに対して姉崎がどのように自分を、そして日本人というアイデンティティを再構築していったのかということになる。姉崎のドイツ評価は、ここで一転して苛烈な批判を極める[66]。

彼は、明治三四年から翌年にかけて執筆した公開書簡「高山樗牛に答ふるの書」のなかで、「十九世紀の後半ドイツ思想界は、恰も万葉凋落の時に当れり」とその思想界を断じ、「政治上の統一は、人の自負的愛国心、ショヰニズムを養ひ、工業の勃興は、我利の増長、徳義の頽廃を誘起し、二者相助けて個人的修練の基礎なき国民を危険の地に導きつゝあるなり」と、その排外的な愛国主義や帝国主義、産業主義のもたらす人心の荒廃を指摘する[67]。姉崎の留学にさかのぼること約一五年、明治一七(一八八四)年にドイツに留学した井上哲次郎が、「独逸は、自主独立の精神が盛んで、学術に於ても、軍事に於ても、教育に於ても、その他諸般の点に於て、隆々と発展してゐる[68]」と諸手をあげて讃美したのとは、あまりに対照的である。

姉崎の批判はドイツに止まることなく、ヨーロッパの近代文明全体へと及ぶことになる。「大英国の帝国主義を具象的に発表せんと期せる戴冠式に対し、……僕は殆ど何か恐ろしき者の哀れなる者の影を見ぬ[69]」とイギリス社会をも冷ややかに眺め、イギリスのインド支配やアメリカのフィリピン搾取を例にあげ、ついには「二十世紀の文明は、帝国主義、植民地政略の文明なり[70]」と近代西洋文明そのものを否定するにいたる。そして、矛先は西洋に追従する日本社会に対しても向けられることになる。

予は、ドイツの此の現状を見来て、之を東洋の一国に比するに、一旦は挙国一致の美名の下に、文明を扶植し、義名を旗として干戈を動かせしも、其内面にありては、国民精神の統一、文明理想の確信なかりし為、戦後其弊を受け、今や一時勃興したる国家的主義は、徒に国民の自負を増せし外、何等の好果なく、軍備の重みに苦しみ、……身悚然たるを覚えざるを得ず。(71)

しかし実のところ、姉崎は西洋文明を全面的に否定し切ってしまったわけではなかった。「欧洲近世の文明が空虚なるを知り得し(72)」としながらも、近代西洋文明に取って代わる価値観を、別種の西洋思想のなかに見出したのであった。なかでも姉崎は、「社会の総ての方便形式主義を打撃し、個人精神の要求に無限の尊厳を附与せんとするニーチエ主義」に感銘を受けるとともに、「「愛」によりて一切を融合し、人生を改造せんとせし」ワーグナーを高く評価した。(73)

この時期日本では、登張竹風と坪内逍遥のあいだにニーチェをめぐる論争が起こり、姉崎の親友、高山樗牛も日本主義から離脱して、個人の本能生活を重んじる思想としてニーチェに傾倒していった。(74) ただし、姉崎と樗牛は個人の意志を重んじるという点では立場を同じくするが、姉崎は樗牛と異なり、個を重んじるだけでなく、ワーグナーをニーチェ以上に評価するように、個人を起点としながらも国家に代表されるような共同性を指向してゆくのであった。このような志向性は前節で触れたように、留学以前から姉崎に一貫してみられるものである。

いずれにせよ、姉崎はこれらの思想から現代文明を批判する手がかりを摑んだわけで、そこから帰国後における日本社会に対する自分の任務を「今の日本の方便的道徳、形式的社会、模倣的文明、学究的学術に対して大反抗をなすは我等の責にあらずや(75)」と考えた。だが皮肉なことに、このような西洋文明を批判する論理そのものが、彼自身認めるように「洋行の賜(76)」であった。西洋の論理を批判するためには、その影響圏を脱するのではなく、ニーチェ、ワー

グナーさらには神秘主義へと、いっそう西洋的知の内部へと分け入ってゆかねばならなかった。(77)

2　神秘主義と国体論

さて、帰国後の姉崎は近代文明批判の具体的な拠点を宗教に求めることになる。この時期の姉崎にとって、宗教とは「「我れ」の中に大宇宙の神秘を発見せしむる」ものであり、「自己霊性の声に耳を傾け、深く「人」「我れ」の何である何の為に存するといふ問題」に関わる点で、人生や社会を意味づける鍵を握るものであった。(78)

ここでいう宗教が、宗派の別にこだわらず、個人の宗教意識にもとづいて「宗教そのもの」をロマン主義的な立場から捉えたという点では、『宗教学概論』からの流れをひくが、自我と宇宙的大我との合一という実際の体験を重んじる点では、従来のような宗教を観察する研究者の立場から、実践する信仰者の立場へと、宗教に対する関わり方を移したといえる。それは姉崎が真宗の篤信家の家庭に生まれたことを考え併せれば、もとの信仰的世界に戻ったとも言えるが、ここで言う信仰とはもはや近世的なプラクティスの世界に止まるものではなく、近代西洋の宗教概念へと読み直されたものであった。

ドイツ留学以前は近代文明の進歩を信じていたため、彼自身の実践的な努力というものが表立って要求されなかった。しかし、留学を契機として近代文明に対する危機感が募ったために、人為的な変革努力が前面に押し出されるようになったともいえよう。帰国して程ない明治三六(一九〇三)年の夏、静岡県清見潟で休暇をとった姉崎は、前年末に病死した高山樗牛をしのぶなかで、自分が体験した神秘的世界を次のように述べている。

　清見寺の鐘に吾が友が隠として痛める天地の呼吸を感じ、寂寞永遠の胸に触れしは此かる夜なりけらし。独り磯の砂に伏して無心の境に入れば、……時は移り人は更はるも、永劫の脈拍にはいつも更はらぬ「今」の律呂あり。

光よ我れを包むか、波よ我れを招くか。身よ水に溶けよかし、心よ光と共に融け去れ、かくて我れ已に我ならぬ時、我が胸のひゞき如何に甘かるべき。(79)

当時の日本では、「〈進歩〉〈合理性〉〈国家〉等の観念を超越した人生の「第一義」を模索する若い世代(80)」が登場し、近代科学や産業主義を中心とする近代西洋文明、およびそれを移入してきた日本社会のあり方に対し、根本的な懐疑を呈していた。彼らにとっては、姉崎がドイツの地で指摘した西洋的文明のゆきづまりは、そのまま自分たちが抱える問題と痛切に重なり合うものであった。

姉崎の帰国直前、明治三六年の五月に、一高生の藤村操が「不可解」なる言葉を残して華厳の滝で投身自殺を遂げたのは、その時代の気分を象徴する出来事であった。この事件を、「明治以降の教育といふ者は勉めて被教育者の「我れ」を形式の中に抑圧しようとして来た(81)」と断ずる姉崎は、社会の形式的価値観の空虚さを指摘するとともに、内的な宗教体験を介して、あるべき自我確立の姿をしめす新しい思想の提唱者として、永井荷風や石川啄木ら若い世代から熱狂的な歓迎をうけることになる。(82)姉崎自身も『復活の曙光』(明治三七年)の刊行をはじめ、理論的な宗教学ではなく、神秘主義や美的経験を主題にした評論活動に力をもっぱら注いでゆく。

しかし、ここで注意しておかなければならないのは、帰国後の姉崎が神秘主義によって内面へ没入してゆく一方で、しだいに日蓮信仰にも傾倒していったことである。留学中までの姉崎は、日蓮を国家主義的な宗教家として敬遠していたが、(83)日蓮主義へ回心した高山樗牛の死を契機として、その旧師田中智学らとの交際をとおして、徐々に帰依を深めてゆく。(84)そして、明治三七(一九〇四)年、日露戦争中に発表された論文「国家の運命と理想(愛国者と予言者)」では、自分の日蓮信仰をはっきり語るようになる。

一切の中心は「我」で、「我」は即ち大宇宙の映ずる焦点である。そこで国家とは何者で、この「我」と如何なる関係を有するかを明にする事が出来る。……大小宇宙相互の活発な円融な交通……の一つの中心が即ち国家といふ活動の根底で、各の個人小宇宙の中心はこの国家(或は民族)なる大宇宙の中心と相交融して生存しておるのである。(85)

ここで、姉崎は個人の内面をつうじて見出される宇宙的神秘を、国家という歴史的特殊性を有するものに重ね合わせようとしている。そして、「その人の小宇宙の中に明に国家の大宇宙を映じ、自分の生命の中に国家の生命を有する信仰と勇気とのある人」こそが、「真正の愛国者」であり「予言者」であるとし、その模範的人格として「日蓮」の名をあげる。(86) 勿論、姉崎において個人と国家の結合という考え方は、留学以前の時期から、留学期のワーグナー評価まで一貫してみられるものであり、目新しいものではない。ただし、帰国後には、神秘主義をとおして、いっそう内的世界に没入すると同時に、そこに見出される普遍性を国家という具体的な共同性に直結させた点で、従来よりも実践的かつ政治的な性格が前面に押し出されるようになった。

このように神秘主義における内面探究が、現実の国家と結びつくところにこそ、この時期の姉崎の宗教論の核心がある。(87) それは、おなじく神秘主義的な著述で知られる綱島梁川にたいし姉崎が、一方でその体験を評価しながらも、「動もすれば主観に傾き客観的方面を軽視して之を論究せざりし跡なきにしもあらず」(88)と、客観的すなわち国家的共同性との結びつきを欠いた主観的な埋没として批判している点からも肯けよう。

このように姉崎を国家へと向わせる直接の契機となったのが、明治三七(一九〇四)年二月に勃発した日露戦争であったと思われる。当時の日本社会において正義の戦争と目された日露戦争は、地方行政の単位である市町村におよぶ挙国一致体制を作り出し、日清戦争のとき以上に、国民の気持を国家的な価値観へと収斂させる「国民戦争」となった。(89) 宗教界の反応としては内村鑑三の非戦論が著名だが、それは少数派にすぎず、同年五月に芝公園忠魂祠堂会館で開催された戦時宗教家懇談会にみられるように、宗教界をあげて戦争を積極的に支持してゆく。[90]姉崎はこの会に発起人として加わるだけでなく、「我国が正義の為に此戦を起したるの本旨」を述べた趣意書の起草まで担当している。[91]

姉崎にとって日露戦争は、「東洋の平和、黄色人種の運命[92]」のための義戦であり、「韓国を他の強国の蠶食から防ぎ、又清国の独立の実を全く」し、ひいては「スラヴ一億の人民」を閥族政府から解放するロシア自身のための闘いでさえあった。[93]日露戦争前夜に発表された評論「戦へ、大いに戦へ」に明らかなように、姉崎にとって闘いとは、「自ら立つ所があつて他の立てる者と争ひ、自らの人格を投じて戦争に従事する」という、個我および国家における精神的な覚醒への戦闘でもあった。[94]

つまり姉崎は、現実の国家をそのまま普遍的な存在として認めてしまうのではなかった。そこには理想にもとづき国家や社会の現状を批判し、その担い手たる個人を内側から改造してゆこうとする彼特有の論理がある。姉崎は国家と個人の関係を、日蓮の思想に託して次のように説いている。

根柢あり理想ある国家であって、この根柢を継承する統治が行はれ、理想を表現し指導する人格があり、而して理想を実にすべき国民の団結生命があり、この三者が不即不離、相助け相長ずるとの謂である。[95]

現実の国家のあり方は、宇宙的な普遍性に目覚めた個我によって批判され、一方でその浄化された国家理想によって、近代西洋化の弊害に苦しむ個人を内面から充たすという往還的な働きをなすものであった。ここにおいて、国民は政府から一方的な支配を被る対象ではなく、主体的な自立性を兼ね備えた個人として内側から国家を支え、同時に国家からその内的アイデンティティを付与されるものとなる。それゆえ、彼は、「現実の大宇宙的勢力が個人の精神に入て明にその意識に上がるとは上がらないとに依て、意識自覚ある団結の出来ると出来ないとの別が生ずる」という点で、自分の立場が「国家主義の人々」とは一線を画することを明言している。[96]

しかし、姉崎の議論は、国家を内面的な覚醒と積極的に結びつけるがゆえに、国家という理念を上からの形式的道徳主義から救済しようとする一方で、個々の人間がすすんで国家的価値をになうという主体的な国民の形成を促すものでもあった。すなわち、国家が現実の政治システムにほかならない以上、その理念的な批判が現実と緊張関係を保持しきれなければ、結局のところ、個人が獲得した精神的自覚も実際の政治権力へと回収されることになる。

このようなナショナリズムへの関わり方の微妙な稜線を姉崎は歩んでいたわけだが、結果としてみれば、この時期の彼の主張はややもすると「現状追認的な性格」[97]に陥ってしまうものであった。たとえば、彼の一連の日露戦争論では、人格的闘いという視点によって、「戦争は国家の大事である」[98]と、現実の軍事行為が先験的な理念によって正当化されてしまう。戦争そのものを否定するのではなく、現実に起こったことを前提にしたうえで、そこに人格的な覚醒を絡めてゆく論法がとられるため、内村鑑三が「戦争は人を殺すことである」[99]と断じたようには、理念によって現実を批判することができず、人格的努力の名のもとに現実と理想の齟齬が覆い隠されてしまうのであった。

そして、この日露戦争前後より、姉崎は現実社会とのつながりを急速に強めてゆく。明治三七(一九〇四)年の開戦と同時に、政治色のつよい総合誌『時代思潮』を政友会の衆議院議員の横井時雄とともに発刊し、戦勝報告や政党政治論に交えて「国民的大覚醒」[100]を訴えた評論を次々に発表する。さらに、明治四四年には南北朝正閏論の口火を切って南朝正統論の論陣を張り[101]、文部省諮問の文芸委員にも就任する[102]。翌四五年にはやはり政友会系の内務官僚、床次竹二郎と提携して三教会同の開催および宗教家教育家大懇談会の主催[103]、次いで財界の指導者たる渋沢栄一らと帰一協会を結成するにいたる[104]。

この時期は政治史としては桂園時代とよばれ、官僚政治を代表する桂太郎と立憲政友会総裁の西園寺公望が内閣を交互に組織する時代であった。姉崎は、政友会の横井や床次と親交をもち、同会の総裁の西園寺を政党政治の推進者として支援していたが、[105]情意投合で通じる桂と西園寺は、「天皇制イデオロギー教育の確立」と「日本社会の帝国主義的編成」を目的とする点で立場を同じくするものであった。[106]すでに明治四一（一九〇八）年には戊申詔書の渙発と教育勅語の徹底がはかられていたが、明治四三年におこった大逆事件は支配層に国体の危機を感じさせるものとなり、国民教化政策に拍車をかけることになった。姉崎も例外ではなく、「大逆事件の如きは、元品の無明が国体の霊徳に向つて挑戦し始めたしるし」[107]であると断じている。

そのような状況のなかで、姉崎が関与した上述の諸政策は、宗教や文学などの文化的回路をとおして国民のイデオロギー編成を試みたものであり、ほぼ同時期におこなわれた神社合祀や報徳社などの地方行政組織を介した政策とともに、国民の側から自発的なナショナリズムを育てようとするものであった。[108]姉崎もまた、これらの企てを、国家と個人の内的結合をはかる彼特有の観点から受け止め、桂園内閣の国体イデオロギー路線に積極的にかかわっていったと考えられる。

とくにこの時期の姉崎の動向で注目されるのが、南北朝正閏論での発言である。天皇家の正統性をどのように考えるかということの論争は、時の桂内閣を揺るがすほどの問題に発展し、井上哲次郎、久米邦武、穂積八束など、多くの学者がこの議論に参入していった。なかでも、「一番早く新聞に其の主張を述べてゐた」のが姉崎であり、その熱狂的ともいえる言動は南朝正統論者の「大関」格と評された。[109]だが、南朝正統論であれ北朝正統論であれ、皇位の正統性が両朝のどちらにあるのかを問題とする当時の議論のなかで、次のように説く姉崎の国体論は特異な印象を与えるものであった。

国体の実体即ち大御神の御霊徳は万事を超絶した霊位である。此は如何にしても動揺はなく、生滅に支配せられず一切に遍満である。……之を人間世界に事実に表はすのが即ちその発表(用)である君臣協同の実であつて、そ

の中心(宗)が即ち皇室。……之を君臣の関係、社会の秩序に応用すれば即ち大義名分となる。(110)

その特異さは、「生滅に支配せられず一切に遍満」という言葉にあるように、天皇を神秘体験における内的普遍性と一体化させる理解に起因している。姉崎は南北朝正閏論を天皇家自体の問題ではなく、天皇に対する国民の側のあり方、すなわち天皇という神秘的実在を国民各人がいかに内面化するかという国民国家の問題として受け止めたのである。

国家の元首たる天皇が、神秘的な宗教体験の対象に特定されることで、姉崎の国家論はいきおい宗教色を濃密におびることになる。建前上とはいえ、大日本帝国憲法が保証する政教分離体制のもとでは、天皇崇敬は公的領域としての道徳問題であり、私的領域に属する宗教とは区別されていた。ところが、この議論では天皇ははっきり国民の宗教的崇拝の対象とされ、公的存在である天皇と私的な宗教の領域が重ね合わされている。それゆえ、国体イデオロギーの根幹をなす教育勅語は、姉崎にとって単なる道徳ではなく、日本の「一大宗教」たる「勅教」と呼ばれるべきものとなる。(111)

そこには田中智学や本多日生ら日蓮主義の「『法華経』にもとづく仏教的な政教一致(112)」をめざす思想との類似をみることができる。ただし、姉崎の場合、彼自身は日蓮信仰者であっても、日蓮宗への国民の信仰統一をはかることはない。信教の自由を認めたうえで、宗教・宗派の別はあっても「宗教そのもの」であることには変わりがないという観点から、それらをひとしく天皇に対する「宗教」心の発露として理解するのである。その端的な例が明治四五(一九一二)年に姉崎が尽力して開かれた三教会同である。この会議は諸宗教団体による皇運扶翼を目的としたが、「会同であって合同でない(113)」かたちで、各団体の自立が前提として催された。

いずれにせよ、政教分離を建前とする近代国家のなかで、宗教的な天皇制国家を公然と説く姉崎の主張は、当時の知識人の見解としては一種の異様さを帯びたものであった。しかし、近世的な天皇および宗教観のもとで育った姉崎にとって、近代的な政教分離はそれほど自明な世界ではなかったのであろう。ただ、天皇と宗教の両者がはっきりと結びつくようになるのは、やはり留学から帰った後のことである。

ドイツでの黄禍論を端緒として、日露戦争を契機とするナショナリズムの高まりのなか、姉崎は天皇と宗教の両者をロマン主義的な国民国家の観念のもとに接合させることで、西洋における啓蒙主義の空洞化と排日的な黄禍論のうごきを克服してゆこうとしたと思われる。留学期に西洋による同一化を拒絶され、アイデンティティに動揺をきたした姉崎であったが、ここに近代的な政教分離を超えた天皇制国家を日本固有のものとして見出すことになる。勿論、それを可能にした要因として、幼年期から培われた近世日本的な政教未分離の世界観を見過すことはできないが、やはり基本的にこの時期の姉崎の動きは、宗教概念と国民国家という西洋的範疇を前提にしたうえでの、ポスト啓蒙主義的な試みとして理解されるべきものであろう。

その点で、明治末期の日本のナショナリズムは、啓蒙主義的な政教分離がもたらした宗教世界の私的領域への切断をいかに乗り越えてゆくかという点では、姉崎のように大正期に自由主義と呼ばれる立場から、田中智学のように国家本位の宗教思想を説く国粋主義的な立場まで、思想的力点を異にする様々な陣営——いずれも最終的には国家に回収されてゆくとはいえ——を、いまだ共存可能なものと思わせる状況にあった。社会状況が変転するなかで、これらの諸思想の同床異夢が明らかになるのは、一九二〇年代になってからのことである。

3　東西調和と日本表象

明治末期には宗教的な天皇制国家という独自の国家観を築き上げるにいたった姉崎だが、その一方で日露戦争の直後から、「二十世紀の世界文明は万国共通の要素、世界的調和の必要に向て駸々として進んでをる」[114]という国際協調的な考えを唱えはじめる。ただし、それは東西文明の対立や戦争の悲惨さへの憂慮から出たものではない。「我が日本――東洋の文明の代表者たる日本――がその国民的自覚の上に又その世界的発展の上に至大なる意味を生ずべき大戦争をなし」[115]という言葉が示すように、日露戦争の勝利によって東洋唯一の列強入りをはたした日本が、東洋の代表として西洋諸国に対等にわたりあえるのだという自信から出たものである。

そこには、もはやドイツの黄禍論に傷ついた姉崎の姿はない。ヨーロッパに代わって、日本こそが、「物質主義と観念主義との争ひ」や「宗教と無宗教との反抗」[116]といった現代文明の難題を解決する任を負っているという高揚した国家意識がある。そして、来るべき「文明の新紀元」[117]のパートナーとして姉崎が期待したのが、アメリカであった。おりしも、ハーバード大学では「日本の文学と生活Japanese Literature and Life」講座の設置案が浮上し、大正二(一九一三)年九月からの二年間、姉崎は同講座の初代講師として招聘され、ニューイングランドを中心とする各地の諸大学や機関をふくめ、「日本宗教史を基本にし、仏教思想体系や文学と宗教など」[118]の講義・講演を、精力的におこなうことになる。[119]

アメリカから帰国した後、この時期の原稿をもとに、英文による姉崎の日本研究の主著が、『仏教美術とその理想との関係――特に日本の仏教について』(大正四年)、『仏教の予言者　日蓮』(大正五年)、『日本宗教史――特に国民の社会・道徳的生活について』(昭和五年)、『日本における美術、生活、自然』(昭和八年)など、順次刊行されてゆくことになる。[120]しかし、姉崎の研究経歴は、当初、原始仏教論や宗教学理論などから出発したのであり、日本研究を主題とするものではなかった。彼の日本研究は、明治四〇(一九〇七)年のカーン財団提供の西洋視察に出かけるさいに英文で執筆した『日本宗教史概説』[121]が端緒だが、ハーバード滞在を契機として本格化したのである。いずれも英文で書かれた先の著作は、「外国との学術連合に働いて、我国文化に対する興味知識を増進すること」[122]を目的として、西洋という他者の存在をきっかけに日本表象として成立してきたものである。

そのなかで次第に日本国内においても、日蓮をはじめ、キリシタンや聖徳太子など、日本宗教史をみずから研究主題に据えるようになる。日本語の著作としては、英文著作の翻案である『法華経の行者日蓮』を大正五(一九一六)年を手始めに、いわゆる切支丹五部作や『聖徳太子の大士理想』(昭和一九年)が発表されてゆく。日蓮や明治天皇への姉崎の信奉は渡米以前からのものだが、それが信仰としてだけでなく、研究対象としても扱われるようになったのは、ハーバード以降のことである。異文化理解の鍵を握るものとして始まった姉崎の日本研究は、さらに転じて、日本人の自己理解の問題としても重要な意味をもつものになっていった。

いずれにせよ、このように姉崎を日本研究にむかわせた背景には、アメリカで体験した強烈な反日感情があった。日露戦争後、満州をめぐって、権益の独占化をはかる日本と新規参入をもくろむアメリカは対立するようになっていた。[123]加えて、かねてから日米関係の懸案であったアメリカの日本人移民問題が再燃する。姉崎自身、自分の渡米を「丁度カルフォルニアの排日問題の喧しかった後」[124]と述べるように、彼がハーバードに赴任する大正二(一九一三)年にはカリフォルニア州で排日土地法が可決され、すでに定住している日本移民の土地所有が禁止される。[125]そのなかで日本に対する黄禍論が、「アメリカの太平洋岸においてヒステリックにまでひろがった」[126]状況を呈し、日米戦争までが取り沙汰されるようになった。[127]

そして、姉崎のハーバード滞在二年目にあたる大正三年七月には、ヨーロッパで第一次世界大戦が勃発し、翌月には日本もドイツに宣戦布告し強硬に参戦する。さらに翌大正四年一月には袁世凱政府に対華二十一カ条の要求を突き付け、山東省のドイツ権益の継承と南満州・東部内蒙古の既得権益の強化をはかるが、これが中国権益の機会均等を唱えるアメリカの対日感情をいっそう悪化させてしまう。[128]

その渦中で、姉崎はボストンでアメリカの聴衆を前に「極東問題のいくつかの側面」と銘打った講演をおこない、アメリカに対して「日本が中国に対して特別の権益を有することを認めるべきである」と、中国に対しても「東洋における日本の優越を承認すべきであり、中国への干渉に対しても素直になるべきである」という主張を述べる。[129]また、大戦末期の大正七(一九一八)年にカリフォルニア大学を訪れたさいにも、「其初宣戦するに至ったのは、東洋平和の為に、日英同盟の精神を重んじた為である。……日本の参戦は、侵略の為でもなければ、膨張の為でもない」[130]と述べている。

その発言は、当時の日本の自由主義系知識人としては標準的なものにすぎないが[131]、今日からみれば、やはり日本の中国侵略に自覚的でない帝国主義的な態度であるという誹りはまぬがれることはできない。ただその一方で、大戦中に滞米していた姉崎はアメリカの知人の意見[132]や中国側の報道も耳にしていたために、日本政府の見解を鵜呑みにしない面もあった。大正四(一九一五)年七月に日本に帰国すると、すぐさま彼は知己である大隈重信首相に面会をもとめ、アメリカに対して日本政府の考えをはっきり釈明する必要性を説いている。[133]また、姉崎の自筆原稿のなかには、日本の中国政策が「結果的に征服行為である可能性が高い」[134]と認める文章も存在している。

だが結局のところ、大戦参加についても中国政策についても、姉崎は大筋として日本政府の外交声明を、「国際問題を、道理と事実との基礎の上に解釈せうとする」[135]ものと肯んじていた。だからこそ、アメリカの誤解を生むような日本の自己表現のあり方は歯がゆいものに映ったのである。アメリカから一時帰国した大正三年夏、姉崎はみずからの体験をふまえつつ、日米間の行き違いについてこう述べている。

我日本の国を、遂に「解らない国、謎の国」として、日本人自ら外人の頭へ深く刻み附けつゝあるのである。現下の日米間の懸案に就ても、一方解らない国、解らない人種を自ら標榜して居りながら、一方其解らない儘で同等の待遇を白人間に要求するのは、甚だ非論理な話であるのみならず、彼等米人に、我要求拒絶の好口実を自ら提供して居る訳である。(136)

それゆえ、姉崎はハーバード滞在の機会を利用して、「日本の文明の真相を出来る丈正確に誤りなく伝へる」(137)ことに努めるようになる。その立場は姉崎のみならず、新渡戸稲造ら知識人、あるいは渋沢栄一や大隈重信ら政財界の「自由主義・民主主義勢力」(138)を形成する人々と共通するものであった。彼らは渋沢を実質的な中心人物として、帰一協会や日米関係委員会、日米協会、大日本平和協会など、さまざまな民間団体を組織し、移民問題をふくむ日米関係を好転させようと試みつつあった。(139)東京帝国大学教授である姉崎もまた、宗教学者としてこの知的サークルに積極的に関わっていたのである。

このようなアメリカに対する姉崎の反応は、同じ黄禍論といわれるものでも、かつてドイツに激しい反発を示したのとは対照的なものがある。その違いは、アメリカに寄せる姉崎の期待に起因するものであろう。日露戦争後から、かれは東西文明の融和を望みはじめたが、その指導的存在として日本とともに期待したのがアメリカであった。(140)人種の坩堝であるアメリカは、「元来の基督教を中心主義としつゝ、狭量に陥らず偏僻に傾かず、印度抃に一般東洋の思想信仰をも探究し収容せんとしつゝあり」(141)と、東西調和を進めるにふさわしい国に目された。すなわち日本とアメリカは、姉崎にとって、ともに「将来東西文明の融合渾化に対して大なる天職を有し共同の理想を抱持して立てる」(142)国であるがゆえに、その間の摩擦は是が非でも取り除かなければならないものであったのである。

そのために、姉崎はアメリカをはじめとする西洋世界にむかって、日本研究をとおして、日本というものの表象化をおこなったわけである。その代表的研究が彼の日本美術史であり、それは宗教的理念や自然観と密接な関係にあると見なされるがゆえに、日本文化の本質論として提起される。

私が注意を促したいことは、このような地味で簡素な純粋さにあらわされた芸術的感覚は、日本の土着宗教である神道や、仏教的な自然主義・直感主義である禅がインスピレーションを与えた宗教的な産物なのである。[143] 姉崎は日本の美術の本質を「簡素な純粋さ」にあると定義づけ、それは表層的な歴史変化があるものの、原始時代から今日まで脈々と流れつづける超歴史的な「祖形」であるとした。[144] そして、この日本的な固有性は、西洋とは「まったく違ったことを伝える[145]」ものとして異質化されることになる。

東西文明が異なる論理をもつという認識があるからこそ、両者の調和が必要なものとされるのである。しかも、姉崎にとって異文化の接触は、たんに不可避のものというだけでなく、「外部との、異質な人々との接触なしに、文明の高みに達した国家がかつて存在したのであろうか[146]」と、文明の進歩のために積極的な意義を有する。そして、このような異文化の対話を可能にする前提として、「その根本に入れば、東西両洋の思想は同じ人情から出て居る[147]」という人類の普遍性が想定される。ただし、その普遍性はあくまで西洋的な論理にもとづくものであり、東洋は西洋的概念によってその特殊型として説明づけられることになる。

そもそも、姉崎のもちいる「美術 Art」という言葉が西洋の語彙であり、近世までの日本は存在しなかった概念である。[148] また、西洋にとって日本美術とは、根づけや浮世絵など庶民の技巧品でしかなかったのだが、ここで姉崎は貴族や武士の支配層の文化をとりあげ、それらが西洋美術に匹敵するような理念をともなったものであると主張したわけである。[149] そこには、かつて姉崎が宗教学をとおして、日本の宗教現象を西洋的な宗教概念に対応するものへと再解釈していったのと同じ論理をみてとることができる。

他方で、姉崎は第一次大戦頃よりアメリカとの対立をきっかけとして、アジアという存在を視野に入れはじめる。

しかし、彼が東西文化の融合というとき、西洋的論理を身につけた日本のみが「アジアを世界に示し、同時の東洋の兄弟国を世界的な意識に目覚めさせる任務」[150]をもつとされ、アジア諸国は日本の保護下で文明化されてゆく存在にとどめおかれる。ここにおいて、かつての西洋と日本との関係は、アジアと日本の関係へと転化され、日本はアジアの指導的地位にたつことになる[151]。

こうして、ドイツでの黄禍論にはじまった姉崎の本格的な西洋体験は、近代西洋文明の批判に端を発し、日露戦争と第一次大戦を経るなかで、宗教的な天皇制国家という日本の固有性を確立し、さらにはその固有性を西洋に開きつつ、日本が東西文明の橋渡しをするという自負心を生みだすという帰結をみた。西洋との同一化が拒絶されたことで、みずからを西洋に対する他者として意識することになった姉崎は、日本という存在を東洋の代表として自己同定していったわけである。ただし、そこでもちいられる範疇は、国民国家や宗教や美術であり、結局は西洋的論理を普遍的なものとして受け入れることで、自己の特殊性をその内側で語り直すというものであった。私たちはそこに、西洋世界のヘゲモニーのもとに、特殊性もふくめて、知識人の文化的アイデンティティが再編されてゆく様をみてとることができる。

ただし、そこでの西洋世界は普遍視されたといっても、それはかつてのような全面的な理想化を意味するものではない。たしかに思考論理としては、その外側に抜け出ることはできないものの、もはや西洋世界も、ドイツに端的に現われているように近代文明の病理をかかえた社会であることは明白であった。それゆえに、日本のような特殊性を兼ね備えた文明が、西洋文明のもっとも良質な部分をになうアメリカとともに、その病いを克服する鍵を握るとみなされることになる。そして、これ以降、姉崎は、日本国内の社会統合を念頭におきながらも、国際社会における日本のはたすべき役割というものを明確に意識するようになり、国際的な知識人として活躍してゆく。

三　東西調和とその破綻

1　調和と亀裂

さて、姉崎にとって第一次大戦の体験は、それまでの日清・日露戦争とは異なるものとなった。彼は第一次大戦を「軍国主義」のドイツに対する正義の戦争としながらも、「野獣的本能を発揮するのが戦争であり、戦争に従事する人民は、従って又獣性本能に還る」と、戦争行為そのものを批判するようになる。[152] たしかに、第一次世界大戦は、飛行機や戦車など様々な大量殺戮兵器が登場し、約八五〇万人にのぼる死者を出した点で、旧来の戦争とは桁違いのものであった。その結果、姉崎は戦争が「人類文明の滅亡」につながると懸念するようになり、それを防ぐために「人性の充実たる建設」が必要だとした。[153]

利害競争の小天地を脱して、人情結合人類共同の立場に立ち、……人間を神霊の表現として自他共に人格の霊化発達を目的にすれば、……一切万人が神霊の中に融和する実を挙げ得る。此の如き神霊の力を仰ぎ信じて、之を個人生活にも実行し、社会組織にも国際関係にも適用する。[154]

右のように述べる姉崎の言葉には、人間の内面に霊的普遍性を見出そうとする、明治末期以来の神秘主義と共通する立場がみられる。ただし、この大正期になると、その普遍性が天皇制国家だけでなく、国際社会という共同性へと拡大されてくる。それは姉崎個人にとどまる傾向ではなく、島地大等も「政治的であり、国民的である」明治の思想に対して、「大正初期の思潮は、汎人的であり、社会的であり、世界的である」という特徴を指摘している。[155] さらに、国内状況と国際状況の関係について、姉崎は「国際的無政府の状態を今日のままにしておけば、何れの国も常に外からの威嚇を感じて、国内に於ける文化の健全な発達を計る事は出来ない」[156]と、その密接な連動関係の説明を加えている。

そのため姉崎は、国際社会においてヴェルサイユ体制が決議した国際連盟を支持し、国内では吉野作造の唱える民本主義へ共鳴する動きをとってゆく。[157]かれは国際連盟の理念を「国民自決、国際的民本主義、反軍国主義」を旗じるしとする「人類的結合」ととらえ、[158]激化しはじめた植民地問題にも対処しうるものと期待した。当初、姉崎はその委員ではなかったが、渋沢とともに民間団体としての国際連盟協会を組織することで、国連の活動を支援しようとしている。[159]

姉崎の国際理解は、観念論的な色合いを濃厚にもつものの、基本的には、戦後の米英を中心とするヴェルサイユ＝ワシントン体制に協調するものであり、日本政府の幣原外交に対応するものとなっている。[160]国内の政治的立場について言えば、民本主義に呼応しながら大正デモクラシーを擁護する憲政会(のちの民政党)の流れに沿うものである。かつて政友会を支持していた姉崎であるが、この時期、同党は積極外交・膨張財政・軍備拡張を唱えて保守化してゆくため、[161]協調外交・緊縮財政・軍備縮小を唱える憲政会の支持へと切り替えていたと思われる。

ここで当時の国際状況について留意する必要があるのは、ヴェルサイユ＝ワシントン体制の発足は、国際協調を謳う一方で、日英同盟の解消、日米間の石井―ランシング協定の廃棄など、西洋社会のなかで日本の孤立をもたらすものでもあったことである。姉崎のもとにもアメリカ在住の日本人から、ワシントン会議における日本の軍国主義に対する懸念とその孤立状況が報じられている。[162]しかも、日本の孤立化は対西洋諸国との関係だけでなく、大正八(一九一九)年の朝鮮での三・一運動、中国での五・四運動など、アジアでも反日帝運動が高揚していた。姉崎は日本の知識人の一人として、そのような状況を自分なりに打開すべく、アメリカにおける日系移民および朝鮮・中国の問題に取り組んでいる。

まず、日本人移民についてであるが、すでに姉崎がハーバードに渡った大正二(一九一三)年にカリフォルニア州で制定された排日土地法において、日本人移民の土地取得が禁止されていた。その後、大正一二(一九二三)年に連邦議会に提出されたアメリカ全土での排日移民法は、日本人移民のアメリカへの受け入れを一切禁ずるものであり、白人移民に対する寛容さを考慮すると、そこに人種差別という要因を想定せざるを得ないものであった。[163]

それに対して、日本の知識人は、渋沢栄一を中心とする日米関係委員会などを通して、親日派のアメリカ人と連携しながら、排日移民法の成立を食い止めるために、両国の政財界へ働きかけてゆく。[164]しかし、姉崎らの努力にもかかわらず、[165]結局、大正一三(一九二四)年五月には排日移民法が可決され、渋沢ら日本の自由主義系知識人たちを大いに落胆させ、日本の世論を反米感情へと煽りたてることになる。[166]姉崎自身も、「アメリカ議会を通過した移民法案は、国際親善と国際正義にとって痛手、ほとんど致命的な一撃を与えるものとなった[167]」と痛恨の念を述べている。

姉崎にとって、すでに述べたように日米両国は新たな世界文明をになうものであり、その関係の象徴が日系移民であった。移民という存在は「調和と統一と同様に、葛藤の原因」にもなりうる両義的存在であるが、「純粋な人種とはフィクション」と考える姉崎は、[168]最終的に「帰化ハ自然ノ傾向ナリ」と、人種接触の緊張や対立は同化によって解消されると考えていた。[169]そのため、彼はアメリカの排日論を「嫌悪や憎悪や疑いという非論理的な動機[170]」にもとづくものとして批判した。だが、結局は、排日移民法の成立が日本の自由主義陣営の力を削ぐものとなり、反米・大陸膨張外交を掲げる陣営を勢いづかせることとなる。[171]そのような国内の危険な状況を、姉崎は「東洋と西洋の調停者」と「西洋と東洋の争いに生死をかける」勢力の対立として、アメリカにむかって次のように説いた。

日本国内でもいぜんから二つの陣営に深い対立がみられたが、いまや人類同胞のために尽くす人々の希望と信念はひどく脅かされ、絶望的な苦悩にさらされている。その対抗勢力は勝鬨をあげ、その陣営に日本全体を引きずり込もうとしているのだ。[172]

しかも、この対立は姉崎自身の内面の葛藤でもあった。かれは東西の対立は克服可能であると言いながらも、「アメリカという「白人」労働者のリーダーは、「有色人種の台頭」を打ち破るために、資本主義および軍国主義の発達を歓迎しているのではないか」という疑念を抑え切れずにいた。[173]かつて憧憬していたドイツに代わって、姉崎が西洋文明の代表者として信頼を寄せたアメリカであるが、今やこの国もまた「「白人」優越」という点で、「黄禍論の提唱者のあのドイツ皇帝」と変わらないのではないかという思いが芽生えはじめていたのである。[174]

姉崎にとっては朝鮮や中国との関係も、日系移民問題と同様に、異民族の同化をめぐる問題として存在していた。彼は大正一〇年から翌年にかけて朝鮮総督府臨時教育調査委員をつとめていたが、「日本の国民性……を朝鮮の方まで持込むと云ふやうな考があるとすれば、国民性と云ふものに対する如何にも固定した変態の考になると思ひます」[175]と、日本側の抑圧的な姿勢に自戒をもとめる発言をしている。だが、日本語や日本国史を押し付ける日本政府の教育政策は変わることなく、ここでも姉崎の民族融和の希望は裏切られることになる。[176]一方で姉崎自身も、「韓国の子供は日本語の習得が容易である」という楽天的な言語同化論や、大陸膨張論を誡めながらも「国防上、日本は朝鮮海峡を必要とし、又朝鮮の併合を必要とした」という植民地政策の基本方針を是認する発言をしており、[177]大日本帝国という枠組みを前提とする自由主義者の典型的な植民地論の域を出ることはなかった。[178]

そして国内の問題においてでも、国際社会で国家・民族の融和をはかったように、民本主義によって国民間の調和をすすめようと努める。大正中期は労資の対立が高まり、国内では労働団体の結成やストライキ闘争が相次ぐ時期であった。[179] 姉崎も、「現代労働運動に於ける階級意識は、蓋し寧ろ激発状態にあって、……融和の希望は、双方共に少ない事は争はれない」[180]と、労資対立の現状打破の難しさを認めている。そして、姉崎はその対策として、マルクス主義のとく「破壊的な階級戦争」をとるのではなく、民本主義の立場から「労働者の人格を認め、人間として、我々と共に社会を組織する一人格者として之を尊重する」という「人道主義」を唱える。[181] それによって、「有産無産の両階級が一つに融和して、人間共存、相互扶助の生活が、家にも、国にも、又世界全体にも行はれる」[182]と、解決の展望を述べている。

しかし、ここでも姉崎は日本人移民や朝鮮教育調査委員の場合と同じように、現実と自分の見解のあいだに齟齬を感じることになる。一九二〇年代に入ると、労働運動は社会主義と結びついて過激化してゆき、民本主義は訴える力を失い、労資の対立は決定的に相容れないものになっていた。[183] その場合に、大学教授として「ブルジョワ的」な生活を送っている自分が、いかに労働者に共感していたとしても、「民衆的の生活をして居るとは云はれぬ」と、自分の社会的な存在意義について思い悩みはじめる。[184]

いまや姉崎にとって、社会は本来的な一体性をもった融和的なものではなく、強者と弱者のあいだに亀裂を抱えたものとなっていた。そこには明治末年から第一次大戦にかけて、国家と個人、あるいは国家観の対立の調和をたしかな未来として描き、そこで日本や自分のはたす役割を確信していた楽天さはみられない。また、ハーバード滞在期に思い描いたような、日本の固有性と西洋的世界の両立、あるいはアジアを代表する日本という理解も現実には成り立ち難いことも明白になっていた。当時は大正デモクラシーと呼ばれた時期であるが、そのような変化を姉崎に引き起こすほど、現実の社会状況は、移民や植民地や労働者など、国際的にも国内的にも矛盾と昏迷に充ちたものであった。理想主義者の姉崎も、もはや宗教や国家という理念を信じることで現実の矛盾を乗り切れるとは容易に考えることはできなくなり、現実の亀裂を認識したうえで、自分の言動を考えなければならない状況におかれていたのである。

そのような状況のなかで民本主義は、姉崎が現実に対処すべき思想として唱えたものであった。彼は藩閥官僚支配の批判という点では吉野作造らと目的を同じくするが、民本主義を政治的形式ではなく、「人間本能の鍛練、人性の充実たる建設」[185]という道徳原理として捉え、「人性本位」の「人本主義」と呼び替えた。[186]しかもそれは、「民利を目的として、君王の嚮導統治が其の中心たり標幟となるのが、君臣一体の民本主義である」[187]と、その人格主義と天皇制が積極的に結びつく特異なものであった。この時期に本格化する姉崎の聖徳太子論は、それを如実に示している。姉崎は太子に人本主義の理想像を見出し、「聖徳太子の民本主義」[188]として、こう説明する。

国民の団結は、要するに、国の生命、理想、法則を発揚する為の生活であって、此の如き法則秩序の総体が即ち法、国憲である。而して此の如き理想あり法則ある結合の中軸となり、国体の体現者、又従って国民の導師統御者となるは、国王である。……常住の法身たる如くに、国にあって君王の位は、個々代々の君主を一貫して常住である。[189]

吉野の民本主義は、「主権の君主に在りや人民に在りやは之を問ふ所でない」[190]と、主権の所在を意図的に曖昧にすることで、天皇主権の問題を回避しながら、民主主義を実現しようと目論むものであった。それに対し、姉崎の議論は、天皇および憲法を宗教的な普遍性と重ね合わせることで、すすんで国民の精神的支柱にしてゆこうというものになっている。しかも、姉崎にとって聖徳太子は、天皇制を代表する存在であると同時に、「法華経弘通の先聖として」[191]、日蓮信仰の先駆者でもあった。そこからは、大正期における姉崎の天皇制国家論が、美濃部達吉のように単なる政治制度にとどまるものではなく、明治期と同様に、形而上学的な真理と合一化したものであったことがわかる。

ただ、その一方で時代状況が変わりゆくなか、この宗教的な国家構想も、いきおい明治期とは異なる社会文脈に置かれることになる。たとえば彼の日蓮信仰は、『法華経の行者日蓮』(大正五年)において宗教研究としても成果を収めることになるが、一方で、ハーバード帰国後は、それまで親交をもっていた田中智学ら日蓮主義者から遠ざかるようになる。田中は大正三(一九一四)年の国柱会の結成をきっかけとして国粋主義的な傾向を強め、石原莞爾や北一輝など皇道主義者が出入しはじめるようになる。それに対して、姉崎は大正三年に発足した自由主義的な知識人を中心とする法華会へと、自分の日蓮信仰の場を移してゆく。(192)

つまり、明治末期には渾然一体化していた宗教的な天皇制国家論の信奉者たちも、この一九二〇年代になると国内外の状況が変転してゆくなかで、大陸膨張・国粋主義か、協調外交・民本主義かと、選択を迫られるようになり、姉崎は後者の立場を選ぶことになる。それは、かつて姉崎とともに三教会同を企画した政友会の床次が、この時期には大日本国粋会を通して、国粋主義的な反労働・反民主運動を展開しつつ、田中智学と親交をもっていたのとは対照的な軌跡を描くものであった。(193) 次なる問題はこのような姉崎の宗教および天皇観が、彼の目にも綻びをみせはじめた現実の社会とどのように関わりをもってゆくのか。明治期のように現実の亀裂を包み隠してしまう役割をはたすのか、それとも社会の矛盾を見据えたものとなりうるのか、思想のリアリティが問われることになる。

2　調和の破綻

一九三〇年代に入ると、日本は昭和六(一九三一)年の満州事変を皮切りに、昭和七年の満州国建国、昭和八年には国際連盟の脱退、昭和九年にはワシントン条約を廃棄する。そして、英米を基軸とするヴェルサイユ＝ワシントン体制から離脱し、姉崎の嫌う排外主義と大陸膨張政策へと転じてゆく。このような状況に抗するように、姉崎は海外活動として、昭和九年から国際連盟の学芸協力委員を務めるほか、昭和六年には世界宗教平和会議の一端として日本宗教平和会議を開催、昭和八年には太平洋問題調査会バンフ会議とシカゴ世界宗教大会へ出席、昭和一一年にもロンドン世界宗教大会および日本学士院代表としてハーバード創立三百年記念式典などに参加する(194)。日本を代表する自由主義的知識人として、国際的孤立を深めてゆく日本と海外諸国との橋渡しをはかろうとしたのである。事実、国際学芸協力委員会への抱負として「私が自分自身に望むささやかな役割は、東洋と西洋が共に手を携えて、この現代の難問にいかに取り組むかということを十分に調べることにある(195)」と述べている。また、研究面においても、ハーバード時代の講義をもとにした日本宗教・美術論、あるいはキリシタン研究を発表し、欧米諸国に日本理解を求めてゆく(196)。

一方、国内では昭和五（一九三〇）年の浜口雄幸首相の狙撃にはじまり、昭和七年の血盟団事件と五・一五事件、昭和一一年の二・二六事件など、右翼や青年将校によるテロルが相次ぎ、昭和八年の元共産党中央執行委員長の佐野学らの転向声明、昭和一〇年の美濃部達吉の天皇機関説排撃と、思想的弾圧も強められていった。これら一連の事件をとおして、政党政治および自由主義陣営は崩壊し、代わって陸軍が政治に進出しはじめる。なかでも、姉崎にとって井上準之助と浜口雄幸の殺害は、かれらが政党政治の中心人物であるとともに姉崎の学友でもあったために、その死は「下劣な政治観念の犠牲、悲痛惨として言を知らぬ(197)」と、姉崎に衝撃を与えるものとなった。

そのなかで、昭和一〇（一九三五）年には、宮中御講書始の儀として、昭和天皇に聖徳太子の十七条憲法を進講する。姉崎にとって十七条憲法は「人生の大義、国家の正道、国法の常則(198)」を尽くしたものであり、それを天皇に講じることで、右傾化してゆく時局のなかで、国民統合の要である天皇に立憲君主としての心構えを説こうとしたと思われる。しばらく前の発言になるが、大正九（一九二〇）年に朝憲紊乱で告訴された東大同僚の帆足理一郎を弁護するなかで、「天皇の大権を解釈して、「天皇は何時にても憲法を改廃するを得る」」と主張する立場を、姉崎は「国家権力説」として権力の濫用にあたると難じている。そして、本来、「天皇が「御世しろしめす」」というのは「道徳立国の主義」、すなわち徳治による立憲主義を意味すると述べている[199]。一般に昭和期の聖徳太子論は時局に乗じた国粋主義的なものと評されるが[200]、その点で姉崎の太子論は一線を画すものであった。

このように国内情勢に批判的な姉崎であったが、一方でアジアに対する西洋の侵略的態度にも批判を加えている。「十六世紀以来、ヨーロッパ諸国は進撃の地に立ち、又しぼりとりをして、アジア諸国は受け身になつた。……その有力な要素は財政と商業の支配力であり、此が東洋諸国民古来の伝来を爆破する力をも呈した。……現在の情況に著しいことは、ヨーロッパやアメリカから来る政治経済文化の圧力に対して、東洋の抵抗が加はつてゐるといふ一事にある[201]」。とくにアメリカに対しては、「日本の政治植民経済に対する四方からの包囲」をおこない、「日本国民の敵愾心」を煽っているとして厳しく糾弾する[202]。西洋と東洋は「科学文化」と「精神文化」の対立になぞらえられ[203]、西洋の科学文化は「機械と組織の重圧、家族生活の頽廃、富の局所的集積[204]」をもたらした元凶とされる。現代社会はまさに、「人間が機械に完全に征服せられてそのロボットとなるか、或は之に反して、機械を征服してその主宰者となるに必要な身心の力を恢復するか[205]」という岐路に立っているのだという。

それまでも姉崎は東西文明の違いに言及してはいたが、あくまでそれは両者の共通性を前提とするものであった。それが今や、「結局は人生に関する根本観念の上で、東と西とを分ける溝がある[206]」と、両者は本質的に異なるものと見なされる。マルクス主義と資本主義の対立も、西洋の科学文化が生み落とした思想的混乱であり、いずれも東洋文明には相容れないものとされた。そのような科学文化が現代社会を席捲する状況のなか、「東洋人の考へる問題」として、姉崎は「西洋文化を批判的に再検討すると共に、自分の元来の伝統を再検討するといふこと」を提案している[207]。

ただし、それは、「東洋と西洋……、それは調和か衝突か。ここに世界歴史最大の問題があり、此が人類の未来全体を支配しよう」[208]と、かつてのように予定調和的な宥和を想定したものではあり得なくなっていた。

昭和一二(一九三七)年にはいると日中戦争がはじまり、翌一三年には姉崎が委員を務める国連の国際学芸協力委員も任期が切れ、昭和一四年には日米関係委員会も解散し、太平洋調査会への日本の参加も途絶えることになる[209]。結局、昭和一五年には日独伊三国同盟が締結され、姉崎の嫌うドイツとの提携を日本政府は選ぶことになる。昭和一四年は英独開戦の年でもあり、その開戦とともに滞在先のイギリスから引き上げた姉崎は、以降、一切の国際活動の停止を余儀なくされる。そして、昭和一六年には太平洋戦争の幕が切って落とされる。

かつて日露戦争や第一次大戦を正義の戦いと称して憚らなかった姉崎であったが、この十五年戦争だけは彼の本意ではなかったようである。昭和一四年には姉崎は貴族院議員に勅撰されてもいるが、この戦争に関しては讃美するどころか、公的な発言をほとんどしていない。日本と欧米諸国の決裂が決定化してゆくなかで、東西両世界の調和はもちろんのこと、日本社会の現状を肯定することも、西洋世界に同化することもできなくなり、自らのうちに葛藤を抱え込まざるをえなくなる。しかも一九二〇年代にはマルクス主義が、一九三〇年代にはファシズムが台頭することで、姉崎の信奉する民本主義は左右から挟撃されて社会的影響力を完全に失っていった。そのような状況のもとで、結局、かれが自分の拠りどころにしたのは、やはり宗教であった。

科学そのものは宗教と途を異にし、機械文化は非宗教的気風を養ふ、それでも宗教を駆逐してしまふことは出来ず、科学と産業とだけで、人生の問題を解決し得ぬ所に現代の悩みがある。人間はどこまでも、己れのいのちの意味を知らうとする。……何かの帰依信頼を求め、何かの希望理想に生きようとする、それが即ち宗教のいのち、又いのちの宗教である。[210]

そこには、かつて「科学は本質的に普遍的なものであり」、「今日の科学はその進歩と共に宗教の基礎を築きつゝある」と述べたような、[211]科学と宗教が手を携えて進歩するという啓蒙史観はみられない。肥大化した科学文化がひきおこす混乱に対して、自分のとる社会的実践の方策も尽きた今では、信仰を理念として対置させることで、その現実に向き合うほかになくなったのである。

そして聖徳太子信仰が、その姉崎が選んだ宗教であった。かれの太子研究はすでに大正期にはじまるが、信仰というかたちを明確にとるのは、昭和一〇（一九三五）年の宮中講書の頃からである。その現われが太子御筆の崇拝である。それは、日蓮直筆の文字曼荼羅の信仰に着想を得たものと思われるが、聖徳太子の教えを知識として受け取るだけでなく、それが記されたテクストそのものを真理の体現と見做し、宗教的な帰依の対象にしようというものである。

とくに、昭和八（一九三三）年頃からは、伝聖徳太子筆『法華義疏』の影印本をもとに、十七条の憲法や教育勅語、五箇条の御誓文など、姉崎が日本的な立憲君主制の基幹をなすとみなした諸テクストを、みずから太子直筆本のかたちへと編集しはじめる。[212]昭和八年といえば、前年の血盟団事件および五・一五事件に続いて、日本が国際連盟を脱退した年であり、日本を取り巻く時局が急激に悪化していった時期にあたる。その後、昭和一一年の二・二六事件が勃発したときに、姉崎は「徒に考へ悩むよりも、聖賢の言辞に接して、暗の中にも一点の光を得ん」[213]と述べるが、そこには、理性的な制御を逸脱してゆく時局のなかで、自分が真理と信ずる太子の教えを最後の心のよりどころとする姉崎の心境がみてとれる。

しかし、だからといって、姉崎が現実の前に無力さを感じて、自分の内面に閉じこもってしまったというのではない。政治的な動きには関わりをもたないものの、「すめみこがぼさつまかさつ身にしめて　民にぼだいののりたれましぬ」[214]と詠んでいるように、彼は国内外の人々にむかって聖徳太子の教えを説きつづけた。学士院からは邦文と英文で論文を次々に発表し、ラジオ放送での講話や各地に赴いての講演など、戦時中をとおして精力的な啓蒙活動を展開している。

ここに姉崎の宗教思想は、ひとつの転回を遂げることになる。明治三〇年代初頭に宗教学者として登場したさいには、宗教という概念は近代的な個人主義と国家的共同性のあいだに生じた亀裂を埋めるものとして期待された。それは、宗教学の前身をなす比較宗教学や自由神学が、宗教の本質をキリスト教特有の罪の観念から切り離したことに端を発し、それ以降、かれらの説く宗教は、それが現実におよぼす正負両面の効果のうち、肯定的側面のみを扱うようになる。[215]つねに現実の矛盾を宥和するもの、それが宗教であった。その後は、国内の階級対立、さらには国際関係までを緩和させるものと目されるにいたった。

ところが一九三〇年代に入ると、日本をとりまく内外の状況が行き詰りをしめすなか、これまでのように宗教という理念によって現実の諸矛盾を包み込むことが困難になってくる。そのため、姉崎において宗教のもつ意味も、現実の負的側面に正面から向き合うなかで、その矛盾を照射すべき理念へと、その位相を移すことになる。彼の宗教論は、かつての折衷的ともいえる政治的理想主義の域を出て、純粋に思想的な次元に限定されることで、かえって現実との緊張関係を保持する理念的な力強さを獲得することになったのである。その具体的な現われが聖徳太子信仰である。

ただし、その太子信仰は、すでに指摘したように天皇制と密接なつながりをもつものであった。彼が現実の天皇制を普遍的真理と同一視するかぎり、せっかく確立した現実と理念の緊張関係もふたたび見失われかねない可能性をはらんでいた。そして、次なる姉崎の言葉は、かれの太子信仰がナショナリズムと深く絡みあうものであることを如実に示している。

日本仏教徒にとつては、信仰と愛国心との結合として、聖徳太子以来の伝統として流れ、日本は神国なりとの信念と仏土がここに成就すべしとの理想の契合となつた。此は又王法仏法の契合といふ事にもなり、……神道観念と仏教信念との間に一種の分担が伺はれる。即ち現実界に重きを置く神道の神国観念は、神々の創め賜ひし国、神々の守護の昌える国といふ意味を主にし、……之に対して、仏教には、仏国実現、浄土建立といふ目標があり、……その一面は現実の手段を以ても実行せられて来た。[216]

姉崎にとって日本は、たとえ右傾化しているとはいえ、変わらぬ祖国であった。戦中期に姉崎が、「謡曲に見える草木国土成仏と日本国土観」、「謡曲に見える神道観念」、「謡曲に於ける神道と仏教」と続けざまに発表した神道論[217]のなかでは、左のごとく、日本民族の生活への愛着が、神道という民族宗教の名のもとに、天皇制と一体化したかたちで繰り返し述べられている。

元来、神道は農事祭祀として、農業生活の部落行事として、深く郷土観に根ざしてゐる。……この郷土観の内容を充実し、その区画を延長したものが国土観である。即ち日本国を霊境とすることになり、「日本は神国なり」といふ信念熱情になる。……その中軸は大君の御身に体現し、君と臣と諸共に神々の裔として、又神徳加護に活きる民といふ信念と感恩の生活を送る。[218]

また、姉崎は十五年戦争をおこなうことに一貫して批判的であったが[219]、その一方で、開戦以降、貴族院において「陸海軍ニ対スル感謝決議案」の発議・賛成者として幾度も名を連ね、軍隊をすすんで顕彰している[220]。そこには、政府のやり方に苛立ちを感じながらも、故国への愛国心に動かされる姉崎の姿がある。日本民族というナショナリティが、いかに戦前の社会において揺るぎ実体として存在していたのか、姉崎の天皇制論は、この近代国家の生み出したアイデンティティの強固さを物語るものとなっている。

おわりに

その後、日本本土への空爆がはじまると、昭和二〇(一九四五)年には東京小石川の自宅が焼失し、同年八月にはついに敗戦を迎える。

昭和二十年八月十五日……玉音の文々句々、血涙の思して拝聴す、事ここに至りては何をかいはん、只従来の路を棄て、現実の下に新建設に精進せんのみ、[221]

右のように述べる姉崎の言葉には、故国が戦いに破れた無念さがにじみでている。だが、その一方で、異常な政治体制の終焉に対する安堵感の入り交じった感情もまたみてとれる。いまや故国への愛と戦時体制への反発という相容れない感情の葛藤が解け、翌九月には英文で『聖徳太子——聖賢政治家と大士理想[222]』の執筆を開始するなど、姉崎は自分なりの戦後再建にむかって、いち早く活動しはじめる。この頃おこなった講演「平和と宗教」では、新憲法の定めた戦争放棄にちなんで、新しい時代の宗教に対する抱負を次のように述べている。

今や我国は憲法を新にして、戦争のはうきを国是とし、世界列国と共に平和の新世界を確立せんことを熱望している。……而して日本の宗教は世界の宗教と理想を共にし、努力を連絡して、古来の無想を現実にし得んことを。[223]

やはり姉崎は、生涯をとおして宗教家であり宗教学者であった。ただし、その天皇制論において理念と現実が溶解していたように、信仰と学問の境界も彼のなかでは曖昧化しており、学問が信仰世界を対象化するには遂にいたらなかった。

そして、昭和二二(一九四七)年に姉崎は脳溢血で倒れ、一時回復したものの、昭和二四年七月二四日に死去する。

その死の前後には、国内では公職追放者が解除され、中華人民共和国が社会主義国家として成立するなど、新たな政治問題が浮上しつつあった。しかし、彼はこの米ソの冷戦という対立構図を目の当たりにすることなく、この世を去る。その点で姉崎という人物は、明治にはじまった日本の近代化が十五年戦争の敗北によって一段落するまでの、文字どおり、戦前期の日本社会の伴走者であった。

しかし、戦前の社会が現在にいたる近代の礎を作り出したことも確かであり、その点で、依然、私たちは戦前期の社会を今日的な視点から掘り起こす必要がある。内村鑑三や夏目漱石のように、時代思潮に徹底して抗することのできた人物を卓越した知識人とすれば、権力や時代の流れにあまり距離をおくことのなかった姉崎を、彼らと同じ水準で論ずることは生産的ではあるまい。晩年の太子信仰に思想的な苦悩が感じられるとはいえ、姉崎の生涯の大半には、漱石らにつきまとう孤独の影はみられない。今日、姉崎が論及されない理由もそこにある。だが、理想主義と政治的実践が分裂しないままに、時代主潮と密接な人生を過ごしていったがゆえに、時代の流れを測る歴史研究にとっては意味深い人物となるはずである。

付論　宗教学と宗教研究

ここでは、現在の宗教研究がかかえる課題とその解決の糸口を、幾つかの著作の紹介をとおして考えてみたい。まず、わたしたちが、今日、宗教研究をおこなうさいに依拠する「宗教」なるイメージを作りだしてきたものとして、ミルチャ・エリアーデの宗教学がある。エリアーデは、宗教は人間の本質をなすものであり、「聖なるものの経験に触れるもの」[1]が宗教であると述べている。この聖なるものとは、人間の理性を超えた超個人的なものであるが、ヒエロファニーすなわち歴史現象界に顕われた具体的な形をとおして、私たち人間はその存在に触れることが可能となり、生きることの意味を確保するのだという。このような人間を超えた聖なるものという観念は、今日の宗教研究において、宗教学のみならず、歴史学や社会学などにも影響を及ぼし、古代王権研究や中世神話研究などにおいても、しばしば資料を解釈するさいの結論、聖と俗という範疇、非理性的な情動性など、として読み込まれている。エリアーデ自身の思想をはじめ、彼以前の宗教学の歴史を知るうえでも、手頃な入門書的なものとして、ミルチャ・エリアーデ『宗教の歴史と意味』(原著一九六九年、前田耕作訳、せりか書房)をあげることができよう。

しかし、近年の西洋宗教学の議論に目をやると、エリアーデの影響力は依然つよく見られるものの、それはこれまで西洋の宗教学を支えてきたがゆえに、西洋中心主義的な宗教理解の典型として、批判の矢面に立たされてもいる。[2]エリアーデのみならず、宗教学は、特定の宗教的信条に依拠することなく、宗教そのものを中立的な立場から客観的に記述・研究することを旨としてきた。事実、かつて宗教学は、西洋世界においてキリスト教会の支配から信仰を世俗社会へ解き放つために一定の役割を果たしてきたといえる。

だが今日では、神学という特定信仰の保持者を叩くことで、宗教学はあたかも自分が客観的であるかのように振る舞い、特定教団ではなく、「宗教そのもの Sui Generis Religion」を信ずる自らの宗教性を対象化できないままにきたという批判がなされるようになっている。(3) 増澤知子『夢の時を求めて――宗教の起源と探究』(原著一九九三年、中村圭志訳、玉川大学出版部)は、このような宗教学の存立基盤そのものを対象化してゆこうという現在の研究傾向を代表する著作のひとつである。そこでは、エリアーデやマックス・ミュラーのような宗教学の主流を担ってきた研究者、あるいはフロイトやデュルケムなど宗教学が積極的に摂取してきた関連研究が取り上げられ、研究者がその研究対象である宗教に無意識のうちに投影した起源的志向性や共同体主義など、宗教学のかかえるイデオロギー性が明るみに曝されている。(4)

さらに宗教学という学問のみならず、その学的言説の中核をなす「宗教」という概念そのものが、実のところ、キリスト教を母胎として西洋の近代化のなかで生じた概念にとどまるものであり、近代西洋とは異なる時代や地域を論ずるさいに、もはや無自覚のままに援用することはできないという自戒も、西洋宗教学の内部から出されている。(5) それをすでに日本という場において展開してみせた先駆的研究として、安丸良夫『神々の明治維新』(岩波新書、一九七九年)をあげることができる。

これはマルクス主義歴史学の立場から、近代成立期における日本の民衆世界と西洋的な宗教概念のずれを指摘し、天皇制国家と民衆の宗教的世界の対立と葛藤、そして国家による民衆世界の抑圧過程を力動的に描いたものである。毎年のように、終戦記念日近くになると、靖国神社の宗教および政治的性格をめぐって議論が蒸し返されているが、紛糾する原因のひとつに、西洋の宗教概念と日本の信仰世界のずれを逆手にとった明治政府の国家神道政策がある。

靖国問題を解き明かすためにも、西洋に出自をもつ宗教という概念が日本社会のなかにどのように受容されていったかを考える必要があるが、そのさいに安丸の研究は一つの指針となろう。ただし、安丸は支配層の文化と民衆の文化について、両者の同質性に触れながらも、基本的には二項対立的なものとして捉えており、スチュアート・ホールが折衝 negotiation や流用 appropriation と呼ぶような、両者のあいだに起こる主体の混淆性 hybridity について殆ど言及していない点が課題として残されよう。[6]

ただし、このような国家権力や抑圧という視点は、一般に宗教学においては研究の主題にされない傾向がつよい。安丸の研究にせよ、エリアーデやマスザワの著作とは異なり、歴史学の立場からなされたものである。だが「宗教研究」とは、無論、宗教学と同義のものではなく、歴史学や社会学、人類学など様々な分野からおこなわれる宗教現象に関する研究の総称でしかない。そのなかで、宗教学はこれらの隣接する諸分野に対して、宗教理解の基本的な概念を提供するという役割をすくなからず果たしてきた。しかし一方で、宗教学者はみずからの宗教的欲求にあまり自覚的でなかったために、自分の研究対象とする宗教を、歴史的制約を越えたある種の超越性をもった存在として表象してしまう傾向にあった。[7]

そのため、宗教という観念はその社会的文脈から一度切り離されて、純粋で固有なものとして取り出されることになる。この分離された宗教観念は、ふたたび研究者によって社会状況と重ね合わされることになるが、すでに純化された観念は、どのような状況においても、いかなる社会階層にとっても、肯定的な意味——世界の有意味性の付与など——だけをもつ存在へと転化する。そこでは、宗教観念のもつ虚偽意識や抑圧力など、負的側面は非本来的なものとして見逃されてしまうのである。[8] オウム真理教事件が起こったさいに、宗教学の言説が宗教団体に対する批判的契機を欠くことがしばしば指摘されたが、それもこの宗教観念の純化に起因するものと考えられる。この問題を克服するためには、研究者がみずからの内に潜む超越的欲求を意識化し、宗教観念が実際の社会のなかに、どのようなかたちで分節化 articulation、すなわち分配・配置されてゆくのか、そのエコノミーを論じてゆく必要があろう。(9)

このような宗教と社会の関係、および研究者の発話位置を考えるうえで、ガヤトリ・C・スピヴァク『サバルタンは語ることができるか』(原著一九八八年、上村忠男訳、みすず書房)は、欠かすことのできない文献といえよう。サバルタンの表象不能性を言明したことで反響を呼んだこの書のなかで、スピヴァクは、インドのヒンドゥー教の慣習であるサティで死んでゆく寡婦の問題をとりあげ、彼女たちは自分の意志で殉死すると言われるが、それはインドやイギリス人の男性によって一方的に代弁されたものにすぎず、実際には有無を言わさず自殺を強いられる状況におかれていることを指摘した。

もっとも弱い立場の人々は発する声自体を奪われており、それが誰か別の者によって表象されたときには、善意によるものであれ、その心情は当事者のものとは乖離したものにならざるをえない。この表象をめぐる根本的な構造は、宗教研究者とその表象対象である信仰者の関係にも該当する。信仰者のプラクティス的世界は、研究者によって概念的な語彙へと置き換えられ、その宗教の教説が出世間的なものであったとしても、研究者はそれを自分たちの知識社会にむかって語り直すことで、社会的地位を獲得してゆく。その意味で研究者は、その研究対象との同一化が幻想にすぎず、表象のヘゲモニー構造のなかにおいて、はじめて関わりをもつことが可能になることを見据えておかなければならない。(10)

しかし一方で、この表象行為が介在しなければ、抑圧された者たちは永遠に声を失ったままとなる。その点からいえば、研究者は表象力のもつ覇権的な力を自覚しながらも、基本的に利己的でしかない自分の言説が、この表現行為をとおして他者へと開かれる回路を見出してゆくほかにない。表象をめぐる研究者のエゴイズムは、権力を不可避に伴なうとはいえ、やはり表象の力を活かすことでしか贖われることはないのである。

そして、宗教の教説自体もまた、同じように表象の力を有するがゆえに、抑圧と同時に解放の力を秘めたものとなる。その点で、中上健次のルポルタージュ、『紀州――木の国・根の国物語』(原著一九七八年、朝日文芸文庫)は示唆に富む。紀伊半島に点在する被差別部落の人々の生を描いたこの作品は、博打打ちの父をもった娘が奉公先でこうむる暴力、あるいは本人を残して家族がみな呑み込まれてしまった大津波の話など、暗澹とした内容をもつ。そして、中上は彼らの暮らしぶりを、「賤なるものの裏に聖なるものがある」[11]として、宗教および天皇制と対峙させる。部落民の日常が苛酷さに充ちたものであるほど、宗教的な存在はその彼岸的な語り口ゆえに、かれらの苦悩を救うものとして輝きを増すことになるのだ。

それを中上は虚偽意識だと貶めることもなく、本当の救済だと称賛することもなく、聖なるものは現実の暗闇から生まれ出るのだという、この逆説的な関係を繰り返し確認するかのように書き記してゆく。それはこの関係性にこそ、単純な批判や美化では片づけることのできない、人間をとらえて離さない宗教の秘密があると彼が感じ取っていたためであろう。左に引く文学をめぐる坂口安吾の言葉は、それを宗教に置き換えてみれば、そのままこの問題の核心を言い当てたものとなる。

生存の孤独とか、我々のふるさとというものは、このようにむごたらしく、救いのないものでありましょうか。私は、いかにも、そのように、むごたらしく、救いのないものだと思います。……むごたらしいこと、救いがないということ、それだけが、唯一の救いなのであります。私は文学のふるさと、或いは人間のふるさとを、ここに見ます。文学はここから始まる……このふるさとの意識・自覚のないところに文学があろうとは思われない。文学のモラルも、その社会性も、このふるさとの上に生育したものでなければ、私は決して信用しない。[12]

宗教の彼岸的言説と此岸的な日常の葛藤との接合点をどこまで凝視することができるか、この点におそらく今後の宗教研究が、さまざまな人々のかかえる問題状況に訴えかける力をもちえるかどうかが掛かっているといえよう。このような視点に立つとき、それを宗教学と呼ぶべきか宗教研究と呼ぶべきか、というような学的アイデンティティの境界線をめぐる議論は積極的な意味をもちえなくなっているはずである。

第三部　神道学の成立

第一章　近代神道学の成立
――田中義能論――

今日、田中義能という名はまったくと言ってよいほど忘れ去られている。彼は国学院大学等で教鞭をとるかたわら、東京帝国大学助教授として帝国大学唯一の神道講座を担当した戦前の代表的神道研究者のひとりである。そしてなによりも、神道学という学問を提唱した、近代神道学の祖と呼ぶにふさわしい人物である。

今日、神道学は国家主義に染められた反動的な学問として、顧みられることはほとんどない。しかし、戦前の状況に広く目を配っていくと、さまざまな分野の多くの研究者が関与し、神社非宗教論や「信教の自由」等の政治状況と密接な関連をもって成立した新しい学問であることがわかる。事実、田中の学問形成の過程をたどっていくと、神道学が国学ではなく国民道徳論という哲学系の思想運動に源をもつこと、その担い手も地方の神職や市井の知識人ではなく、大学の研究者たちによって構築されていったことなど、私たちの知らぬ近代神道学の成立事情が浮かび上がってくる。以下、神道学が近代の思想・政治状況とどのように絡みあって成立していったのかを考えてゆきたい。そのさいに、戦前の神道学界の要職を占めながらも、今日忘却された感のある田中義能の学問は、当時の神道学が実際にどのようなものであったのかを、私たちに具体的にしめす格好のものとなろう。

一　国民道徳論

1　恩師井上哲次郎

田中義能は、明治五(一八七二)年九月一二日、山口県玖珂郡米川村で代々庄屋を勤めた田中家の次男として生まれた。そして錦城学校尋常中学校、第一高等学校を経て、明治三六(一九〇三)年七月に東京帝国大学文科大学哲学科を卒業する。(1)当時の哲学科教授には、国民道徳論の推進者たる井上哲次郎がおり、神道史の講義もおこなっており、井上を「恩師教授」と仰ぐ田中は、在学中彼のもとで「教育学と神道との二者を並せ」研究していた。(2)当時の東京帝国大学には教育学部は勿論のこと教育学科さえ存在せず、わずかに講座が文科大学内に存在するのみであった。また、神道学に至っては講座自体が存在していなかった。このような事情からして、田中が哲学科で教育学と神道研究を専攻したのは、当時の学制上やむをえないことであった。

井上を担い手とする国民道徳論は、明治二〇年代にキリスト教の現世否定的性格と、天皇崇敬を全面に押し出す国家権力の衝突のなかで国家主義陣営から提唱されたものであり、井上の著作『勅語衍義』(明治二三年)、『教育と宗教の衝突』(明治二六年)に特徴的にみられるように、「西洋思想と伝統思想を同一次元において」とらえ、「原理的、歴史的」なかたちでの国民道徳の体系化をこころざす点で、旧来の西村茂樹らの日本道徳論に対して一線を画すものであった。(3)

その後、明治三七(一九〇四)年にはじまる日露戦争を契機として資本主義が進展するなか、明治四〇年代には、激化する労働運動・社会主義運動に対抗するため、その一方で高まる愛国感を背景に「井上哲次郎らの学者を思想的指導者とし、忠孝一致の道徳や我が国固有の「国体」観を、国定修身教科書の中にもりこんだり、文部省主催の講習会で小学校・中等学校・師範学校等の教員に修身教育の要旨をしめすなどの方法を通じて、国民道徳の全国的な普及[4]を目指した思想運動が起こる。狭義の国民道徳論は明治四〇年代のものを指すが、ここに国民道徳論は反キリスト教から、労働運動さらには西洋思想一般へと攻撃相手を広げていった。井上の『国民道徳概論』(明治四四年)は「ほとんど国定の道徳論としてこれ以後の教育界に絶大な影響を及ぼす」ものとして、この時期を代表する。[5]

田中が東大に在籍した明治三〇年代後半は、明治四〇年代の思想運動としての国民道徳論への予潮期に当たる。その時期の井上は『倫理と宗教の関係』(明治三五年)を世に問い、西洋流の教育をもっぱらに説く倫理学批判をおこなう一方で、日本儒学三部作、『日本陽明学派之哲学』(明治三三年)、『日本古学派之哲学』(明治三五年)、『日本朱子学派之哲学』(明治三九年)を相次いでまとめ、「国民道徳の発展上」[6]から近世日本の儒学を論じた。

大学院修了後、田中は明治四二(一九〇九)年に『平田篤胤之哲学』、明治四五年に『本居宣長之哲学』と、「復古神道」に関する著作を「井上先生の鴻恩」のもと相次いで発表し[7]、大正一一(一九二二)年にはそれらをもとに学位論文「日本哲学之発達」を提出する。その内容は「我が国民教育の学理と実際との上に貢献する所あらんことを期し」[8]、日本固有の思想伝統を国学に見出そうとするものであり、井上の儒学研究の国学版とでもいうべきものであった。田中の個別研究には国学のほかに教派神道のものがあるが、井上の回顧談によれば、いずれも井上がかねてから関心を寄せ、まとめたいと思っていたとのことである[9]。東大哲学科在籍時に国民道徳論の唱導者井上哲次郎と出会ったことは、以後、田中の研究生活に深い影響を与えてゆくことになる。

2　日本的教育学

明治三六(一九〇三)年七月に東京帝国大学文学部を卒業した田中は、同大学大学院に通うかたわら、[10]同年一一月から国学院大学で「実践道徳」「国民道徳」等の講義を教えはじめる。その後まもなく、日本大学や東洋大学等でも教鞭をとるようになり、教育学を教える。[11]国学院・日本大学とも神職および法律家の学生たちに国体論的教育をおこなうことでよく知られた学校である。当時の同僚として、国学院には、後に東大神道研究室で同僚となる宮地直一、日本大学には、神祇政策に積極的な政治家でもある山田顕義・平沼騏一郎がいた。しかし、これらは今でいう非常勤講師に相当するものであり、田中の本務校は母校の錦城学校尋常中学校であったらしく、明治四三年からは教頭、大正五年からは校長を務めている。[12]

教歴と同様、研究論文もまた教育学および国民道徳論に関するものから始まる。田中は明治三八(一九〇五)年の論文「吾人の所謂新教育学」を皮切りに、『教育学術界』『内外教育評論』『小学校』等の教育学専門誌に教育学論文を立て続けに発表する。なかでも「吾人の所謂新教育学」は、日露戦争勝利の感激を胸に「所信を草し」たものとして注目される。[13]

> 我が所謂知や……特に我国家の成立、我国体の精華に関する充分なる認識を得しめ、我国家社会の一員として其天職を全うせしむるべきものを云ふ、……我が所謂情や……衷心我国家を愛し、誠心我国家に忠なる所以のものたらざるべからず。我が所謂意志や……我国家社会の一員としての天職の為には、秋毫、自己の利害休戚をかえりみず、満往奮進する所の意志を云ふ。……其活動をして完全ならしむるは、実に我が教育の大主眼也、是を吾人が所謂新教育学の根本思想となす。[14]

国民の知情意すべてにわたる国家への献身を目的とする国家主義的教育の実施を前提として、彼の教育学は国民の生活の細部にまで及ぶように具体的かつ緻密に構成されてゆく。代表作『最新科学的教育学』(明治四二年)でも「教育総論」「教育目的論」など教育学及び教育の理念を論ずるにとどまらず、「教授教材の選択」「訓育と懲罰」「養護と体操」など実際の教育法に及ぶ。『家庭教育学』(明治四五年)のなかでは、さらに「胎教」「衣服」「子守」など日常生活全般にわたり事細かに説かれる。

それを貫く発想は、「吾人は実に教育学研究の形式は……ヘルバルト、チルラーの意見、ナトルプ、ベルゲマンの研究法、皆、之れに倣ひ、之を参考する所あるべしと雖も、其内容は我国の過去及ひ現在に於ける教育上の現象を研究し、以て教育学の根柢を我固有の思想に求め、斯根柢の上に之を組織するの極めて急務なるを認むるもの也[15]」というように、西洋的知識を形式的知識として摂取しながらも、それを日本国民という固有の歴史的伝統をもった存在に適したかたちで用いるべきとする「和魂漢才[16]」論である。実際の著作も『系統的西洋教育史』(明治四一年)、『倫理学概論』(昭和二年)など、西洋の教育学・倫理学の祖述的なものと、『最新科学的教育学』『家庭教育学』及び『国民道徳要領講義』(大正七年)など、日本の実状に応じた教育学・国民道徳論を扱ったものに分かれている。

それを支えるのが、「教育終局の目的は絶対的なるべし、普遍的なるべし。而かもそが直接の目的又は其或種類の方法の如き、皆人をして其国家其時代にありて、最も能く其終局の目的を達せしめ得べきものならざる可からざる也[17]」という、媒介項を欠いたまま特殊と普遍を直結させる井上哲次郎ゆずりの「現象即実在」という概念である[18]。そこでは西洋教育学の知識がその社会背景から引き離され、国権論的な立場から日本の社会状況に適したように改変されてゆく。これこそ、「国民道徳を倫理学説に照らして歴史的、批判的に研究し、将来の方針を立てるうえでの倫理学説の指針的役割を認め〔る〕[19]」、という国民道徳論の中核をなす論理である。

田中が国民道徳論者である以上、彼の教育学の根拠づけは「専ら教育勅語の聖旨を奉じ之れを教育学の根柢となさん」[20]と、当然、教育勅語に求められる。そこに読み込まれる「我国固有の思想」とは、

皇統連綿、万世に亙りて一系。億兆能く忠に能く義に、君臣の間父子も啻ならず。皇室は即ち億兆の宗家。億兆は即ち皇室の赤子。君民和して一体。上下打て一団。宇内無比の国体を有し、天壌無窮の独立を保つ。果して偶然に非る也。斯の如きは、実に我が教育の根底にして、新教育学の根本的思想亦実に存す。[21]

と、万世一系の皇室を基軸とした家族主義的国家下での忠孝思想である。国民道徳が「歴史的地理的関係より成立せる我国固有の思想」[22]として西洋の倫理学と区別して捉えられるかぎり、その教育学は日本固有の歴史的伝統によって保証されなければならないのである。ここに、田中の教育学は歴史的伝統と手を携え、「日本的教育学」[23]を名のることになる。

そのため、「他の学者中には希に聞くの言で、極めて特色ある一家言を有して居る」[24]との評価を受ける一方で、教育学者としての知名度は高く、著名な教育学者の学説を順次紹介した大日本学術会編の『日本現代教育学体系』(昭和四年)でも、「田中義能氏教育学」という題名のもと約百頁にわたって取り上げられている。『系統的西洋教育史』『国民道徳要領講義』『倫理学概論』などの著作は、文部省の教員検定試験の参考書として人気を博し、いくども版を重ね、古本としても高値を呼んだ。[25]

しかし、明治四〇年までの田中は日本固有の思想を「神道」と呼ぶことはなかった。当時の神道は、儒学に基礎をおく「皇道」と異なり、国民道徳論の議論の中心に据えられることはなかった。依然、田中は井上の影響下にとどまっていたのである。とすれば、田中がいつ神道を国民道徳論の根幹に据えようとしたのか、なぜ神道を日本民族の根本思想として体系化しようとしたのかが問題となる。そこに近代神道学の成立を理解するひとつの鍵が存在する。

二　神道研究の構想

1　神道研究へ

田中義能が神道研究に属する論文を発表するのは、明治三八(一九〇五)年の処女論文「吾人の所謂新教育学」より遅れること三年弱、明治四一年の「本居翁及び平田翁の学説の異同を論じて今後の神道研究上の注意に及ぶ」[26]からである。そして、明治四三年には神道研究関係のものが執筆論文の中心を占めるようになる。それらの多くは、明治三一(一八九八)年に発足した全国神職会を母体とする『全国神職会々報』、明治三五年に内務省神社局が音頭をとって発足した神社協会の『神社協会雑誌』、国学院大学及び皇典講究所の『国学院雑誌』、皇典講究所兵庫分所の『皇典講究雑誌』など、神職系雑誌に発表されていった。

そのほか、『東亜之光』『哲学雑誌』『丁酉倫理講演集』など国民道徳論にかかわる学術団体の雑誌や教育学系雑誌にも、いくつかの論文が発表されているが、「神道と国民道徳」「神道科の教授と訓練」などの論文名からわかるように[27]、そのほとんどが国民教育の根本理念として神道思想を説いたものになっている。

そして、明治四二(一九〇九)年に『平田篤胤之哲学』、同四三年に『神道本義』、同四五年に『本居宣長之哲学』と、単行本を相次いで発表し、復古神道および神道哲学の研究者として著名になってゆく。この頃から、田中はさまざまな会合で神道に関する講演を依頼されるようになる。明治四一年の神道同志会での講演「神道の内容について」、同四三年の国学院大学神職養成部同窓会総会における講演「神道と国民」、大正二(一九一三)年の東京神職講習会での歴史科での講義「神道大意」、大正四年の神職講習会での講義「神道哲学大意」、大正六年の兵庫県神社講演会での講演「神社の本義」など[28]、その例は枚挙にいとまがない。同席した講演者の名をみてゆくと、宮地直一、井上哲次郎、水野錬太郎(内務省神社局局長)、河野省三(国学院大学)、佐伯有義(皇典講究所)ら著名な学者がおり、田中が彼らに肩を並べる研究者として知られていたことがわかる。

ここで注目したいのは田中の関与した場が特定の民間団体ではなく、内務省、地方神職会あるいは国学院大学主催による神職講習会や一般市民をふくむ講演会であり、神職への神道教育という性格を強くもつことである。田中のみならず当時の神道研究者にとって神社こそが国体の核をなす「敬神崇祖」を具現される場である以上、「神職養成は、国家の重大なる問題」として捉えられていた。そのため、「神社に、朝夕奉仕する所の神職は、才学も見識も優れて居つて、真に社会の師表たる所の人物でなければならぬ」とされる[29]。つまり、この時期における田中の神道研究への傾斜は、国民道徳論の教育者たる立場の放棄を意味するものではなく、国民道徳論の関心の延長上において彼の教育対象が一般国民から「吾人の代表者」たる神職へとより具体的に特定されていったことを示している[30]。ちなみに、大正二年には「皇典講究所及国学院大学ノ学生生徒」を会員とする、創立間もない国学院大学神道青年会の会長にもなっている[31]。

大正七(一九一八)年八月に田中は熊本の第五高等学校に教授として赴任することになり、一連の大学講師を辞し東京を離れる。「教育は教育学の実行也[32]」と考える田中にとって、第五高等学校赴任は研究歴の妨げになるというより、後年、帝国女子大学の校長として「熱烈居士[33]」と呼ばれたのと同じように、国民道徳論的な教育実践の格好の場と受け止められたと推察される。研究論文と講演も数は減っているものの、それでも内務省主催の神職講習会のために東京で「神道大意」を講演したり、熊本県神職会の雑誌に論文を載せたりしている[34]。

その一年半後、大正一〇(一九二一)年四月に、前年秋に新設された東京帝国大学文学部神道講座に助教授として招かれる。時に田中は四九歳である。帝大唯一のこの神道講座は、直接的には大正八年に井上哲次郎が芳賀矢一と相談のうえ、その設置を教授会に計ったものらしいが、基本的には大学改正令の一環として「我国ノ世道人心ニ大関係アル神道……ニ関スル全般ノ研究ニ従事[35]」する目的をもって設置されたものである。それは、すでに設立されていた神宮皇学館や皇典講究所の神職養成科とは異なり[36]、神職者に限らない一般に開かれた研究・教育機関という意味で画期的な意味をもつものであった。

当初、講座担当者のひとりには井上が推されていたが、それを辞退した井上の推薦をうけて加藤玄智・宮地直一そして田中の三名が教官として選ばれた[37]。関心の近さからいって、井上が自らの代わりに推薦した教官とは田中であったと思われる。宮地・加藤よりも一講座多い二講座を担当した田中は、最初の二年間に国学の講義をおこなった外は、例年おもに国民道徳論からみた「神道概論」と、古事記の「古典講読」を併せて開設していった[38]。神道講座は大正一二(一九二三)年に研究室に昇格し、田中は昭和一三(一九三八)年に六〇歳で定年退官するまでの間、実質的な主任教官の役を務めた[39]。

2　皇道と神道

私より以前に教育勅語を我が国の道徳として謹解したのは聞いて居り、又見て居りますが、之れを神道として説いたのを聞きませぬ。之れを神道として謹解するのは私が初めてではないかと考へて居るのであります[40]。

田中はこのように教育勅語を神道的に解釈した先駆者は自分であると述べている。論文のうえでは、田中が国民道徳論に神道を結びつけたのは明治四一(一九〇八)年頃からであり、田中の自負はほぼ正しいものである。どんなに低く見積もっても、教育勅語の神道的解釈の先駆者のひとりであることは間違いない。

しかし、田中が教育勅語に読み込んだ思想内容は、基本的に井上哲次郎の域を出るものではなかった。田中の解釈基盤は、「我が日本国民にあっては、国家即ち其の根本生命であって当初から国家主義の上に立って居る」という国家主義に求められ、個人主義が「国家と自己とを対立関係に置く思想」と退けられる。そして、「家は国を縮少せるもので、家を拡大せるものが即ち国」という家族的国家主義のもと、天皇を家父長とする国民に「厚く祖先を崇敬し、その血統を尊重し、その祀を絶やさぬ」というかたちで、国家に対する「忠孝」が求められる。(41)それは、「家族主義国家観と……国家有機体説とを結合した国体論にもとづく国家至上主義的忠孝倫理をもって、「勅語」の核心とみなした」(42)井上の国民道徳論となんら変わるものではない。

むしろ田中の斬新さは、国民道徳論の中核に神道を据えたことにある。今からみれば保守的な立場がとる当たり前の論法のようにみえるが、その当時は目新しいものであった。それを鮮明にするために比較の対象として、典型的な国民道徳論者である井上哲次郎の神道論をとりあげてみたい。

井上は明治四五(一九一二)年の『国民道徳概論』のなかで、「神道は……日本の国民性と結付て居ると云ふ点は、決して軽々しく看過してはならぬ。……祖孫相続の精神は日本の古今の精神を貫いて居ります」(43)と、神道を日本の国体に深い関係をもつものとして充分に評価している。それは、神道が教育勅語を支える天壌無窮の神勅と密接に結びついているとみなされていたためである。(44)そもそも東大に神道講座を設置しようと提言したのも井上であり、その意味で彼の神道評価はけっして低いものではない。しかし、国民に対する施行政策の基軸とするには、神道には致命的な障害があると考えていた。

ひとつは、「神道は宗教であるに相違ない。宗教的儀式がチヤンと備はつて居ります」(45)と、神道がキリスト教・仏教と同等の一宗教と考えられていたことである。当時、すでに「信教の自由」は明治二二(一八八九)年公布の大日本帝国憲法二八条によって社会的に保証されており、その結果、「神道を宗教として国民教育の中に入れる訳には往かな」くなっていた[46]。

もうひとつは、一宗教としてみたときの神道の「仏教や耶蘇教のやうな宗教と比べまするど……迥に低い……競争の出来ないやうな[47]」性質である。神道は、その祭神に人格神以外の素姓のわからぬ神、「本当の淫祠邪教が混つて居る」として、キリスト教・仏教等の創唱宗教に比べて「幼稚な」ものと批判されていた。そもそも、「宗教」なる概念は Religion の翻訳語であり、キリスト教を典型とする。それが「教祖あり、教典あり、教規あり、信条あり、布教場あり、而して宣教師あり[48]」という特徴を兼ね備え、死をはじめとする個人の彼岸的問題を扱うのに対し[49]、神道はそのほとんどを欠いている。とくに個人の彼岸的問題に対処しえないことは、神道の布教にとって致命的であった。

「世或は神道と皇道とを分ち、神道を以つて不合理的、迷信的の的とし、皇道を以つて合理的、正信的の如くに思ひ、前者は宗教であつて、後者は道徳であるかの如くに解するものがある[50]」と田中義能が述べているように、一般に日本民族の精神主体をなすと思われていたのは、神道ではなく「皇道」であった。今日でこそ両者は同一視されているが、当時は一般に異なるものとして理解されていた。皇道は、「日本の国体は独得のものである。日本民族は悉く皇室及び神族より派出している。……故に皇室は全日本民族の大宗家であり天皇は此の首父である。日本民族は天皇に由て表現されたる一体である。此の事実を意識し之を発揮し、之に従って生活するのが日本の民族生活である[51]」と、国民道徳論の中核をなす忠孝思想と家族主義として規定され、明治三〇年代以降、キリスト教徒にさえ、国体の内容をなす道徳として自明のものと受け取られるようになっていた。

それは井上においても同じであり[52]、皇道こそが国民道徳論の基軸をなすものであった。そのうえで、井上は「神道は道徳の側では近世的傾向があり、且つ国家的、民族的である」[53]と、神道を皇道に包摂させるために道徳的観点から評価するにとどまった。彼にとって神道とは、「何分我国の国民教育といふものは神道と全然分離することは出来ない」ものの、「宗教に代はつて道徳が一般に行はれる」理想的状態へと「改良して往くより外はない」低次の存在にとどまるものであった[54]。

それに対して、田中は、従来、未熟な一宗教と目されるにすぎなかった神道を、政治・宗教・倫理の三方面にわたる包括的な存在として位置づける。

神道は、非常に大きな道であるので、容易にその全体を看取することは出来ない。そこで各々自分の立脚地から、或は政治の道といひ、或は宗教と云ひ、或は道徳と云ふ。若し能く神道の全体を達観すれば、此れらの各方面が包含する偉大なる大道であることを発見するであらう[55]。

田中においては、神道が日本国民の生活を全面的に規定するもの、「神道、皇道、全然同一である」ものへと格上げされ[56]、神道は外来宗教が入ってきても変化することのない、逆にそれらを同化する超歴史的な民族精神とされる。

凡そ日本国民たる者は神道を必らず守らなければならぬと云ふことが前提に成る。何となれば……神道は日本国民の生活の原理であつて、日本国民としては、一日も之れを離れては生活が出来ないからである。神道は、儒教、仏教の伝来前から、日本国民の一切の行動の規範根柢となつて、之れに依つて理想を実現し来つたのである[57]。

ここに、田中が国民道徳の神道的解釈のパイオニアたる所以がある。

3　神道と学問

このように神道を国民道徳論の中核に据えたうえで、田中の構想する神道研究が提唱される。

日本国民は、皆日本国民の道を実行して、その理想を実現して居る。けれども国民の多くは、それを自覚しないで実行して居る。……唯々それが習慣で無自覚にするのと、自分がどういふ訳でするのかといふことを意識してするのとは、そこには仕方が非常に違って来る。そこで日本国民の精神に基づく、日本国民の道、日本国民の理想といふものを、吾々は研究し、意識する必要が生ずるのである。[58]

田中は神道研究を、日本国民の精神生活の根底をなす神道に対する意識化行為、国民精神の十全なる実現のための神学と捉えているのである。そして、神道に体現される国民精神があらかじめすべての時代的変化を吸収する超歴史的な存在として措定される以上、学問は研究者がそこに読み込む立場を正当化する役割をはたすことになる。彼にとって神道研究も教育学と同様、国民精神の護持という現実の実践行為に奉仕するために存在する。

そこでは、何故、国民精神が超歴史的なものとして保証されるのかという根本的な疑問が発せられることはない。解釈者の理解が歴史的過去に投影されることで、その立場は悠久の過去より存在する絶対的精神という歴史的根拠を獲得するのである。[59]田中は天壌無窮の神勅をもちいることで、自分の国家主義的解釈を神世の時代にさかのぼって基礎づけられたものとする。

天壌無窮万世一系の精神は、悠久よりのもので、それが発して神勅と現れてゐるのである。本来日本国民が其の根本の大生命として持ってゐたものが、天照大御神の神勅に発表せられたのである。故に此の神勅と日本人の国民生活とは不離であり、其処に神道が存するのである。[60]

田中においては、歴史の変化が解釈者との異質性として捉えられず、超歴史的な普遍性に乗り越えられるための表層的な変化として存在するにすぎない。田中の神道研究は、原理的な「神道概論」と、歴史的な古典注釈・神道史から構成されるが、彼の研究自体がこのように超歴史的な認識欲求をもつため、神道概論がその中心的位置を占める。事実、彼は長きにわたって神道概論に関心をもちつづけ、『神道本義』(明治四三年)、『神道哲学精義』(大正一一年)、『かむながらの神道の研究』(昭和八年)、『神道概論』(昭和一一年)と書き続けている。[61]

そして、田中の解釈に歴史的根拠を与える役割を果たすのが、古典注釈および神道史の歴史的研究である。とくに、記紀は「当時の民族の文化の精華を集めたもの……当時の哲学である、科学である、歴史である、道徳である、宗教であるといふ様にあらゆる物が包含されて居る」「伝説」とみなされ、[62] 日本精神そのものを体現した神典として重要視される。また、神道史は先人達の国民精神の闡明行為として位置づけられる。

歴史が本質論に追従するがゆえに、彼の神道史研究、例えば『平田篤胤之哲学』『本居宣長之哲学』の国学論、一連の教派神道論等はいずれも紋切り型に終始し、今日、高い評価をくだされることはない。[63] また、テクスト翻刻の『神典　古事記』(昭和一一年)や『大日本文庫・神道篇　復古神道』(昭和一〇―一一年)、注釈書の『古事記概説』(昭和四年)や『日本書紀概説』(昭和一三年)も、書誌学的・文献学的吟味に欠けるため顧みられることはない。しかし、田中および近代神道学の論理構造を考えるとき、それらは彼の学問に歴史的根拠を与える重要な役割を果たしていたのである。

三　国民道徳論から神道学へ

1　神社非宗教論

さて、井上や田中にみるように、神道をめぐる問題を論ずるさいに宗教問題がからんでくるのは、明治時代以降の国家体制のあり方からして、避けられないことであった。その辺の事情を、村上重良は簡便にまとめている。

神道国教化にはじまる明治初年の宗教政策は、試行錯誤的な変転を重ねて、ようやく、近代天皇制の宗教的原理の枠内で、各宗教に信教の自由を容認する方向に向かった。このコースは、必然的に、国家の宗祀として公的存在であるはずの神社を、いかに位置づけるかという困難な問題を提起することになった。政府は、明治一〇年代前半に、この問題を、祭祀と宗教の分離というかたちで解決し、国家神道の基本路線を確定した。[64]形式上の日本の政教分離は、明治一五（一八八二）年の神官教導職の分離、同一七年の教導職制廃止、同年から一九年の「神社改正之件」等々の措置を経て、明治二二年に公布された大日本帝国憲法二八条「信教の自由」において法制度として一応の確立をみた。政府は神社を祭祀として神道から分離し、一方で教派神道を宗教として規定した。[65]「神社は宗教ではない、ゆえに神社の崇敬は信教の自由の埒外である、だから神社参拝をよしんば強制し、義務づけたとしてもそれは信教の自由を侵害したことにはならない[66]」という戦略、いわゆる神社非宗教論が選択されたのである。

それは、政府が神社を、国民が国家への忠孝の意を深くしてゆく具体的な場所として捉えていたためである。彼らにとって、神社は淫祠邪教などではなく、国家創建に功労のあった祖先神が祀られている場所であり、建国の祖である天皇崇拝の拠点であった。[67]当時、幼稚な宗教とされることが多かった神道と神社が同一視されることは、神社崇拝の拒否と神社蔑視の口実を与えてしまうため、宗教と異なる次元のものとして神社を神道から切り離したのである。

そして、田中が学究生活に入った明治三〇年代後半以降には、神社非宗教論は建前としては動かしがたい現実になっていた。しかし、依然として神社非宗教論をめぐる議論は絶えることがなかった。キリスト教徒・仏教徒・宗教学者などから、やはり神社は宗教なのではないのか、本当に神道と別なものなのか。もし宗教ではないとすれば、それは一体何なのか、といったさまざまな異議が唱えられていた。[68]それに対して、国民の神社崇拝の義務化を支持する神社非宗教論側にも、葦津珍彦や阪本是丸が指摘するように二つの反応があった。[69]

ひとつは、「「神社非宗教」といふのは、宗教とは異なる別のものでなくてはならないといふ意味で[70]」、神社と宗教を排他概念とする消極的な神社非宗教論である。内務省に代表される政府の公的見解のほか、井上哲次郎をはじめとする国民道徳論者も、「政策上、神社を宗教としての神道から分離すると云ふことは必要でありませう。……神社崇敬はこれは唯々古来の日本の儀式であるとして、宗教としての神道と区別して、累を神社に及ぼさぬやうにする[71]」と、この立場を支持する。

この消極論が神社非宗教論の主流をなしたのに対し、少数意見ながらも根強い支持をえていたのが、神社と神道を同一のものとして、そこに宗教を包摂する積極的神社非宗教論である。そこでは、神道は消極論のように宗教と排他的関係として位置づけられるのではなく、宗教のみにとどまらない上位概念という意味で非宗教とされたのである。この立場をとる田中はこう述べている。

真の日本精神を有する日本国民は、神社に対して絶対なる信仰を醸するのである。……こゝに吾人は神道又は神社の宗教であることを断言するものである。……仏教、基督教は単なる宗教であるが、神道又は神社は、政治であり、道徳であり、而して大いなる宗教である。此の三方面を統一したものが、所謂かむながらの道である。日本臣民の大道である[72]。

すでに確認したように、田中において神道が国民精神そのものと規定されている以上、積極的神社非宗教論をとるのは当然の帰結といえる。この積極論は、神職者をはじめとする神社支持層や衆議院に支持されたものであり、その点で田中の講演が「聴講者は官公吏町村長学校教員氏子総代及神職等にして各地孰れも三百以上五百を数へ、堂に溢るゝ盛況を呈し特に田中講師の三時間余りに亙る熱誠なる講演は聴衆の脳裡に特に強き印象と深き感動とを与へ〔た〕[73]」のも頷けることである。

明治末年から大正にかけて「皇学館だけでなく、その他斯道に関する専門の学校又は講習等に於ても、之れを或は国史・国文の名目の下に収めてしまつて、表に神道といふ旗幟を揚げないやうにとする傾向」[74]におかれていた神道関係者にとって、田中のような学者の登場は自分たちの立場を理論的に擁護するものとして是非とも望まれるものであった。この積極論は田中だけでなく、おなじ東大神道研究室の教官加藤玄智や宮地直一、あるいは国学院大学の河野省三など、明治末年以降に登場した、神道そのものに積極的な価値を見出す神道学者たちに共通する姿勢である。田中のこの見解は生涯変わることなく繰り返し述べられるが、なかでも『神社本義』（大正一五年）ではその考えがあますところなく披見されている。

2　神道国教化

一方で、田中は「純然たる宗教として布教宣伝をして居る」教派神道にも目を向ける。[75]彼は昭和七（一九三二）年から五年間で、「神道修成派の研究」「黒住教の研究」「神道禊教の研究」「大社教の研究」「天理教の研究」「金光教の研究」「神道扶桑教の研究」「神道神習教の研究」「神道神理教の研究」「神道大成教の研究」「神道実行教の研究」「神道本局の研究」「神道御嶽教の研究」「神道丸山教の研究」と、教派神道十三派すべてに神道丸山教を加えた一四本の論文を書きあげている。[76]

当時、教派神道は淫祠邪教の典型とみなされ、マスコミや精神医学などから痛烈な批判を浴びていた。[77]そのなかで、田中は、「予の教派神道の研究は……信徒の立場から、過度に之れを礼讃せんとするものでもなく、反対者の立場から、極力之れを非難せんとするものでも、素よりない」[78]と、価値中立的な立場からその教義の体系的な祖述に努めている。明治四〇年代まで国学の研究にいそしんだ田中であるが、晩年には民衆教化の点で国学にいくぶん物足りなさを感じていたようである。

我が神道には、所謂国学四大人の出づるあつて、その主張たる純かむながらの道は、能く知識階級を指導したのであるが、一般民衆の教化には、やゝ没交渉の観あるを免れなかつた。……此の時に当つて。我が黒住宗忠は、宗教的天才を以つて備前に出で、一旦豁然として神道の奥義に徹底し、起ちて之れを以つて民心を教化し、民風を作興し、鬱然たる一新宗教を起したのである。(79)

黒住教だけでなく、「宗教家として、民衆を指導する」(80)力をもつ各教派神道の教祖たちに、田中はキリスト教に負けない神道の民衆教化力を見出していたのである。それは、国学にも神社にも欠けていたものであり、神道の国民浸透のためにもっとも必要とされるものであった。彼の神道論は、それがどのような素材を扱うものであれ、国家主義的目的に還元されてゆく。教派神道論も例外ではなく、彼の視線が教団弾圧の歴史や教祖の思想など、国家権力と相容れない部分に向けられることはなかった。

田中にとって、教派神道も神社もおなじ神道以外の何者でもなかった。田中は明治時代に神道が分裂した理由について述べる。

蓋し我が国固有の大道……神道が……遂に王政復古の大業に貢献し、神武天皇創業の当時に復り、茲に宗教界のすべてのものを一新し、純粋に国教の形を取つて、現はれたのである。而かも時代は、当時に比較して、所謂文明開化となり、社会の事象、甚だ複雑で、神道を国教として進むことの、極めて困難なるものがあつたのである。是に於いてか国教としての神道中より、政治の大道、道徳の大道、即ち国体神道、倫理神道と名けらるゝ方面は、国家自ら盛んに高調し、宗教の大道の方面は、民間の発展に任かしたのである。(81)

ここでいう「政治の大道、道徳の大道」とは神社祭祀を拠点とする国家神道、「宗教の大道」は教派神道をさす。田中は、本来の「国教としての神道」とは両者とも内包するものだと考えている。たしかに田中の神道研究は、国家主義の立場から国民統合をはかる点で、井上の国民道徳論となんら変わるものではない。しかし、宗教的要素を排除し、道徳を至上価値とする井上の議論では、神社と神道は祭祀と宗教に分断されたままとなり、神社を宗教とする疑念を封じ込めることはできなかった。それに対し、田中は神道を宗教よりも上位概念にすえる積極的神社非宗教論にたつことで、当時の宗教・祭祀二分論を論理的に克服し、明治初期に神道がもっていた統一性を回復しようとしたのであった。

多くの異論を押え込むためには、まず、神社も教派神道同様に宗教性をもつことを認めてしまわなければならない。ただし、そのさいに神道の宗教性を一般の宗教の場合と異なるものとしておかなければ、明治初期のように神道はキリスト教や仏教と対等な一宗教にすぎないと見なされてしまう。そのため、田中は「宗教的意識は何人も有さない者はない[82]」という立場をとる。すべからく人は信仰心をもつものであり、信教の自由は特定宗派の信仰にかかわるものでしかないとするのである[83]。一方、神道の宗教性は特定宗派の次元ではなく、日本人である以上、誰の心にも存在する普遍的なもの、「我が民族と本質的の関係を有するもの[84]」と規定される。

どうしても宗教は日本国民の宗教的意識を根柢としたものでなければならぬ。……日本人の宗教的意識が、仏教となつて現はれ、基督教となつて現はれる。そこで始めてその基督教や、仏教は、決して神道と衝突しないといふことになつて来るのである。つまりさういふ風にして、そこに信教の自由といふものが存在するのである[85]。

こうして、憲法で保証するところの信教の自由は、田中においては神道信仰への同意を前提としたうえで許されるに過ぎないものとなる。神道が宗教を包摂する上位概念、つまり日本精神そのものと規定されることで、日本人と不可分の本質となり、一切の批判を受けつけない所与とされたのである。なぜ神道が宗教を包括しているのかという論証がなされることも、神道が淫祠邪教でないのはなぜかという問題が顧みられることもない。あるのは、日本国民の精神的支柱としての神道の存在規定をアプリオリな出発点として、それをいかに論理的に正当化してゆくか、という関心でしかない。彼の論理がたどり着く先は、「若し特殊の宗教徒があつて、どうしても之が行ひ得ないとするならば、須らく……外国に移住して、その信仰に生くべきである」(86)という、神道国教主義の実質的な復活であった。

以上のように、田中の神道研究は、すでに神道非宗教論が成立していた明治三〇年代以降の宗教政策を前提に、信教の自由の要請によってやむなく宗教と祭祀に分離させられた神道を実質的な国教として再結合・復活させ、同時に憲法で保証された信教の自由を制限することを目的として成立する。神道信仰の規範的立場が強烈に押し出された結果、神道は井上のように「現象」にとどまるものとしてではなく、井上が宇宙の真理そのものと目した「実在」そのものに格上げされたのである。

それは、神道を皇道の素材としてしか取り扱わない井上ら旧世代とは一線を画すとともに、研究の担い手を神職者に限定しない点で神宮皇学館や皇典講究所とも性格を異にする。それが明治四〇年代以降に登場する田中や加藤、宮地らの神道研究であった。そして、田中は時期的にその端緒をなすとともに、もっとも典型的にその特徴を体現した研究者といえる。ここに、神道を一種の限界概念とする近代「神道学」が——国民道徳論の忠孝思想を核として——誕生したといえよう。

3　神道学の提唱

大正一五(一九二六)年九月、日本ではじめて神道学という名称を標榜した研究団体「神道学会」が、東大神道研究室に本部を置いて発足する。その趣意書には、「我が神道学会は、神道の……あらゆる方面に亙りて、科学的研究を行ひ、以つて益々神道学の組織を完成し[87]」と、神道学の学問としての体系化を目ざすことが謳われ、会誌『神道学雑誌』は「神道に関する専門学術雑誌としてはわが国最初のもの[88]」と評された。この趣意書を執筆したのが田中である。彼は主事として会の実際の運営をつかさどるかたわら、自分の論文の発表先を神職関係雑誌からこの会誌に移し、毎号、巻頭言ならびに論文一、二本を掲載する主筆および編集者として、会の中心的役割をはたした。

そして、会長には東大文学部教授と神宮皇学館長を兼ねる上田万年が就き、評議員として、加藤・宮地の東大神道研究室の教官をはじめ、井上哲次郎(東大名誉教授)、芳賀矢一(同名誉教授・国学院大学長)、筧克彦(東大法学部教授)、山本信哉(同史料編纂所編纂官)、深作安文(同文学部助教授)、三上参次(同名誉教授)等、東大関係者を中心とした錚々たる顔ぶれが参加した[89]。すでに東大では大正九(一九二〇)年に神道講座、同一二年に神道研究室が設置されており、同研究室を拠点として、東大関係者が中心となって作ったこの神道学会も、その延長上にあると考えられよう。しかも、井上・上田・芳賀・三上はすでに明治後半期に国語調査委員、さらに井上は修身教科書調査委員も兼ね、上田・筧・宮地はのちの昭和四(一九二九)年に発足する神社制度調査会の委員あるいは幹事、また筧・宮地はさらに昭和一〇年にも教学刷新評議会の委員を務めるというように、東大内にとどまらない社会的な影響力をもった学者たちであった。

神道学なる言葉そのものが、大正六(一九一七)年頃にあらたに作られた造語であり[90]、『神道学雑誌』の創刊号で、田中が「神道学の文字は、世人未だ殆ど之れを用ひないので、神道の学としての成立を疑ふものもあるかも知れない[91]」と断らざるをえなかったように大正末年になっても一般的な認知を得るにいたってはいなかった。大正九年設置の東大神道講座および同一二年の同研究室が、神道学と名乗らなかったのもその証左である。田中自身が神道研究を「神道学」と呼ぶようになったのは、大正一三年からである。それまで、彼は神道の本質を哲学にあると捉え、神道研究を「神道哲学」と呼んでいた。[92] 田中のなかでは、科学が現象の次元をあつかう学とされるのに対し、哲学は「あらゆる事物の根本的原理を研究して、此の世界・人生に関する統一的認識を得んとする学問」[93]、実在の認識にかかわる本質の学としてその上位に位置づけられる。

それに対し、「神道学」なる言葉は、「神道なる事実を対象として、科学的研究を行ふの学」であり、「経験的知識に就いて、一類の事実を、対象とし、成るべく多く之れに関するものを蒐聚し、之れに実験、観察、統計等の方法を施し、之れを系統的に組織」する方法として規定される。[94] この言葉を額面どおりに受け止めれば、神道学において研究方法は本質の学である哲学から、自然科学に倣った経験科学へ移ったことになる。ところが実際には、かれの神道学は神道哲学とほとんど変わるところがなかった。いつの時期も田中のとる方法は、歴史史料と現在の状況を絡みあわせながら、実在認識をつかさどる世界観的な体系を論じるというものである。人文科学が経験科学と価値中立を標榜することは大正から昭和の時代的趨勢であり、時代の合理基準の推移にしたがって自らの規範的性質を覆い隠そうとしたにすぎない。[95]

むしろ、神道学という名称の提唱が投ずる問題は、経験科学的方法の偽装などではなく、この言葉に込められた、神道研究を学問的に統一・組織しようとする当時の研究者たちの願望にある。神道学会に参加した学者の専攻分野の多様さがしめすように、その頃、神道研究は、井上のように道徳として捉えるもの、加藤のように宗教学的なアプローチをとるもの、宮地直一の国史的なもの、芳賀・上田らの国文学・国語学的なもの等、様々な学問分野で個々におこなわれていた。今日では意外に思えるが、それまでの神道研究は神道学という一個の学問分野の存在を前提としてその枠のなかでおこなわれていたのではなかったのである。

維新以来、学に教えに力を効しゝ国学者の多くは既に物故し、之に次げる碩学の残れるは幾何もあらず。神道に関する学問は、歴史といひ哲学といひ、新進の手に委せて、長く天下を風靡せし復古学派より明治の新らしき体系に代らんとせり。随ひて分野はやゝ広く開拓せられしも、専門家の数に乏しくして、研究精緻なるを得ず、未だ学界に勢力をなすに及ばざりき。(96)

宮地が述懐するように、明治初年の神道国教政策の挫折はその担い手たる国学者の没落を招き、かわって国民道徳論系の哲学や国史学が銘々に神道を研究対象に取り上げはじめたが——まさしくそれが田中であり宮地なのだが——、その空白を埋めるほどには各分野においても相互関係においても学問の組織化は進められていなかった。また、田中や加藤、宮地にとって、神道は学問の存立基盤そのものであったが、当然のことながら、井上や芳賀のように、皇道や国民性という限界概念に還元される素材にすぎないという見方も少なくなかった。(97)

神道学および神道学会は、このように哲学・国史学・国文学・宗教学等で個別におこなわれていた神道研究を統一すべく提唱・設立されたのである。しかし、そのためには神道そのものに、研究にたる独自の価値を付与しなければならない。その接着剤の役割を果たしたのが、神道を国民精神そのものとする田中らの神道研究である。田中が神道学会創設の趣意書の執筆をおこない、主筆の役割を果たしたのも故のないことではない。ここからも、当時の神道学界に占める田中の地位の高さが充分にうかがえる。それによって、神道は研究素材として諸分野に分割されるものから、神道学という名のもとに各研究方法を吸収するものへと転じたのだ。神道研究は、大正九(一九二〇)年の東大神道講座の設置から、同一五年の神道学会結成をもって、神職界内にとどまらない社会的な一勢力として顕現してきたのである。

四　神道学の座礁

明治三八(一九〇五)年における日露戦争の勝利は、国民の愛国心を高揚させ国家主義的立場を強める一方で、資本主義のもつ社会矛盾もあらわにしていった。当時の社会状況を、山田洸は「国民道徳論の唱えられた明治末年は、日露戦争後の社会不安を背景に、労働運動や社会運動がはげしさを加え、文学界にもそれは反映して自然主義文学などの流行をみた。同四一年の戊申詔書はこのような状況に対応したものであり、第二七帝国議会には国民道徳教育の振興が建議されている」[98]と描写している。国家主義にたいする西欧思想の問題は、かつて井上哲次郎が明治二〇年代に「教育ト宗教ノ衝突」として体験したキリスト教の問題にとどまることなく、自由主義、社会主義、共産主義等の多様な思想との対立というかたちで存在するようになっていた。この戦後の気分のなか、田中義能は神道研究に本格的に取り組み出した。西欧思想の危険性を、彼はこう指摘する。

唯物論的哲学説は、実践的指導原理となつて、経済的方面には、共産主義となり、マルキシズムとなり、倫理的方面には、利己主義となり、功利主義となり、その他西洋の幾多の現代的イズムとなつて現はれたのである。[99]

田中は西洋思想の本質を「マルキシズム」と「個人主義」を特徴とする「唯物論的哲学」に見出し、それが「自己の属する民族が、如何なる運命に会するも対岸の火災視し、自己あるを知つて、民族あるを知らない」ために、「国家我に己我を没入する」日本の国体を崩壊させると警戒したのであった。[100]

今や西洋の発達したる哲学が、澎湃として我が国に侵入して来て居るのである。吾々は須らく上下幾千年陶治し来つた所の、我が固有の思想の研究を行ひ、之れを基礎として此の西洋哲学を日本化し、之れを利用して、新たに一大哲学系統を組織すべきである。徒らに彼れ等の余瀝を歠り、彼れ等の糟粕を嘗めて居ると云ふのは、吾々の取るべき所ではないのである。[101]

大正七(一九一八)年に田中が述べたこの姿勢は、終生変わることはない。つねに彼の学問は、神道を西洋哲学・思想に対抗しうる形而上学的体系に仕立てあげるという最終目的に帰していったのである。明治末年以降、国家主義側におけるこのような西欧思想そのものへの危機感が、国民道徳論以上に極端な復古主義をとる神道研究を成立させた背景にあったことはほぼ間違いなかろう。

とくに、昭和六(一九三一)年におこった満州事変は日本の社会を準戦時体制に移行させ、「満州事変並に上海事変の突発するや、国民の自覚勃然として起こり……即ち神道の発揚となる」[102]と、神道研究者たちの発言にも勢いをあたえた。[103]現実に、「祈願祭や慰霊祭、招魂社と「軍神」神社の建設を軸に、神社は国家を守る宗教的機関として急速に浮上し……同時に神社への国民の集団参拝を促す」[104]ものへと転じていった。そのなかで、時代の趨勢をえた田中は、昭和七(一九三二)年の靖国神社参拝拒否事件における上智大学、昭和八年の滝川事件における京都大学法学部、昭和一〇年の天皇機関説を唱える美濃部達吉など、自由主義的立場をとる人々を次々に機会をとらえては排撃していった。[105]だが、神道が日本精神の包括概念であるという田中らの主張には、学問的な手続きが欠けており、津田左右吉の神道批判に代表されるような立場を異にする者には説得力をもちえるものではなかった。[106]

昭和一〇年代に入ると国体明徴運動の影響下、日本精神論関係の講座が東大「日本思想史講座」をはじめ、京都帝国大学に「日本精神史講座」、東京・広島両文理大学に「日本国体論」と相次いで設立されたが、[107]一方で、帝国大学における神道講座・研究室の設置は東大一校にとどまった。東大の神道講座も大正一二(一九二三)年に研究室に昇格されたものの、神道学科設立の提案は昭和二(一九二七)年に拒否されたまま、学生を保有することは一切できず、昭和一三年に教授・助手各一名の設置が認められるのがやっとであった。[108]学校教育における神道研究の地位はせいぜいその程度であり、田中によれば、昭和六(一九三一)年頃、私立専門学校で神道哲学の講義科目としての設置が提案されたが、哲学関係教員から「神道哲学と云ふが如き研究を認めない」[109]と反対されてしまったという。

田中らの神道学確立のもくろみは、はやくも制度上の行きづまりを感じることになるが、神道学会内でも学問的統一に困難が生じていたようである。『神道学雑誌』では、宮地ら国史系の神祇史研究者は次第に論文を載せなくなり、会長である国語学者上田も、彼が専門誌に載せる研究論文とは異なり、およそ実証的とは程遠い規範的な神道論を述べるにとどまった。『神道学雑誌』は、田中や加藤、深作安文ら国民道徳論の流れを汲む原理的研究を軸とするものへと狭まっていった。逆に、東大神道研究室は「井上―田中―加藤」の哲学科体制から、「宮地―平泉」の国史学科体制へと転換していった。

田中・加藤の退官後しばらくして、昭和一三(一九三八)年から、それまで講師であった宮地を専任教授とする体制が本格的に始動する。そのさい、神道研究室の教授・助手各一名の拡充を提案したのが、国史学科教授平泉澄であった。平泉・宮地とも、文部省の教学刷新評議会委員を務めており、「国家的見地ニ立脚シテ……日本的特色ヲ高調スベク」[110]、大学の学科・講座の新設・改廃を進める立場にあった。平泉自身も同年に新設された日本思想史講座の主任教授に就任している。こうして、神道研究室と日本思想史講座という国体にもっとも密接に関係する研究室・講座は、ともに国史学科出身の研究者によって運営されてゆくことになった。そして、学生のいない神道研究室の助手は、平泉の意向を諮ったうえで国史学研究室から選ばれてゆく。[111]

今日もなお、神道研究は原理的研究を旨とする狭義の神道学と、文献学的研究を旨とする神道史という二つの分野に別れる傾向にあるが、それを戦前における哲学と国史学をはじめとする神道学内の不整合さの名残りと解することもできる。勿論、両研究とも宗教的要素を認めたうえで、神道を国民精神の中核とする点で、明治末年以降の神道研究のもつ雰囲気を共有する。宮地は、その前提に立ったうえで、当時の国史学の方法であるランケ流の文献批判を取り込み、神道研究の合理化をはかったのである。厳密な考証主義を旨とする宮地にとって、哲学的研究は方法論的手続きの点で、「抽象的の理論《〔ママ〕》のみもてあそび、単なる観念の遊戯に堕するもの……自己の主観に映じたところだけを強調しようとするが、事実にそぐわない似而非なる一個の造説に過ぎない」[112]ものと映ったようである。

さて、昭和八（一九三三）年三月をもって東大を退官した後、田中は同年四月に勅任官に任ぜられ、同年一二月には、田中博士還暦記念会が催されている。神宮奉斎会を主催団体として全国神職会館大ホールでおこなわれたこの会合は、小野塚東大総長、水野錬太郎全国神職会会長（元内務大臣）、神崎一作神道大教管長のほか、井上哲次郎、上田万年、加藤玄智、さらに国学院大学学長、日本大学総長が祝辞・祝賀演説等を贈った華々しいものであった[113]。また、既に神道青年連盟協会会長を務めていた田中であったが、昭和一三年からは前会長上田万年の死をうけて神道学会長に就任する。依然、神道界・神道学界における田中の威光が衰えることはなく、ここでも戦前の神道界・神道学界にしめる田中の地位の高さを確認することができる。

一方、教育者としての活動も生涯止むことなく続けられ、精力的に国学院大学や帝国女子専門学校で教鞭を執りつづけ、昭和一〇（一九三五）年には再び国学院大学神道青年会長の地位に就く[114]。田中は、当時の生活を「国学院大学を初めとし、その他の大学、専門学校に毎週二十六七時間の授業を担任するの外、休日には時に地方の講演に赴き……尚且『神道学雑誌』の編集も、次号々々と迫られて居る。学窓真に多忙を極め[115]」、と述懐している。そして、昭和一五年二月には帝国女子専門学校の校長に就任し、同一六年四月には六九歳という高齢にもかかわらず、同学校の報国団団長として戦時体制下の学生を陣頭指揮し、同一七年九月には皇典講究所華北総署で講演をおこなうため、折口信

夫らとともに北京にまで赴いている。(116)

しかし、彼が心血を注いだ『神道学雑誌』は戦局が悪化するなか、昭和一五年で廃刊を余儀なくされ、同二〇(一九四五)年には帝国女子専門学校が、さらには東京小石川の自宅が空襲で全焼する。玉川奥沢の正和女子商業学校長宅に居を借りるが、ほどなく敗戦を迎える。そして、翌二一年三月四日に胃潰瘍に肺炎を併発し、七四歳の生涯を閉じる。若き日、日露戦争の勝利に胸を熱くした田中であったが、大日本帝国の聖戦がもたらした焼け野原を被災者のひとりとして眺める彼の胸中をよぎる想いは何であったろうか。遺体は東京女子専門学校の学校葬とされた。(117)教育者田中にふさわしいはなむけであった。

以上、田中義能の神道研究をとおして、近代神道学の成立とその意味をみてきた。田中を通してみたかぎりでは、意外なことに、神道学は近世の国学に直接的な起源をもつものではなかった。明治初年の神道国教化政策の失敗とともに国学者たちが没落したあと、その空白を埋めるべく登場した近代的な官学的知識人のイデオロギー、ドイツ哲学の影響をうけた国民道徳論を背景として誕生したのである。「日本型政教分離」が成立した社会状況のなか、道徳的解釈を切り札に国家主義を維持しようとした国民道徳論に対し、神道学は神道そのものを日本の民族精神と規定することで「信教の自由」を実質上無効にしようと計った。ここに、国民道徳論を母胎としながらも、神道学がそこから離れて独自の存在を主張する理由がある。その意味で、神道学とはその超歴史的主張にもかかわらず、明治四〇年代以降、大正末年にかけてアカデミズムで形成されたきわめて近代的な学問なのである。

今日、戦前でも神社は国家主義とは別のもので、むしろ政府の宗教政策に翻弄されてきたのだという主張がみられる。たしかに神社を国家主義から区別するのは、個体の責任を弁別するという意味でかなり妥当性を有する。しかし、当時蔑視されていた神道に理論的アイデンティティを与えたのは、神道学という国民道徳論を母体とする国家主義的な学問であった。田中の講演に神職たちが感動したように、彼らも自分の立場を理論化する学者の言説を必要としたのである。大切なことは、学者や神道家の個人的意図の次元で問題を葬り去らないことである。歴史的現象は様々な個人の意思の絡みあうなか、個人を越えたかたちで顕在化する。それは特定個人の意思ではないと同時に、個人を当人の意思と関わりなくその構成要素として組み込む。概念を作りだす側もそれを必要とする側も、ともに自分の意識を越えたところで歴史的に規定された存在であることを忘れてはなるまい。自らの歴史性をあばくために、自分が社会のどのような場所に位置し、どのような構造に組み込まれているのかを明らかにするために、私たちは歴史に向うのである。

第二章　近世神道から近代神道学へ

——東大神道研究室旧蔵書を手掛かりに——

はじめに

蔵書の分析からその担い手の思想的特質を把握する試みは、戦前では日本中世史の平泉澄によって、戦後ではフランスのアナール学派などによって行なわれてきた。筆者らもまた、有力公家である正親町家の蔵書をもとに、近世朝廷における垂加神道の受容過程を分析したことがある。(1)本章では、かつて筆者らが復元した東京帝国大学神道研究室の旧蔵書を手掛かりとして、近世から近代への移行過程のなかで、神道をめぐる言説がどのように再編されていったのかを考えてみたい。神道を学問的に彫琢しようという動きは明治三〇年代後半に顕在化し、大正一〇（一九二一）年における東大神道研究室の設置、および同一五年の同大学を中心とした神道学会の結成において、ひとつの頂点を極める。その点からみて、東大神道研究室の蔵書構成は、近代神道学が旧来の諸神道の思想や信仰をどのように選択し再構成していったのか、近代神道学のもつ固有の論理を反映したものとなっているはずである。

他方、蔵書研究はどのような本を集めたかを示すにとどまり、それをどのように読んだかを明らかにするものではないという批判もある。(2)そこから、受容の美学の影響をうけた読書論が、ロジェ・シャルチエらによって展開されるわけだが、本論や正親町蔵書の分析がしめすように、蔵書の担い手集団がみずから思想を記述することのできる知識層に属する場合には、蔵書研究はかなり効果をあげることが出来るものと考えられる。一般にアナール学派の読書論は、思想をみずから概念化して記録することのない民衆層を主な対象にするために、書物の書き手としての知識人と読み手の民衆とのあいだに相当の隔たりを斟酌する必要があった。一般に民衆は自分の世界観を概念化して語るということがないために、本質的に概念化行為である研究という営みとは相容れないものにならざるをえない(3)。その点で、本章の蔵書分析の場合は東大神道学研究室という知識層が収集主体であり、彼ら自身の思想的理解も著作として充分に残されているため、その思想把握は比較的に容易なものと思われる。

なお、ここで分析の対象とするのは、東大神道研究室旧蔵書のうち、おもに和装本である。購入が容易で安価な洋装本と異なり、和装本は入手に努力を要するため、収集主体の意図がはっきり現れやすいからである。洋装本をふくめた同蔵書全体の考察については、国学院や皇学館など他の神道系大学の蔵書と併せて、今後の研究を俟つこととしたい。

一　神道思想の再生

東大神道研究室の書籍収集の根幹をなすものの一つに、垂加神道がある。その書籍数は神道研究室の蔵書総数八四一点のうち、正親町家旧蔵書一五二点、その他八八点の計二四〇点を占め、思想的な類縁関係にある崎門儒学一七点とは著しい対照をしめす。なかでも、正親町家旧蔵書中の神道関係書の一括購入は、垂加神道への関心の高さを物語っている。

明治二〇年代には、大日本帝国憲法で保障された信教の自由と引き替えに、宗教性を除去した道徳面からの国民教化が政府の新たな方針として採られるようになり、教育勅語に代表される国民道徳論が登場する。そのなかで、忠君思想を旨とする闇斎学がその儒学的側面から注目されるようになる。国民道徳論の推進者、井上哲次郎が日本儒学三部作を発表するのも明治三〇年代のことである。井上にとって崎門派儒学は思想的な魅力に欠け、勤王家の淵源として評価されるにとどまったが[4]、井上の序文が添えられた法貴慶次郎『山崎闇斎派之学説』(金昌堂、明治三五年)など、闇斎学派を単独の主題とするような著作も刊行されるようになる[5]。

井上にせよ法貴にせよ、その思想の置かれた歴史的文脈に関心を払うことがなく、その祖述に終始するが、それは儒学という東洋思想を、西洋的論理を骨子とした「哲学」へと、今日的な再生を遂げさせることを目的としたためであった。儒学を哲学として把握すること自体が妥当ではないという批判もあったが[6]、井上の日本哲学史に代表されるように、明治二〇年代から三〇年代という時期は、東洋思想を西洋哲学に比肩しうる体系へと再構築を試みた時期であった[7]。それゆえ、闇斎学はその支持者にとって、「君臣父子の大義を闡明し、尊王斥覇し華夷内外の名分を顕彰した闇斎学[8]」と高く評価されるものとなる。

しかし、明治三八(一九〇五)年の日露戦争での勝利をきっかけとして、道徳的な義務というだけでは忠君思想が外面的に捉えられるにすぎず、もっと内面から沸き上がるような宗教的情熱を求める声が保守陣営から強くなる。他方、国民道徳論のとる神社非宗教論、神社を宗教たる神道から分離し、神社参拝を道徳行為として義務化しようという方針に対しては、その行為の宗教性を指摘する批判の声も宗教者の側から止むことがなく[9]、国民道徳論は早くも行詰まってしまう。そこに登場してきたのが、神社の宗教性を認めたうえで、神社をふくむ神道が宗教以上の存在であると定義づけ、それゆえに神社参拝は信教の自由に抵触しないと主張する神道研究、のちの神道学であった[10]。

そこではより内面化された忠君思想を実現すべく、垂加神道が「君臣の道の宗教[11]」として注目されるようになる。

それに先立って、崎門派をふくむ儒学が哲学的に評価されるようになっていたため、儒家神道である垂加神道の登場も比較的に容易な状況にあったと考えられる。もちろん、崎門三傑や正親町公通など、闇斎学派内でも闇斎存命時から儒学と神道の対立は根深いものがあり、儒学側からは、神道は本来稚拙なものにすぎないのに、無理矢理に思弁的な装いに仕立てあげたとの批判がなされた。[12] そのなかで、明治末年にあえて垂加神道が取りあげられた理由は、崎門儒学が中国中心主義や各国相対主義を唱えるにとどまるのに対し、垂加神道が日本中心主義を強く打ち出している点、および同じ君臣の名分を説くにしても、崎門派が易姓革命を肯定する可能性をもつのに対し、天皇を神とあがめる垂加神道では内的な敬がそのまま天皇制を頂く現体制への宗教的な帰依に転化される点、そのふたつにあったと思われる。[13]

明治四〇(一九〇七)年における闇斎への正四位の追贈、同四二年における正親町実正の題額を刻した「闇斎山崎先生祠堂碑」の下御霊神社——垂加霊社が祀られている——での建立、同四四年の垂加神道書を中心とする翻刻『神道叢説』(山本信哉編、国書刊行会)の発行、大正元(一九一二)年の谷干城らによる闇斎墓所の修築など、いずれもこの動向と軌を一にするものであろう。[14] 近世の垂加神道は宝暦事件(一七五九年)の後、その統一性と固有性を失い、幕末には他の思想と混在して尊王思想のなかへと吸収されていった。[15] 明治四〇年代に始まる垂加神道の再評価は、およそ三五〇年ぶりの垂加神道の復活を告げるものであった。

ただし、ここに再登場した垂加神道は近世にはない側面を有するものでもあった。神道伝授という秘密性はもはや主張されず、『風水草』をはじめとする奥義書も『大日本文庫　垂加神道』(佐伯有義編、春陽堂、昭和一〇年)、『続山崎闇斎全集』(日本古典学会、昭和一二年)などで続々と公開された。一方、闇斎の正脈を継承した正親町公通に対する評価は低く、社会的地位は高いものの、思想家として見るべきものがあまりないとされ、玉木正英が導入した橘家神道の行法的要素も「巫祝神道」として退けられた(16)。そして、近世垂加神道の中軸を担ってきた正親町公通や玉木に代わって、若林強斎が近代の垂加神道を代表する理想的「思想家」として高く評価されるようになる(17)。

若林は闇斎に破門された浅見絅斎の門人であり、公家社会と深く結びついた近世の垂加神道界では傍流にすぎなかった。近世では垂加神道家の正統性は、「述して作らず」という闇斎の言葉に集約されるように、学祖の思想を書物の筆写や口伝伝授をとおして、そのままに継受することが求められており、若林のような体系的な著述は必要とされていなかった。若林は垂加の正脈に属していなかったために、充分な神道伝授をうけられず、それを補うためにも独自の著作活動をおこなわなければならなかったのである。この傍流ゆえの思想捻出の行為が、皮肉にも近代になって、西洋哲学に匹敵する日本思想を模索するアカデミズムから、独自の体系性を備えた思想家として評価される原因となったわけである。その点からみれば、正親町家蔵書を購入した東大神道研究室の教官たちも、その収集主体の正親町家にはまったく関心を示さず、その購入動機はやはりそこに集められた個々の垂加神道家たちの著作にあったといえる。

このように近代の垂加神道は、秘伝の公開や合理的体系化という作業をとおして、忠君思想を核とする国民が担うにふさわしい思想へと鋳直されていった。公開性と合理的体系性、このふたつは近代神道学の特質をなすとともに、明治期の垂加神道の復活が、国民道徳論の地平を前提として起こったことを示すものとなっている。なぜなら、国民全体に対して、いかに西洋に比肩しうる思想体系を構築し提示してゆくかに、国民道徳論の目的はあったのであるから。そのさいに垂加神道が儒家神道として、儒学と神道を兼ね備えていたのも都合の良いことであった。当時すでに指摘されていたように、神道は天皇崇拝をはじめとして、民族の歴史的伝統と強く結びついたものと考えられていたが、他方でそれが西洋の哲学や宗教と比べて、論理的体系性を著しく欠くことも明らかであった。その体系性の欠如を補うのが、東洋の代表的哲学と目された儒学であった。井上哲次郎による日本儒学三部作が明治三〇年代に発表され、つづく明治四〇年代に漢学復興がなされたように、儒学もまた日本的なものと結びつくかたちで、神道に先立って東洋および日本独自の思想体系を誇るものとして再評価されていた。[18] 神道はその儒学評価の枠組みを土台として、明治四〇年代から大正期にかけて本格的に復興されてゆくことになる。

昭和期に入ると、平泉澄編『闇斎先生と日本精神』(至文堂、昭和七年)や後藤三郎『闇斎学統の国体思想』(金港堂、昭和一六年)など、垂加神道と崎門儒学をあわせた立場から闇斎学の展開を論じた書物がいくつも出版され、垂加神道研究の頂点は、平泉門下の小林健三による『垂加神道の研究』(至文堂、昭和一五年)において極められることになる。小林は東大神道研究室講師でもあり、同研究室の教官である宮地直一も竹内式部『中臣祓講義』の翻刻と解説(岩波書店、昭和一九年)、田中義能も「山崎闇斎の神道」(『神道学雑誌』二五、昭和一四年)を著している。宮地の言葉、「君臣合体にあって、国体を重んじ大義名分を明らかにし、実践躬行を尊んだ」[19] にみられるように、いずれも国家に仕える忠君の学という観点からの評価であった。

闇斎自身が神儒兼学であったように、異なる政治・思想的文脈のもとではあるが、近代の垂加神道もまた当時の儒学理解と深く結びついていたのである。それを典型的に象徴するのが、昭和七(一九三二)年に東大で開かれた山崎闇斎先生二百五十年記念展覧会であった。それは、皇道主義を唱える同大学日本思想史講座の平泉澄が主導しながらも、神道研究室の教官たちの協力を仰ぐことで、儒学を軸とする皇道主義と神道学の双方から闇斎学を顕彰しようとした一大イベントであった。[20]

だが忠君思想を説くものの、垂加神道は死後の問題を十分に扱いえるものではなかった。近代神道学において、それを補い担う役割をあたえられたのが復古神道である。神道研究室蔵書のうち国学に類別できるものとしては、近世国学に数えたものが八三点、近代の国家神道に含めたものが四二点、計一二五点にのぼる。これら国学書のほとんどが古道論を主題とするものだが、なかでも平田派のものが約半数の六〇点を占め、その中核をなしていた。

宣長学の本質をめぐる平田篤胤と宣長学派の論争に端的に現れているように、宣長や真淵の学問が歌道論を基盤として古道論まで射程に入れていったのに対し、篤胤は歌道論を切り落とすことで古道論をもっぱらとする学問を展開した。歌道論を主とする国学がいにしえ心を人間の内面に求めていったのに対して、古道論を主とする国学は過去の歴史をいにしえ心の外在化した証しと捉え、その体系化を志向したのである。宣長自身の学問は古道を論じるさいにも、神代巻の記述の不合理性を逆手にとって、体系化を志向する理性そのものを批判したのであり、その点で平田国学とは著しく異なっている。(21)

ここに歌道論を分水嶺とする宣長・真淵と篤胤の学問の違いを見て取ることができよう。「復古神道」なる言葉は、この平田国学の立場にたって、宣長・真淵さらには荷田春満の学問までを「儒仏伝来以前の神道を復興せんとした」神道思想として把握しようとしたものである。(22)歌道論を欠く本研究室の国学書籍の収集傾向も、明らかに復古神道の観点にのっとっている。それは、田中義能が「復古神道派之哲学」の研究と銘打って、『平田篤胤之哲学』(日本学術研究会、明治四二年)、歌道論にほとんど言及しない『本居宣長之哲学』(同、明治四五年)を著わし、(23)翻刻として『大日本文庫　復古神道　上下』(春陽堂、昭和一〇・一一年)を刊行したこと、宮地直一も平田篤胤『校註霊能真柱』(明世堂書店、昭和一九年)を「幽冥観」の関心から翻刻していることからも確認される。(24)

すでに幕末の国学者たちは「復古」という言葉を口にしていたが、復古神道という名称が平田派を中心とする国学の神道的側面を意味するようになるのは、やはり明治四〇年代頃からと思われる。(25)先述の田中の著作がそれを端的に象徴するものとなっている。復古神道の評価も垂加神道と同様に、明治末からの神道研究の高まりに乗じたものだが、新たに定着した「復古神道」という言葉自体が、歌道論の切断という近代的な神道復興のありかたを物語るものであった。

周知のように、平田国学は近代初頭において国家形成を推進する力のひとつとなり、神道国教政策をとる明治新政府の神祇関係の要職を占めた。その後、政教分離政策への転換のなかで、宮中祭祀と神社の分離、神社と教派神道の分離がおこなわれ、矢野玄道ら平田派直系にせよ、福羽美静ら津和野派にせよ、かれらの神道国教化構想は挫折を余儀なくされる。それは外的状況の変化だけに起因するものではなく、祭神論争にみられるような神道諸派間の見解の不一致、個人救済を旨とする宗教としての神道の脆弱さなど、内的な要因によるところも少なくなかった。(26)その後、明治一〇年代後半から二〇年代前半にかけて政教分離政策が確立してゆくと、神社非宗教論と手を携えるようにして国民道徳論が登場することになる。復古神道への評価は、さらにこの国民道徳論の次の段階に起こったものであるから、平田国学の復権は明治初期の政治的没落から、約四〇年間の空白期を挟んだものということになる。その点で、平田国学にせよ垂加神道にせよ、近代においてその伝統は改めて創造されたのであり、その断絶に引け目を感じるゆえに、みずからの歴史的連続性を強固に装うものとなった。(27)

明治末年になると、芳賀矢一の論文「国文学とは何ぞや」(『国学院雑誌』一〇-一・二、明治三七年)や村岡典嗣の著作『本居宣長』(警醒社、明治四四年)が発表され、宣長を主とする国学は「国文学」や「国語学」、さらには「日本思想史」という新たな言説へと分節化されてゆく。(28)これらは宣長学のもつ文献的手法をドイツのフィロロギーと結びつけることで、「国民性」を闡明する西洋近代的な学問へと国学を編成替えしようという試みであった。それは国民道徳論の延長線に立って、「国民性」と呼ばれる非宗教的なかたちでの国民の歴史的伝統を確立しようとするものである。(29)ここに国学はその対象を「文」や「語」に限定することで、国文学や国語学という西洋近代的な学問へと再編成されることになる。それゆえ、国文学者の久松潜一は、神道学者による系譜づけとは異なるかたちで、契沖を僧侶であるにもかかわらず、文献学的な先駆者として、国学の大人に加えたのであった。[30]

このように、神道学が篤胤の国学に主眼をおいてその形而上学的体系を取り込もうとしたのに対して、国文学や国語学は宣長の国学から文献学的方法を摂取することに主眼をおいた。篤胤と宣長学派の論争時から、国学では文学的なものと古道論的なものの両立は困難になっていたが、明治末期には国文学・国語学と復古神道というかたちで、まったく異なる言説として両者は分割されることになる。この分割の下敷きとなったのが近代啓蒙主義的な政教分離であり、[31]そこで分断された宗教と道徳という各領域の固有性を前提として、復古神道は宗教領域に、国文学・国語学や日本思想史は道徳領域に配置されることになった。

この政教分離制度のもとでは、宗教が私的領域に限定されたため、そこに属する復古神道や垂加神道などの神道言説は、帝国大学という公的な場で講じることが容易に認められなかった。他方、国文学や国語学は宗教から切り離され、国民性という公共道徳に関する言説として規定されたために、いち早く帝国大学を構成する学問へと組み込まれる。国語学をふくむ国文学科が東大に設置されたのは明治二二(一八八九)年のことであり、近代的な国文学および国語学を確立する芳賀矢一と上田万年が並んで同学科を率いるようになるのが明治三一(一八九八)年のことである。それは東大神道研究室が大正一〇(一九二一)年に漸く設置されるにすぎず、ついに学科設置にまで漕ぎつけることが出来なかったのとは格段の違いを示している。[32]ただし、大正一五(一九二六)年に東大神道研究室を中心に結成された神道学会に、国文学者の芳賀矢一や国語学者の上田万年も積極的に参加しており、秘められたかたちにしろ、神道学と国文学・国語学の絆は依然つながっていた。[33]ちなみに芳賀は大正七(一九一八)年に国学院の学長に、そして上田は大正八年に皇学館、昭和二年には国学院の学長にも就任している。[34]

以上のように、東大神道研究室の書籍として積極的に収集された垂加神道と復古神道は、神道国教政策の挫折、それに代わる国民道徳論の登場の後を承けて、明治末年以降に再び注目されはじめたものであった。それは過去の神道思想のたんなる復活ではなく、建前にしても、信教の自由を是認したうえで、国民の人心統合という点で国民道徳論に物足りなさを感じる陣営から現われ出た動きであった。そのため、ここで呼び起こされた神道はかつての姿での再生ではありえず、儒教を介して西洋の哲学的体系を習得すると同時に、近世的な秘教性と呪術性を削ぎ落とさなければならなかった。

その作業を担ったのが、神道学という西洋近代的な影響をうけた学問であった。神道学は垂加神道と復古神道を軸とする神道思想を新たに確立することで、忠君思想に霊魂論を併せもつ思想の構築をもくろみ、宗教的情熱に支えられた国民教化の実現を目指したのである。その一方で、そこから切り離された平田国学や橘家神道の民俗的性質は、のちに「新国学」を称する柳田民俗学などによって、民間学として一段下がったかたちではあるが、やはり近代の学問のもとに読み替えられてゆく。(35)ただし、民俗学が神道学と対等に、あるいはその立場を逆転するような社会的評価をうけるのは、十五年戦争に敗北した後の国体神学の解体期、さらには一九六〇年代後半からの近代主義批判の高まりを俟たなければならない。(36)

二　神道学の位置

宗教学者の村上重良は神道を構成する五つの要素として、「神社神道、皇室神道(宮中祭祀)、学派神道(神道説)、教派神道、民間神道(民俗神道)(37)」をあげている。近代の神道に関しては、その実状をかなり的確にとらえた区分となっており、これまで述べてきた垂加神道と復古神道は村上のいう「学派神道」、今日的にいえば神道思想の範疇に属し、そこから切り落とされた民俗的性質は「民間神道」すなわち民間習俗と重なる部分の多いものであった(38)。

残りの三つの要素のうち、「神社神道」と「教派神道」に関しては、東大神道研究室蔵書にもかなりの数が存在する。神社神道関係の書籍は、近世を主として神社内外の者によって記録された神社誌五三点、近代の社寺取調のなかで神社から政府に提出された神社行政文書七点の、併せて計六〇点。「神社神道」なる言葉は、神社を国民教化の支柱にしようとする近代神道政策のなかで一躍注目を浴びたものであるが、すでに吉田神道や垂加神道にみられるように、中世や近世から用いられていた。そこでは固有の縁起や教説をもつ個々の神社が自立的に存在する形態を意味するものであったが(39)、近代になると、「無形の国体神道が、具体的に有形したもの(40)」として、国体を支える忠君思想の実践の場として位置づけ直される。

東大神道研究室の教官も、内務省神社局神社考証官を兼任する宮地が『熊野三山の史的研究』(大正一一年、博士論文)など一連の神社誌を著述したのをはじめ、田中も『神社本義』(日本学術研究会、大正一五年)、加藤玄智も『本邦生祠の研究』(明治聖徳記念学会、昭和六年)などを発表している。とくに、加藤は神道を「神人同格教」と捉え、人格神こそが神社本来の祭神であると主張し、宮地は神社施設などの形式面にこそ「神の世界と人間の世界との交渉」が具体的に現れているとして、歴史的現象面から神道の本質に迫ろうとした(41)。神社が国民教化の根幹をなすものであり、その実践にとって致命傷になりかねない宗教問題を抱えるだけに、神道学者たちの注目が集まったのも当然であった。近世的な神道が解体されるなかで、神社神道は宗教ではない道徳として公的に規定されたが、実際には宗教的性質を拭い去ることができず、政教分離の理念からみて違憲なのではないかという批判にたえず晒されていた。それに抗して神道学者たちは、神社の宗教性を認める立場をとるにせよ否にせよ、神社が国体教化を実践する場にふさわしいことを証明しなければならなかった。

一方、教派神道関係の書籍は、教派神道五三点に加えて、近世の民衆神道と呼ばれる烏伝神道の九点の計六二点からなる。教派神道は「宗派神道」とも呼ばれ、今日でいうところの教団組織をもった新宗教にほぼ相当する。[42] 民衆神道は教団形成にはいたらないものの、通俗道徳を説き、講などをもつ点で教派神道の先駆をなすと評される。当時、教派神道は迷信的な邪教として蔑視されることが多く、神道学者にしても積極的に関心を示すことはまれであった。[43] しかし、田中のように教派神道研究の草分け的存在もおり、東大神道研究室の関係書籍も和装活字と洋装本もふくめて、彼の在職時に教団から寄贈されたものが多い。[44]

田中の研究は、『神道十三派の研究』(初出、日本学術研究会、昭和七―一一年)としてまとめられることになるが、そのなかで教派神道は「一般民衆の教化」に長けている点で注目されると述べている。[45] 加藤と宮地には教派神道に関するまとまった著作はないものの、教化の能力という点で田中と同様の評価をあたえている。[46] 神社崇敬が国民に根づかない状況であっただけに、教派神道の人心を惹きつける力は神道擁護論者にとっては無視できないものがあった。制度面では祭祀と宗教に区別された神社神道と教派神道ではあるが、神社神道が地域共同体とのつながりを、教派神道が信仰共同体との絆をもち、ともに国民教化の具体的拠点になりうる点に、神道学者が共通して関心をもつ理由があったのである。

その一方で、村上のあげる五番目の要素、「皇室神道」――神道国教から最初に切り離され、天皇親祭の宮中祭祀として宮内省に管轄されたもの――については、東大神道研究室蔵書は明治天皇と寛延度の大嘗祭記録を二点所蔵するだけで、そこに特別な関心を読み取ることはできない。研究室の教官たちもまた、いずれも皇室神道を本格的に論じた著作を残していない。最も包括的な神道論を展開した田中義能にせよ、皇室神道については『神道概論』(日本学術研究会、昭和一一年)のなかで若干触れた程度である。なお、伊勢神宮に関する書物には、伊勢神道五五点、国学や垂加神道による伊勢神宮論一二点の計六七点と、数の多さが認められる。ただし、その内容は伊勢神宮の祭神論に関するものが多く、その収集の意図は神嘗祭などの宮中祭祀への関心から出たものではなく、神社神道の総本山としての伊勢神宮に対するものであったと思われる。

このように宮中祭祀よりも、神社神道に目をむける東大神道研究室など、神道学の関心は、天皇の執りおこなう儀礼よりも、神道が国民と具体的に交わる神社という国民教化の場にあった。神社行政にしろ宮中祭祀にしろ、現実の運営は政府がおこなうわけだが、宮中祭祀の運営に一切関与しない神道学を、政府の下部機関と見做すことはできない。神道学は、東京帝国大学や国学院などの大学教官、各地の神職や教育者など、国民啓蒙にはたす神道の積極的役割を認めようとする立場の人々によって支えられた思想的営為であった。もちろん、政治家が個人的信条から、この動きに加わることもできたわけで、実際にその例も少なくない。[47]神道学の動きは、政府が神社非宗教論に制約されて、積極的な教化政策をとれずにいるのに対し、むしろ保守層のもつ国民統合の願望を直截的に表わすものであったのだ。[48]

もちろん、天皇制それ自体は近代神道の根幹をなすものであるが、その天皇制にしても、天皇みずからが神を祭る親祭ではなく、御真影や行幸や歴史教育をとおした、国民の視線にさらされる天皇像が国民教化の鍵を握るものとして重要視された。[49]神社もまた、国民が天皇を想起する具体的な場所のひとつであった。そもそも天皇像という理念が詳細に論じはじめられるのは、近世の国学が登場して以降のことである。いまだ垂加神道の段階では、それほど天皇像をめぐる議論は本格化することはなかった。朝廷のなかに主流があった垂加神道では、天皇は観念的に憧憬する対象というよりも、具体的な朝儀の遂行者であった。上層部の公家たちにとって肝心なことは、観念的に統一された天皇像を打ち出すことよりも、次第に復興されてゆく朝儀の具体的過程をどのように復元し施行するかにあった。[50]

このことは、近世朝廷の存在意義が、幕府によって朝儀や位階授与などに限定されていたことからも裏づけられる。[51]それに対して、国学はその担い手が市井の知識人であったため、公家のように天皇の儀礼行為には直接関与できず、生身の天皇に接することなど思いもよらないことであった。朝廷の内部を覗くことのできない外側の市井からは、観念的に天皇像を思い膨らませてゆくほかになかったのである。[52]その意味で、近代神道学が宮中祭祀ではなく、神社神道に力点をおいたのも、国民的想像力のなかの天皇像を重視するという国学以降の流れに掉さすものと言えよう。[53]

つまり神社を拠点として天皇制イデオロギーの国民教化をはかるという、その発想自体が、神道の近代的な特質をなすものなのである。近世でも、吉田・白川神道などは各地の神主を自らの勢力下に入れることに強い関心をもっていた。[54]しかし、その周囲の地域住民に対しては、ほとんど関心を払うことはなかった。吉田神道や白川神道と神社の関係は、神職の裁許状を媒介とする経済的利害に基づくものであり、そこに民衆教化の問題が積極的に絡むことはない。神道の民衆教化はそれらとは別に、通俗道徳を庶民に説くかたちで民衆神道によって展開されていた。[55]ただし、そこに積極的に幕府や朝廷が介入することはなく、民衆教化は公的権力による人心統合とはおよそ無縁のものであった。[56]

このように、江戸時代の神道諸派は、吉田・白川神道における神職層、民衆神道における庶民層、そして国学における市井の知識人層など、さまざまな階層を担い手とするかたちで、それぞれ活動を展開していった。すでに津田左右吉が指摘しているが、近世の特徴は、これらの多様な動きが幕府や朝廷など公的権力によって一本化されることなく、各々が独自にその運動を繰り広げていたことにある。[57]

それに対して近代的神道は、近世神道の分立状態に対し、国家の覇権力をとおして、その統一を図ったところに特徴を有する。明治四(一八七一)年に吉田・白川両家による各地神社の個別的な支配関係が廃止されたことで、神社の一元的支配が可能になった。その結果もあって、様々な層に分散していた神道諸派の動きは政府によって規制されることになり、神社は国民道徳を教化する神社神道として、民衆神道は神社神道と競合しないように、個人の内的領域に限定される宗教として制度的に分離された。他方、国学や垂加神道は全国民が担うにたる国体思想へと、その再生が図られることになる。(58)

このような諸神道の構造的な把握を可能にしたのも、またそれを必要としたのも、天皇が政府によって国家権力の象徴に据えられたためである。近世のように天皇が政治的実権をもたない時代には、公家の一部を除いて、それは歴史的淵源の象徴として想起されるにとどまっていた。各人は自分にあった神道をそのなかから選べばよかったし、神道自体を蒙昧だと拒否することも多くみられた。(59)それが明治時代になり、天皇と理念的関係をとおして、国民の一元的な人心統合が図られるようになり、天皇をめぐる言説はおしなべて政治化されることになる。諸神道のあいだの違いは国体の矛盾を意味するものとなり、その言説を論理的に統一することが不可欠になったのである。(60)

このように神道の言説が再編されてゆくなか、神社神道と皇室神道が道徳や祭祀、教派神道が宗教と規定されたのに対し、神道学はそのいずれにも分類されることなく、それら神道の諸形態に理念的な位置づけをおこない、逸脱する側面に批判を加えるという特権的地位を獲得していった。かつてはこのような学的営為は神道を実践する一手段として、神道を構成する一要素にとどまっていた。近代では、神道を見出すための作業のほうが肥大化し、神道そのものよりも神道学という思想の再編行為に大きな役割が与えられることになる。神道家に対して神道学者が独立的な地位を確保し、神道学者が神道家を指導する地位に就いたのは、まさに近代以降の特徴である。神道家ではなく、理念的な認識をつかさどる学者によって、神道が語り直される必要が生じたのだ。

こうして神道は、信仰という直接的な実践行為から、言説としての神道へと形を変え、近代という新たな時代のもとに蘇生していった。そのかたわらで、各地方の神社は吉田家や白川家の支配から解放されたものの、政府の神社政策や神道学者の見解によって、その社会的地位や本質規定が与えられてゆくことになる。それを拒絶することは、近代の空間のなかに生存すること自体を否定するものであり、結局、その制度や言説空間のなかに積極的に歩み入るほかに、自己を存続させる途は残されていなかった。

もちろん、宮地直一が田中義能の『神道概論』を復古神道と倫理面に偏っていると批判し、国学院の河野省三が垂加神道を論難したように、神道学者の思い描く神道像は研究者によって個人差がみられる。(61) 東大神道研究室のなかでも、田中・加藤ら哲学出身者と宮地ら国史出身者のあいだには、研究方法をめぐる根深い対立があったと思われる。(62) 今後は、東大神道研究室の教官にとどまらず、国学院や皇学館の教官など、さまざまな人物を広汎に検討することで、個人的な偏差を含みながらも、近代神道学が全体として、どのような広がりと制約をもった言説であったのかを明らかにしてゆくべきであろう。

付論　宮地直一の神社史
――『熊野三山の史的研究』について――

『熊野三山の史的研究』は、宮地直一（一八八六―一九四九）が大正一一（一九二二）年四月に東京帝国大学から学位を授与されたときの審査論文「熊野三山を中心としたる神社の史的変遷」を、後年公刊したものである。彼の生存中には、ごく一部が「熊野詣と熊野山」(1)として発表されるにとどまり、その全貌が明らかになるのは、宮地の死後しばらく経った昭和二九（一九五四）年になってからのことである。(2)

学位論文を提出した当時、宮地は三六歳。内務省神社局考証課長をつとめる一方で、東京帝国大学文学部の神道講座「神祇史」を担当していた。宮地以前の神社研究は、神霊を絶対的なものとする信仰的な立場を前面にだした感がつよく、神職関係者以外からはあまり顧慮されることはなかった。そのなかで、東大国史学科を卒業した宮地は、ランケやリースの文献学的方法を導入することで、神社研究を「国史学の一分科」たりうるものとした。(3)彼のもつ文献学的な技量があますところなく発揮されたのが、卒業論文である『八幡宮の研究』であり、『熊野三山の史的研究』である。

本書は、熊野速玉大社（和歌山県新宮市）・熊野那智大社（同県東牟婁郡那智勝浦町）・熊野本宮大社（同県同郡本宮町）の、いわゆる熊野三山の歴史を、神話的黎明期から中世初頭にかけて叙述したものである。「第一編　三山の起源及勃興時代」「第二編　三山の発達時代」では、記紀の記述から平安中期までを扱う。三山としてのまとまりは当初より存在していたものではなく、速玉大社・本宮大社はそれぞれ出雲にあったものが紀伊国に移されたもの、那智大社は自然信仰を契機とする紀伊在地のものとされる。そして、神仏習合を背景に、宇多法皇による行幸をはじめ平安中期には皇室・公家の厚い尊崇を受けるようになる。

「第三・四編　三山の隆盛時代」では、院政期における皇室・公家の尊崇のさらなる高まり、また民間への信仰のひろまりを説く。一方で、宮地は三山内の組織にも目を向け、検校の設置や別当の活動にかんする記述を通して、三山がひとつに統括される過程を明らかにする。そして「第五編　三山の極盛時代」では、鎌倉時代、承久の変において朝廷側に加担した三山に厳罰がくだされたことを契機に、公武の庇護を仰ぐよりも、地方の「平民的」信者を獲得する戦略に転じてゆくさまを述べている。

このように第五編まで宮地の歴史叙述は続くが、そこでは国史大系や群書類従はもちろんのこと、公家日記や社寺文書など歴史史料への精通ぶりが目を引く。とくに、熊野三山をはじめ、各神寺に秘蔵されていた未公開文書をもちいた歴史叙述は、神社の内実に肉薄するという点で他の追随を許さないものとなっている。それらは、のちに子息の宮地治邦によって『神道大系　熊野三山』(神道大系編纂会、平成元年)のなかで公表されるにいたったが、当時では、宮地が神社政策に深くかかわる神社局に席を置いていたからこそ閲覧することのできた史料であった。史料が研究の質を規定するともいえる歴史研究、しかも史料翻刻が十分でない時代にあって、このような研究をおこなえたのは、宮地が各神社を統括する内務官僚であったためである。(4)

さて、本書の結論部にあたる「第六編　三山の総合的考察」では、それまでの歴史叙述をふまえて、行幸・参詣における旅程や人数、経費内訳などを、街道・門前町など交通・商業の発達をまじえて考察する一方、寺社における内部組織としての〈検校―別当―権別当―修理別当―大衆〉、一般信者との関わりのなかでの〈御師―先達―檀那〉の復元をおこなっている。これら三山の外的方面に次いで、内的方面に論を転じ、「祭神」「垂迹の形相」「出現の縁由、形相の典拠」の思想面、さらにそれに伴う「奉幣、科数の次第等、行事作法」の儀礼面に考察をおよぼしている。

宮地の神社研究の特徴として、すでに史料的な厚みを指摘したが、さらに「社会に於ける一つの具象的存在」(5)として神社をとらえる視点をあげることができる。宮地は、他の神道学者と同様に、神社の本質を「神霊の存在」(6)にみるが、同時に物的要件としての神社建築、人的要件としての神職や氏子等の信仰組織、さらに社領や寄捨などの経済基盤を重要視する。それは「神の世界と人間の世界との交渉」(7)、すなわち社会的現象に現れたかたちにおいてこそ、神霊の存在が人間に認識可能となると考えていたためである。明治末年以降、神道研究はおもに国民道徳論の流れをくむ哲学研究(8)、および国史学の方法にもとづく歴史研究という二つの分野によって進められるが、前者がややもすると原理的欲求にかられて歴史的事実を歪曲しがちなのに対して、宮地の神道史研究は、神社を社会組織として捉えるがゆえに、神道の理解を現実から安易に遊離することを防ぎ、学術的な説得力をもつものとなった。

一方で、宮地の研究は事柄の叙述を旨とする静態的観察にとどまり、今日のような社会動態の分析にむかうことはなかった。そもそも彼が神社の歴史研究に着手したのは、「神道思想の具体的表現は即ち神社」であり、「その力があらゆる方面に呈はれて活発なる働きをなし来す国史の経過そのものに就ての考察を捨て丶、神道は把握出来ない」として、歴史的現象を通して、それを生み出した神道精神すなわち「敬神の大道」を認識するためであった(9)。熊野三山にみられるような神仏習合も、同様に神道思想が展開してゆく歴史的過程の現われとして捉えられるにすぎない。

「神道の信仰」……それが根幹となつて、外来の思想や信仰やより適当に栄養分を摂取し、以て日本人としての宗教心を作り上げたのである。……儼として固有の思想が一貫して流れて居るのである(10)。

右のように述べる宮地にとって、神道の固有性は歴史現象を越えた極限概念であり、すでに史料証明の域を出ている。

歴史があらかじめ敬神思想の顕在化として規定されている以上、あらためて歴史現象の意味づけをおこなう必要はなかったのである。その意味で、かれの神道史はいかに史料的な重厚さをそなえ、社会基盤に目を向けようとも、静態的な歴史叙述の枠を越えるものとはならない。本書の結論部にある、「本社の信仰は、純粋なる宗教的情念に起り、常に時代思潮と歩調を一にして、円満に発育せしもの[11]」という言葉は、宮地の歴史叙述の行き着く先をしめすものとなっている。

このように、神道を「民族と共に普遍の存在[12]」とする宮地の理解は、神道学者に特有の価値観である。彼には、民俗学のもつ常民へのまなざしやマルクス史学のもつ階級闘争の視点は無縁のままであり、その学問は、あくまで神社史を文献批判に耐えうる近代的な歴史叙述として確立する役割をはたしたのであった。それは、高知における宮地の一族が代々神官を務める家柄であったことと無縁ではなかろう。

以上のように、宮地直一は神道の価値規範に国史学的方法を組み込んだ、ごく初期の人物であった。そこには、現象から本質へという抽象化にむかう哲学と対照をなすような、世界観に還元しきれない特質が存在する。忘れ去られた過去の出来事を史料をもちいて再構成し、多様な歴史的現象をくまなく見極めたいとする欲求である。歴史的現象へのこだわりは、その研究を史料的事実の部分で意義あるものとし、その一方で、歴史叙述を支える価値規範に追従させる。本書『熊野三山の史的研究』はまさにその典型であり、その二重性ゆえに、学史のなかで葬り去られることもなく、また積極的に意味づけられることもなく、宙に漂っている。

終章　歴史研究の可能性

一　歴史学とその外部

近年、歴史をめぐる研究は、新たな地平へと開かれつつある。表象のポリティクスの問題、それが地殻変動を呼び起こしているものである。この終章ではそれを、実証主義、アイデンティティ、歴史的志向性という三つの側面からとりあげて論じてみたい。

実証主義をめぐる問題については、認識論的にいえば、もはや客観的と呼べるような対象理解は成り立ちえず、認識主体としての歴史家と、その対象である史料や出来事とのあいだには根本的な溝が横たわっているとされる。認識行為における主体と客体の一体性の解体、それが言語論的転回と一般に呼ばれるところのものである。そこでは、歴史家による史料解読の行為も、旧来の実証主義が暗黙の前提としてきたような、ありのままの事実の把握などでなく、歴史家という認識主体によって意味づけられた解釈の産物にすぎないことになる。ミッシェル・フーコーは、このような客体との一体性から切り離された認識様式を成り立たせているものを指して、「言説 Discourse」と名づけたのであった。(1)

だが、歴史主義的な見方に親しんだ歴史学にとっては、哲学での議論とは異なって、人間の認識がつねに歴史的な拘束をうけていることなど、自明のものである。このような意味で言語論的転回を理解するのなら、さきにあげた歴史認識の制約とて、さほど抵抗なく受け入れることができよう。今日の歴史学や思想史において、そのような認識論的な水準を端的に示しているものが、いわゆる「言説の思想史」とでもいうような一連の研究方法である。美術・宗教・国語など、言葉をめぐる解釈史として展開されるその研究は、あきらかに人間の認識が不変のものではなく、時代とともに生成しては変化し、そして消滅するという視点を前提としている。(2)

しかし、言語論的転回において本来問題にされていたことは、認識の単なる変化などではない。そうではなく、認識主体の超越性という根源的な事柄が問われていたはずである。決定的に重要なことは、認識の仕方が歴史的に制約されるということではなく、それを認識する主体そのものが歴史的に作り上げられているという自覚なのである。私たちという超越的主体がまず存在したうえで、それが歴史的制約をうけた条件下で認識行為をおこない、観念や表象を産出するというのではなく、むしろ逆に、様々な観念や表象によって、認識主体のほうが構築されているということなのである。

歴史的拘束性のなかに、私たちという認識主体そのものを織り込んだうえで、歴史現象をとらえようとするか、認識主体の超越性をその外部で温存するかでは、歴史性の引き受けかたが根本的に異なることになる。主体の歴史性を取り逃がしてしまうとき、言説の思想史は、いくら観念をめぐる解釈を多様な変化相のもとに描いたとしても、旧来の思想史や心性史となんら変わらないものになってしまう。歴史学に馴染みぶかい歴史主義についても、時代的認識の相対性を唱えるものの、認識主体である歴史家の理解力をそのような被拘束性の外部に逃がしてしまう点で、結局は歴史性を表層的にしか受け止めていないことになる。(3)

そして、現在、言語論的転回がもたらした実証主義の揺らぎは、このような認識の客観性の是非にとどまることなく、さらには表象のポリティクスの問題へと、議論の領域を広げている。たしかに人間の歴史認識はありのままの出来事ではなく、解釈にすぎないのだが、だからといって、すべての人間がその解釈行為にひとしく与れているわけではない。同じように過去を認識するといっても、それを歴史叙述として表象する能力をもっているか否かで、表象力に秀でた歴史家と、それを受動的に受け入れるほかにない人々では明らかに異なる。

今日よく引かれる、「サバルタンは語ることができるのか?」というガヤトリ・C・スピヴァクの言葉は、この表象をめぐる格差を主題化したものである。(4) 知識人のように表象能力をもった一部の人間が、体系的に概念化された歴史叙述を作り出すことができるのに対し、統合的な表象力をもたない多くの人々が明確な世界像をみずから構築することは容易でなく、歴史家など知識人層が供給する表象のもとへと組み込まれてゆく。その意味で、サバルタン、あるいはその同義語とされる民衆は、民衆史家がいうような自律的な存在ではなく、文字どおり、従属する人々なのである。(5)

歴史学とくに民衆史では、民衆世界が近代の支配的文化に対峙するような独自の世界像をもっているような描き方をするが、歴史家の表象力が介在しなければ、そのような世界像がはっきりとした形をとって現われることはない。否、「民衆」という範疇そのものが、知識人の言説によってもたらされたものなのである。かつて伝統的歴史学の知識人中心主義を批判して登場した民衆史であるが、その民衆の歴史なるものを表象しているのは誰なのかという問題を見過ごしている点では、旧来の歴史学とおなじように、歴史家のもつ表象力の覇権性は意識化されないままにある。

他方で、このような表象をめぐる問題は、従軍慰安婦やアウシュヴィッツなどをめぐる歴史修正主義の議論にも展開してゆく。ここでも歴史学者の議論は事実認定の有無に終始しがちであったが、高橋哲哉ら哲学者たちは、実証主義そのものを対象化するかたちで論をひろげる。かれらは歴史を記憶という観点から捉えることで、歴史叙述とは出来事のごく一部のみが記憶されたもの、あるいは記憶の一部が公共化されたにすぎないことを明らかにした。(6) 歴史はつねに忘却の危機に曝されており、歴史叙述の外部には、ハンナ・アーレントが「忘却の穴」と呼ぶような、記憶の闇へと完全に抹消された人間や出来事が数限りなく存在する。(7) 従軍慰安婦やアウシュヴィッツの場合のように、史実としての現われそのものが、否定されてしまう事態さえ起こりうるのである。

このようにみてくると、歴史という言説は、記憶と忘却、歴史家とサバルタン、このふたつの関係が交差するところに成り立つ場であることが理解されよう。このふたつの関係の結節点をなすのが、表象作用である。表象化の力によって、記憶は忘却をまぬがれ、歴史家は民衆にたいしヘゲモニーを確立する。この表象力の結晶したものが、私たちが歴史と呼ぶものなのである。

たしかに、近世後期から近代にかけて、実証主義は成立時期の確かな文献を基準とすることで、口誦伝承と文字テクストが混在する空想的な歴史叙述の世界に、絶大な批判力を発揮した。しかし、口承伝承と文字テクストとの弁別が、文献主義の網羅性や客観性をそのまま保証するものではない。もはや実証主義の説くような、過去の客観的認識などあきらかに不可能であり、当時の出来事の一部が知識人の表象によって残されたものが歴史と呼ばれているにすぎない。私たちが記憶の外部を忘れ去り、表象化された歴史叙述だけが、本当の過去だと思い込むとき、歴史は抑圧的な方向に作動するのである。(8)

二　主体構築をめぐる抗争

ついで近代日本の歴史学を、アイデンティティおよび歴史的志向性という側面から眺めてみると、それは主体構築をめぐる絶えざる争いの歴史であったともいえる。「国史学」や「日本史学」という呼称自体がしめすように、それは国民や民族というアイデンティティを人びとに植えつけるのに大きな役割をはたしてきた。戦前においては皇国史観が、学校教育などをつうじて、天皇を中心とする日本民族という自己意識を作りあげることに、見事なまでに成功した。戦後になると、マルクス主義史学が民主主義の思潮にのって登場し、天皇制を含まない日本国民という主体の形成を促進した。さらに、一九六〇年代には民衆史があらわれ、その名のとおり、民衆を中心とする歴史を描こうとした。

これらは、いずれも前代の歴史観を批判するかたちで現われ、自分たちの唱える主体——臣民や民族、民衆——こそが、日本の歴史の実態に即したものであると主張してきた。それにたいし、近年盛んなナショナル・ヒストリー批判は、近代の日本史学は、想起する主体のかたちの違いこそあれ、いずれも日本国民という主体形成を志向する点では、おなじ立場にたつものであり、日本人という主体の想定そのものに根本的な問題があると指摘した。たしかに、近代の歴史学は、「私たちの歴史」という記憶の共同体を構築しようという欲求に突き動かされてきた点では、みな変わらぬ地平にたつ。それにたいし、ナショナル・ヒストリーの批判は、構築という行為そのものを対象化しようとしたのであった。

その批判の主眼は、酒井直樹らが説くように、これまでの歴史学がいずれも、日本人というようなナショナル・アイデンティティの確立を暗黙の前提としてきたために、そこで想定される主体は単一で自然生的なものとなり、いきおい異なる他者を抑圧するような歴史記述におちいりがちなことにある。しかも、日本固有のものとして立ち上げられたその主体は、意外にみえるが、その外部として措定される西洋的な主体構造を、普遍化して模倣したものにすぎないと指摘した。(9)

国民国家や民族意識の統一的形成は、分権的な封建制を克服し、西洋列強の植民地支配から遁れるためには有効ではあったが、一方で、この統一化がその外部に自分とは異質な他者を作り出し、植民地主義や人種差別を助長してきたことも事実であろう。ナショナル・ヒストリーへの批判は、いまも現実に打ち続くこうした抑圧・排他的な動きを指弾し、特殊性を主張するナショナル・アイデンティティに揺さぶりをかけようとしている。かつて国家による個人の抑圧という階級対立の視点から論じられたナショナリズムの問題は、良くも悪くも、いまでは同質性による異質さの抑圧というアイデンティティ論へと、議論のおかれる文脈自体が変わったのである。たとえば一九四〇年代末におこなわれた主体性論争では、権威に依存しない自律的な主体をいかにして確立するかが講じられたが[10]、今日では主体構築の過程そのものが問われるようになっている。

そのなかで歴史という観念は、いにしえの時代から連続するということで、その担い手となる人びとに時間的な由緒づけをおこない、おなじ記憶を共有するということで、その人たちの絆が自然生的なものだという確信をあたえてきた。歴史とむすびつくことで、国民や民族という主体は、時間的本来性と空間的共同性をそなえた伝統体へと跳躍することが可能となる[11]。その意味で歴史を契機とする主体形成は、いつの時代にも人間が歴史的な語りを必要としてきたことに明らかなように、国民国家にかぎったことでなく、宗教や神話など多様なかたちをとおして、近代以前から一貫しておこなわれていたのである。

ただし、そこで表象される歴史は、現実に生起した出来事の総体ではない。忘却の闇に呑まれるのを免れた、ごく一部の記憶であるにすぎない。そのような歴史表象を操りながら、近代の諸歴史学は、それぞれが想定するところの日本的な主体を構築しようとしてきた。戦前には歴史表象のヘゲモニーは天皇制支持者に握られていたが、戦後になると、前衛を自負する左翼的知識人が、天皇制に隠蔽された国民の記憶を掘り起こそうと躍進する[12]。しかし、アメリカの極東戦略へ日本が組み込まれてゆくとともに、左翼的知識人の権威は失墜し、かわって民衆が自律的な主体として称揚されるようになる。

民衆史は、前衛的知識人を否定した点で画期性を有する。そこでは、当初、主体形成を導くものとして肯定的に捉えられていた知識人のヘゲモニーが、かえって民衆を抑圧するものとして退けられた。主体形成は知識人が意図して操れるようなものではなく、大衆社会論が説くように、集合的な民衆は非合理的な側面を多分にもつことが注目されるようにもなった。しかし、だからといって、民衆史が主体形成の視点そのものを放棄したわけではなく、民衆の世界では、西洋的啓蒙主義とは別のかたちで、固有の主体化がはたされてきたと考えたのである。[13]

このように知識人主導から自律した民衆像へと、戦後歴史学はおおきく揺れ動いたが、主体構築における知識人と民衆の関係性そのものが主題化されるということはなかった。その点で、一九六〇年前後に吉本隆明が日本共産党批判のなかで明示した、知識人は一方で民衆に根ざしながらも、けっして同一化することなく緊張感を保持すべきだとするポジショナリティの問題は、[14]現在も課題として残されている。

そして、総じて現在の歴史学にいえるのは、歴史意識に裏打ちされた国民が社会体制を覆すという、政治的な変革主体論の退潮である。それは前衛知識人の失墜と時期を一にして起こり、その後はひさしく、静態的な社会構造分析が研究の主流になった。だが、近年では、カルチュラル・スタディーズなどの影響のもと、文化的抵抗としてのアイデンティティ論など、主体の政治的せめぎあいをめぐる新たな研究が芽生えはじめている。たとえば、支配的文化の圧迫にたいして、被支配者側がみずからの文化コードにそって、その読み替えをおこなう「交渉」という戦略の分析は、かつてスチュアート・ホールがジャマイカの民衆宗教論でおこなったものだが、[15]それは日本人と沖縄人・アイヌ人・在日朝鮮人、あるいは西洋と日本、あるいは都会と地方と、さまざまな主体の対抗関係のなかに援用されよう。[16]

以上、主体構築をめぐる議論を概観してきたが、先に指摘したように、そこには歴史的志向性の問題、すなわち歴史的伝統との接合による自己の正当化という問題がつねにつきまとう。自分の立場を歴史的本来性に結びつける志向性は、脈々とつづく記紀解釈史の営みが端的にしめすように、歴史の黎明から一貫して存在してきた[17]。その流れのなかで、マルクス史学が階級社会を批判するために、原始共産制社会を引きあいに出し、民衆史が西洋的知識人を批判するために、民衆世界の伝統性を称揚してきたのだ。ナショナル・ヒストリーや国民意識の近代的作為性をあばく仕事にしても、このような歴史伝統を頼む土壌が存在するがゆえに、衝撃力をもちえたのである。

だが、このような歴史的志向性は、概して、歴史的本来性への回帰欲求を相対化することができず、特定の時代を批判しようとするさいに、必然的にその反動として、別の時代をユートピアとして美化してしまう傾向にある。しかし、どのような時代にせよ、それが現実の社会である以上、歴史的制約をまぬがれた理想的な場所などあるはずがない。そこで、「歴史の遡行」と富山一郎が名づけたような、歴史的志向性そのものの脱構築が必要となる[18]。私たちはどこまでも世界内的な存在でしかないが、批判の拠点として歴史の外部を措定することで、現実に拘束された自分たちの存在を対象化することのできる眼差しを獲得することが可能になるのだ。異なる時代や別種の主体を賛美することなく、脱‐歴史的志向性の思考によって、それぞれの歴史的主体がどのように構築されているのか、その過程を批判的に検証することが求められることになる。

三　解体の淵から

最後に、このような歴史的主体の問題を、研究者自身のあり方と重ね合わせるかたちで考えることで、この終章を結ぶことにしたい。サルトルは、戦後一世を風靡した小説『嘔吐』の結びの部分で、主人公の歴史学者に、「歴史に関する論文なら書いたが――それでは話にならない」[19]という台詞をはかせている。彼は、ある貴族の伝記を書き上げようと、古文書館に通っていたのだが、ある日、マロニエの木を目にして吐き気をもよおす。

マロニエの根は、ちょうど私の腰掛けていたベンチの真下の大地に、深く突き刺さっていた。それが根であることを、もう思いだせなかった。言葉は消え失せ、言葉とともに事物の意味もその使用法も、また事物の表面に人間が記した弱い符合もみな消え去った。……根も、公園の柵も、ベンチも、芝生の貧弱な芝草も、すべてが消え失せた。事物の多様性、その個性は単なる仮象、単なる漆にすぎなかった。その漆が融けて怪物染みた、軟くて無秩序の塊が――恐ろしい淫猥な裸形の塊だけが残った。[20]

この吐き気とは、言説に整序化される以前の事物のありさまを感じとってしまったために、自分の了解する世界の明証性が崩壊してしまった不安にほかならない。そして、歴史学ではそのような世界のリアルさを扱うことはできないと、長年従事してきた歴史研究を主人公が放棄するところで、この小説は終わる。[21]

この書物が出版されたのは一九三八年だが、その後、サルトルはマルクス主義運動にふかく関与してゆく。しかし今となってみれば、皮肉なことにこの小説は、文献学的な歴史研究の限界を指摘しているだけでなく、マルクス主義歴史学が後年頓挫してゆく結末を暗示するものとなっている。マルクス主義史学はその目的を一貫して社会革命に定めてきたため、そこで立ち上げられる主体は政治一色のものであった。それに対して小説『嘔吐』は、言説のすきまから垣間見えた非言語的な世界を示すことで、マルクス主義的な政治主体が世界を全面的に蔽えるような根源的なものではないことを露呈させる。

勿論、マルクス主義史学の目的が革命にある以上、そこで構築される主体が政治的なものになるのは当然のことである。指弾されるべき点は、政治的であれ文化的であれ、特定の言説によって世界認識の枠組みを一面化し、他の言説との競合を斥けるような、単一の主体の存在を自明視してしまったことにある。

現在のアイデンティティ論の観点からみれば、主体とは自然生的なものなどではなく、それぞれが置かれた社会的文脈のなかで歴史的に構成されるものである。現実の私たちは、アカデミズムにおいて歴史研究者であったり、家庭において父親であったり、ナショナリティにおいて日本人であったりと、様々な関係性のなかで重層的な主体を形成している。[22] とくに一九七〇年代以降、消費社会に管理された「私生活」への内閉化がおこるなかで、人々の生活を全面的な政治主体化へと駆りたてる言説は急速に力を失っていった。とくに若い世代の人間は、日常生活の隅々までシステム化されてゆく社会状況のなかで、変革主体としての大文字の歴史に同化させることのできない自己の行き場を模索して喘いでいた。一九八〇年に発表された村上龍の小説『コインロッカー・ベイビーズ』は、当時の気分をよく表している。

俺は、閉じ込められている、……閉じ込められたままだ、破壊せよ。お前が閉じ込められている場所を破壊せよ、キクは、降ってくる光の破片に向かって引き金を引いた。……散弾が女の顔を引きちぎった。女は両手を拡げて吹っ飛んだ。……目も鼻も唇も耳も髪の毛も失くなった顔がキクの方を向いている。そのドロドロした赤い顔は降り続ける雪を吸い込み、表面から湯気を立てた。[23]

この小説では、閉塞した状況のなかで人間にひそむ破壊衝動が肥大化してゆく描写が、いたるところに散見される。暴力性の問題は、少年犯罪やオウム事件のように、一部の病んだ精神に巣喰うだけではなく、私たち自身が内側にもつ問題として受け止められる必要がある。精神分析学のコンプレックス理論でも明らかなように、人間はその無意識の奥に、自律した多様な言説を抱えこんでいる。[24] この複数性との関わり方を誤まるとき、精神的病いの徴候が現われたり、歪んだ暴力性が顕現することになる。

むろん、主体構成が重層的であるということは、統一を欠いた無秩序な状態をそのまま意味するものではない。自己のうちに存在する複数の言説に引き裂かれながらも、私たちはその関係を統合すべく折衝をおこなっている。この意識化の過程をとおして、アイデンティティは確立されてゆく。ただ、現実の人間が単一で明快な存在ではなく、その内側に不可解な領域と不安とを抱え込んでいることは弁えておく必要がある。今日の歴史研究が人々に訴える力を回復するためには、この複合的で不明瞭な構造性を認めたうえで、どのようにして歴史的主体の構築と分析をおこなうかが問われることになろう。

ただし、私たちのうちにはその一方で、この複層性を否認して、特定の言説に同一化しようとする主体の単一化欲求が根強くみられる。研究者の例でいえば、自分の帰属する学閥や学会あるいはジャーナリズムの支配的言説に同化することで、複層性への不安を封じ込めようとする。他の言説から遮断された認識の枠組みのなかで、史料や解釈に携わることで、安定した世界像と一定の社会的地位を手に入れることが可能になる。研究者の業界にかかわる者であれば、誰しもこのような光景はうんざりするほど目の当たりにしている。

だが、私たちが単なる技術者ではないのならば、諸言説が内閉することがないように、その構成原理や社会的性質を他にむけて顕現させてゆく努力が求められよう。そのためには、研究者は自分が歴史的に制約されていることを自覚したうえで、そうであるからこそ、アイデンティティが固着化することを拒み、様々な言説を自分の内部で衝突させ、みずからの主体構成をたえず揺り動かして見せなければならない。それは同時に、個人の内側にひそむ諸言説の葛藤を表出させることで、社会の支配的言説を対象化する試みともなるはずである。

今や歴史研究による政治的な変革主体の促進など、荒唐無稽な話にすぎなかろうが、このような知的抵抗の拠点として個人を位置づけることは、容易ではないとはいえ、いまだ可能性が残されている。その意味で、ふるくはサルトルが提起した非言説的な実存への問い、村上龍のような破壊衝動の対象化など、個人の内的世界を起点とした表現行為という点で、小説がとってきた手法は、これからの歴史研究を構想するうえで見るべきものがあろう。加えて、村上春樹の作品『ねじまき鳥クロニクル』は、現代の個人的日常を掘り下げる過程と、かつての日本の戦争体験が重ね合わされるという戦略がとられており、一九七〇年代以降の内閉化した個人意識がふたたび社会的なものへと開かれる回路を示唆するものとして注目される。[25]

「自分とは何かということをずっとさかのぼっていくと、社会と歴史ということ全体の洗い直しに行き着かざるをえない」[26]という彼の言葉は、小説という表現媒体の豊かさとともに、現在でも歴史に向き合うことの重要性が損なわれていないことを改めて確認させてくれる。かつての戦場ノモンハンを訪れた村上は、夜半激しい地揺れを感じて目を覚ます。

でもそれから僕ははっと気づいた。揺れていたのは部屋ではなく、世界ではなく、僕自身だったということに。それがわかると、身体の芯まで冷たくなった。……それほど深く理不尽な恐怖を味わったのは生まれて初めてだった。それほど暗い闇を見たのも初めてだった。[27]

個人を起点にして歴史を考えるとは、自分の感覚を揺るぎなきものと信じ込むことではなく、みずからの裡に過去の闇が浸み出し、個人が解体されるほどの危うさに身をさらすことであろう。だが、その刹那にこそ、他人に深くとどく言葉を摑みとる場所があるはずである。このとき、かつての歴史学は実証主義や社会変革論との自己同一性から身を引き離し、新たな時代状況に呼応した意味を獲得してゆくことになろう。それを、歴史学と呼ぶか、「学」をとりはらって歴史研究と呼ぶかは、やはり瑣末なことでしかない。

注

序章

(1) ただし、宗教概念の成立についてのキャントウェル・スミスの見解に対して、ファイルは一四世紀のユマニスムに、デスプランは宗教哲学の出現する一八〇〇年頃に求められるとする。キャントウェル・スミスへの評価がもっぱら高いが、宗教概念の成立をめぐる検証はいまだ始まったばかりといえる。Gerard Vallée, "The Conference", in *Religion in History*, 1992, pp. 4–5.

(2) ちなみに、一九九七年のアメリカ宗教学会 the American Academy of Religion の大会でも、「啓蒙主義とポスト啓蒙主義における「宗教」の出現」がテーマになっている。

(3) アート・バーマン『ニュー・クリティシズムから脱構築へ――アメリカにおける構造主義とポスト構造主義の受容』一九八八年(立崎秀和訳、未来社、一九九三年)。

(4) Dominick LaCapra & Steven L. Kaplan, eds., *Modern European Intellectual History: Reappraisals & New Perspectives*, Ithaca & London: Cornell University Press, 1982. これらの論文の一部は、D・ラカプラ「思想史再考とテクストの読み」『思想史再考――テクスト、コンテクスト、言語』山本和平他訳、平凡社、一九九三年、M・ジェイ「思想史と言語論的転回」『思想』七五四、一九八七年など、邦文でも紹介されている。

(5) その代表的なものとして、ジェイムズ・クリフォード/ジョージ・マーカス編『文化を書く』一九八六年(春日直樹他訳、紀伊国屋書店、一九九六年)。

(6) Talal Asad, *Genealogies of Religion: Discipline and Reasons of Power in Christianity and Islam*, Baltimore and London: The John Hopkins University Press, 1993, p. 29.

(7) ラッセル・T・マッカチオン「「宗教」カテゴリーをめぐる近年の議論――その批判的俯瞰」(磯前/リチャード・カリチマン

訳『現代思想』二八-九、二〇〇〇年、二一〇頁)。

(8) Jonathan Z. Smith, *Imagining Religion: From Babylon to Jonestown*, Chicago & London: The University of Chicago Press, 1982, p. xi.

(9) 還元主義と本質主義をめぐる議論は、以下の文献が代表的である。Thomas A. Idinopulos & Edward A. Yonan, eds., *Religion & Reductionism: Essays on Eliade, Segal, & the Challenge of the Social Sciences for the Study of Religion*, Leiden, Boston & Köln: E. J. Brill, 1994. Robert Segal, *Religion and the Social Sciences: Essays on the Confrontation*, Atlanta: Scholar Press, 1989. 但し、この議論そのものは生産的なものとはいいがたい(拙稿「解題 スチュアート・ホールの民衆宗教論」『現代思想』三〇-五、二〇〇二年、七一—七二頁)。

(10) キャントウェル・スミスやシャープの仕事に言及した論文は沢山あるが、両者を同時にとりあげ、そこにみられる本質主義的な態度を批判したものとして、いささか性急な感じをあたえるものではあるが、Timothy Fitzgerald, *The Ideology of Religious Studies*, Oxford: Oxford University Press, 2000, Chap. 2. がある。他に、Talal Asad, "Reading a Modern Classic: W. C. Smith's The Meaning and End of Religion", in *History of Religions* 40-3, 2001.

(11) ただし、家族的類似性による宗教定義の試みそのものは以前より存在しており、もっとも初期の論考としては次のものがある。William P. Aston, "Religion", P. Edwards, ed., *The Encyclopedia of Philosophy* 7, The Macmillan Company & The Free Press, 1967.

(12) 竹内好「日本共産党論」一九五〇—五一年(『日本イデオロギイ』こぶし書房、一九九九年、一五九頁)。

(13) Shlomo Biderman, *Scripture and Knowledge: An Essay on Religious Epistemology*, Leiden, New York & Köln: E. J. Brill, 1995. Catherine Bell, *Ritual: Perspectives and Dimensions*, Oxford: Oxford University Press, 1997. Wayne Proudfoot, *Religious Experience*, Berkeley: University of California Press, 1985. 深澤英隆「宗教的生形式と宗教の正当化(一)——英米哲学のコンステレーション」『一橋大学研究年報 社会学研究』三七、一九九九年、拙著『記紀神話のメタヒストリー』吉川弘文館、一九九八年、など。

(14) この点については、マッカチオンが下記の書評のなかで対立の要点を簡潔に紹介している。Russell T. McCutcheon,

"David Chidester, *Savage Systems: Colonialism and Comparative Religion in Southern Africa*", in *History of Religions* 39–1, 1999, p. 76.

(15) X・チェン「オクシデンタリズム」一九九五年(篠崎香織訳『批評空間』二-一一、一九九六年)、James G. Carrier, ed., *Occidentalism: Image of the West*, Oxford: Clarendon Press, 1995.

(16) マルクス主義的な歴史解釈とポスト構造主義のかかわりに関しては、以下の文献を参照のこと。スチュアート・ホール「ポストモダニズムとの接合について」一九九六年(甲斐聰訳『現代思想』二六-四、一九九八年)。

(17) Gayatri Chakravorty Spivak, *A Critique of Postcolonial Reason: Toward a History of the Vanishing Present*, Cambridge, Massachusetts, London: Harvard University Press, 1999. レイ・チョウ『ディアスポラの知識人』一九九三年(本橋哲也訳、青土社、一九九八年)。

(18) 宗教(レリジョン)という言葉の成立をめぐる研究は、すでに一九三〇年代からはじまっている。井上哲次郎「祝辞」『宗教学紀要』一、一九三〇年、加藤玄智『神道学精要』大日本図書株式会社、一九三八年、相原一郎介「訳語〝宗教〟の成立」『宗教学紀要』五、一九三八年、川田熊太郎『仏教と哲学』平楽寺書店、一九五七年など。

(19) ひろたまさき『文明開化と民衆意識』青木書店、一九八〇年、九三頁。

第一部 第一章

(1) M・フーコー『知の考古学』一九六九年(中村雄二郎訳、河出書房新社、一九八一年、一一九頁)。

(2) このような試みとして、「美術」や「絵画」という言葉の成立をあつかった佐藤道信『〈日本美術〉誕生——近代日本の「ことば」と戦略』(講談社、一九九六年)や鈴木貞美『日本の「文学」概念』(作品社、一九九八年)、さらには「宗教」という概念の成立をとりあつかった山口輝臣『明治国家と宗教』(東京大学出版会、一九九九年)などがある。ただし、言説の思想史とでもいうべきこれらの研究と、従来の思想史との境界は意外にも曖昧なものであり、あらためて検討する必要があろう(拙稿「歴史研究の可能性」二〇〇一年、本書終章として収録)。

(3) これらの宗教概念をめぐる議論を俯瞰したものとして、Arie L. Molendijk, "Intro-duction", in A. L. Molendijk & P.

Pels, eds., *Religion in the Making: The Emergence of the Science of Religion*, Leiden, Boston & Köln: Brill, 1998. ラッセル・T・マッカチオン「「宗教」カテゴリーをめぐる近年の議論」一九九五年（磯前／リチャード・カリチマン訳『現代思想』二八-九、二〇〇〇年）、拙稿「宗教概念および宗教学の成立をめぐる研究概況――欧米と日本の研究のリ・ロケーション」二〇〇〇年（本書序章として収録）、などがある。

（4）このような諸問題を取り扱ったものに、阿満利麿『日本人はなぜ無宗教なのか』ちくま新書、一九九六年、がある。

（5）松井芳郎「近代日本と国際法」『季刊 科学と思想』一三・一四、一九七四年、藤田久一「東洋諸国への国際法の適用」関西大学法学部百周年記念論文集『法と政治の理論と現実 上』有斐閣、一九八七年、井口和起「「大日本帝国」の形成」、同編『近代日本の軌跡 三 日清・日露戦争』吉川弘文館、一九九四年。

（6）広瀬靖子「キリスト教問題をめぐる外交状況」『日本歴史』二九〇・二九一・三〇三、一九七二年。

（7）このような帝国主義政策における国家独立と宗教の結びつきは、Peter van der Veer & Hartmut Lehman, eds., *Nation and Religion: Perspectives on Europe and Asia*, Princeton: Princeton University Press, 1999. Charles F. Keyes, Laurel Kendall & Helen Hardacre, eds., *Asian Visions of Authority: Religion and the Modern States of East and Southeast Asia*, Honolulu: University of Hawaii Press, 1994. に収められた諸論文において指摘されている。また、宗教概念と文明・未開・野蛮概念の結びつきは、David Chidester, *Savage Systems: Colonialism and Comparative Religion in Southern Africa*, Charlottesville & London: University Press of Virginia, 1996. を参照。

（8）藤田前掲論文、一五九頁。

（9）宗教問題における西洋の政治的圧力については、関一敏「日本近代と宗教」『春秋』三九三、一九九七年、三五頁、にすでに指摘がある。なお、幕末から明治初期における日本をとりまく外交状況については、芝原拓自『世界史のなかの明治維新』岩波新書、一九七七年、を参照されたい。

（10）外務省編『日本外交年表竝主要文書 一八四〇―一九四五』原書房、一九六五年、一九頁、藤井貞文『開国期基督教の研究』国書刊行会、一九八六年、八八―八九頁。

（11）外務省編『日本外交文書』二―三「六五八 浦上村耶蘇教徒ノ各藩ヘノ移送ニ関スル件」五四三頁。

(12) 相原一郎介「訳語〝宗教〟の成立」『宗教学紀要』五、一九三八年、三頁。

(13) 藤井前掲『開国期基督教の研究』一六四頁。

(14) 小泉仰「序論」比較思想史研究会編『明治思想家の宗教観』一九七五年、二〇―二一頁(改題再版『人間と宗教――近代日本人の宗教観』東洋文化出版、一九八二年)、山崎渾子「久米邦武と田中不二麿の宗教視察――岩倉使節団と宗教問題〈その四〉」『聖心女子大学論叢』七三、一九八九年、九三―一〇一頁。『福沢諭吉全集 第一巻』岩波書店、一九五八年、三四九、五二一頁など。スマイルズ『西国立志編』中村敬宇訳「第八編廿一 雑未那東洋ニ航スル事」「第十編四 工人倹約ヲ勉メ品行ヲ高クスヘキ事」、『西周全集 第一巻』日本評論社、一九四五年、一一二、一二〇頁、同三巻、宗高書房、一九六六年、二一五頁、『新島襄書簡集』「八 新島民治宛慶応三年三月二九日」「一四 新島民治宛明治二年六月十六日」「一五 飯田逸之介宛明治四年二月十一日」岩波文庫、一九五四年、三八、六七、七一頁、『明六雑誌』五・六(山室信一・中野目徹校注『明六雑誌(上)』岩波文庫、一九九九年)。

(15) 『日本外交文書』一―一「二八二 太政官日誌及高札中ノ切支丹邪宗門ノ布告ヲ廃止セラレタキ旨申入ノ件」六四二頁、同二―一「一五 独逸北部連邦トノ修好通商航海条約」四一頁、島地黙雷「三条教則批判建白書」(安丸良夫・宮地正人編『日本近代思想大系 宗教と国家』岩波書店、一九八八年、二三九―二四〇頁)。鈴木範久『明治宗教思潮の研究――宗教学事始』(東京大学出版会、一九七七年、一六―一七頁)。相原前掲「訳語〝宗教〟の成立」。なお、鈴木はさらに若干年さかのぼる可能性も示唆している。

(16) ビリーフとプラクティスという概念については、以下の論文をみられたい。Winston L. King, "Religion", in M.Eliade, ed., *The Encyclopedia of Religion*, vol. 11, New York: Macmillan Publishing Company, 1987, p. 283. 関前掲「日本近代と宗教」。

(17) 宗門・宗旨の言葉の意味は、『徳川禁令考 前集第五』創文社、一九五九年、に収められた用例による。近世における仏教の機能については、圭室文雄『日本仏教史 近世』吉川弘文館、一九八七年、一〇三頁、同『葬式と檀家』吉川弘文館、一九九九年、など。

(18) 中村元『仏教語大辞典』東京書籍、一九八一年、小泉前掲「序論」。

(19) 源了圓「近世儒者の仏教観――近世における儒教と仏教の交渉」、玉城康四郎編『仏教の比較思想論的研究』東京大学出版会、一九七九年、高橋文博・茂木誠他「近世諸思想の論争」今井淳・小澤富夫編『日本思想論争史』ぺりかん社、一九七九年。

(20) 中村前掲『仏教語大辞典』六四五頁。川田熊太郎「宗の教とレリジョン」『仏教と哲学』平楽寺書店、一九五七年、中村元「「宗教」という訳語」『日本学士院紀要』四六‐二、一九九一年。

(21) 井上哲次郎「祝辞」『宗教学紀要』一、一九三〇年、三〇四頁。江戸時代以前の用法については、他に、加藤玄智「東西に於ける宗教の語義」『宗教学精要』錦正社、一九四四年、川田同右書、五四頁、などを参照されたい。

(22) 鈴木前掲『明治宗教思潮の研究』一六頁。

(23) 飛田良文編『哲学字彙 訳語総索引』笠間書院、一九七九年。その後、『哲学字彙』は、一八八四年の『改訂増補 哲学字彙』、一九一二年の『英独仏和 哲学字彙』と、二度ほど改訂されているが、「宗教」の言葉については改められていない。

(24) 鈴木裕子「明治政府のキリスト教政策――高札撤回に至る迄の政治過程」『史学雑誌』八六‐二、一九七七年、山崎渾子「幕末維新期における信教の自由――岩倉使節団と宗教問題〈その六・七〉」『聖心女子大学論叢』八七・八八、一九九六・一九九七年、家近良樹『浦上キリシタン流配事件――キリスト教解禁への道』吉川弘文館、一九九八年、鈴江英一『キリスト教解禁以前――切支丹禁制高札撤去の史料論』岩田書院、二〇〇〇年。

(25) 春畝公追頌会編『伊藤博文伝 上』一九四三年(原書房、一九七〇年、六五四頁)。

(26) 小泉前掲「序論」一三頁、『明六雑誌』六(『明六雑誌(上)』岩波文庫、一九九九年)、『福沢諭吉全集 第四巻』岩波書店、一九五九年。

(27) キリスト教とレリジョン概念の関係については、以下の文献などを参照のこと。Wilfred Cantwell Smith, *The Meaning and End of Religion*, Minneapolis: Fortress Press, 1963/1991, chap. 2. Peter Harrison, *'Religion' and the Religions in the English Enlightment*, Cambridge et al.: Cambridge University Press, 1990, chap. 2.

(28) 大隅和雄『中世思想史への構想――歴史・文学・宗教』名著刊行会、一九八四年、九五頁。

(29) 宮田登『江戸のはやり神』ちくま学芸文庫、一九九三年、四八、五二、六六頁、前掲『徳川禁令考 前集第五』「二五七一 富士講ノ儀ニ付御触」など。

(30) 小泉前掲「序論」一七頁。

(31) 大隅前掲『中世思想史への構想』九三―九四頁。他に、加藤前掲『宗教学精要』三四頁。鈴木修次『日本漢語と中国――漢字文化圏の近代化』中公新書、一九八一年、一二四―一二六頁。

(32) キリスト教を中心とする欧米の文化的規範が、ヒンドゥー教や仏教など非西洋社会の宗教アイデンティティ形成におよぼす支配的影響力については、以下の文献が参考になる。Richard King, *Orientalism and Religion: Postcolonial Theory, India and 'The Mystic East'*, London & New York: Routledge, 1999, chap. 5. 7. Cantwell Smith, *op.cit.*, chap. 3.

(33) James Edward Ketelaar, *Of Heretics and Martyrs in Meiji Japan*, Princeton: Princeton University Press, 1990, chap. 5. 大隅前掲書、九七頁、川田前掲『仏教と哲学』二一頁。

(34) 津田左右吉『日本の神道』一九四八年、第一章(『津田左右吉全集 九』岩波書店、一九六四年)、黒田俊雄「中世宗教史における神道の位置」『日本中世の社会と宗教』岩波書店、一九九〇年。

(35) Ketelaar, *op. cit.*, chap 4. オールス・ランデ「『六合雑誌』における諸宗教に対する態度――一八八〇から一八九〇年までを中心として」『キリスト教社会問題研究』二七、一九七八年、山口輝臣「宗教の語り方」『年報・近代日本研究』一八、一九九六年。

(36) 小崎弘道「六合雑誌発行ノ趣意」『六合雑誌』一、一八八〇年、一―二頁。松沢弘陽「キリスト教と知識人」『岩波講座 日本歴史 一六』一九七六年、二九四―二九八頁。

(37) 山崎渾子「岩倉使節団における宗教問題――『米欧回覧実記』に見る宗教観」『北大史学』一八、一九七八年、同「岩倉使節団と信教自由の問題」『日本歴史』三九一、一九八〇年、小泉仰「啓蒙思想家の宗教観」、前掲『明治思想家の宗教観』。

(38) 藤井貞文『明治国学発生史の研究』吉川弘文館、一九七七年、佐々木聖史「山田顕義と祭神論争」『日本大学精神文化研究所・教育制度研究所紀要』一五、一九八四年。

(39) 安丸良夫「近代転換期における宗教と国家」(安丸・宮地前掲『日本近代思想大系 宗教と国家』五四四―五四五頁)、山口前掲「宗教の語り方」七九頁。

(40) 島地黙雷「三条教則批判建白書」一八七二年(安丸・宮地同右書、二三九―二四〇頁)、同「大教院分離建白書」一八七三年

(同上、二四七頁)。
(41) 大隅前掲『中世思想史への構想』一〇〇―一〇二頁、柏原祐泉『日本仏教史 近代』吉川弘文館、一九九〇年、四七頁。
(42) 鶴巻孝雄「啓蒙家の誕生、そして民俗の文明化――文明開化と民俗の変容」『神奈川大学評論』二三、一九九六年、瀬戸美喜雄「維新期における金光大神の信仰」『金光教教学研究所紀要』一六、一九七六年、幡鎌一弘「明治期における社会と天理教」『天理大学おやさと研究所年報』三、一九九六年、川村邦光『幻視する近代空間――迷信・病気・座敷牢、あるいは歴史の記憶』青弓社、第Ⅰ・Ⅱ章、一九九〇/一九九七年。
(43) 篠田一人「日本近代思想史における熊本バンドの意義」同志社大学人文科学研究所編『熊本バンド研究――日本プロテスタンティズムの一源流と展開』みすず書房、一九六五年、宮川透「日本の精神風土とキリスト教――明治プロテスタンティズムの動向を中心に」『日本精神史の課題』紀伊国屋書店、一九八〇年。
(44) 沖本常吉編『幕末淫祠論叢』マツノ書店、一九七八年、桂島宣弘『思想史の十九世紀――「他者」としての徳川日本』ぺりかん社、一九九九年、二五―三〇頁。
(45) 津田左右吉「維新政府の宣伝政策」一九五八年(前掲『津田左右吉全集 八』三一六頁)。
(46) 西周『百一新論』一八七三年(前掲『西周全集 一』二七一頁)、中島三千男「大日本帝国憲法第二八条「信仰自由」規定成立の前史――政府官僚層の憲法草案を中心に」『日本史研究』一六八、一九七六年、二五頁。
(47) 福沢諭吉『文明論之概略』(前掲『福沢諭吉全集 第四巻』九九頁)。丸山真男『「文明論之概略」を読む 中』岩波新書、一九八六年、一九五頁。
(48) 西村茂樹『日本道徳論』一八八六年(岩波文庫、一九三五年、九―一〇頁)。
(49) 教部省は明治一〇年に廃止されたが、教導職は明治一七年まで存続した。教部省および教導職を俯瞰したものには以下の文献がある。宮地正人『天皇制の政治史的研究』校倉書房、一九八一年、第一章、阪本是丸「日本型政教関係の形成過程」、井上順孝・阪本是丸編『日本型政教関係の誕生』第一書房、一九八七年、羽賀祥二『明治維新と宗教』筑摩書房、一九九四年、第五・七章、谷川穣「教部省教化政策の転回と挫折」『史林』八三-六、二〇〇〇年。
(50) 羽賀同右書、一一九―一二〇、一九六頁。「『三条教則』関係資料(一)―(一四)」『明治聖徳記念学会紀要』一五―二九、一九九五—二〇〇〇年。
(51) 村上重良『国家神道』岩波新書、一九七〇年、一〇八頁。
(52) 小泉仰「啓蒙思想家の宗教観」、前掲『明治思想家の宗教観』八三頁。荻原隆「宗教——儒者のキリスト教受容」『中村敬宇研究——明治啓蒙思想と理想主義』早稲田大学出版部、一九九〇年。
(53) 渡辺和靖『明治思想史——儒教的伝統と近代認識論』ぺりかん社、一九七八年、一九〇—一九二頁、津田前掲『日本の神道』(三二五—三三四頁)。ちなみに、「本教」の出典は大国隆正『本学挙要』や竹尾正胤『大帝国論』に、「教導」は桂誉重に、いずれも平田派の著作のなかに確認される(『日本思想大系 平田篤胤・伴信友・大国隆正』一九七三年、四〇四頁、『日本思想大系 国学運動の思想』一九七一年、四九一、二五〇頁)。
(54) 小崎弘道「六合雑誌発行ノ趣意」『六合雑誌』一、一八八〇年、一一頁。
(55) 安丸良夫『神々の明治維新——神仏分離と廃仏毀釈』岩波新書、一九七九年、九頁。
(56) 柏原前掲『日本仏教史 近代』六〇—六一、七三頁、Ketelaar, *op. cit.*, chap. 5.
(57) 桂島宣弘『幕末民衆思想の研究——幕末国学と民衆宗教』文理閣、一九九二年、二一六頁、幡鎌前掲「明治期における社会と天理教」一〇一頁、村上重良『近代民衆宗教史の研究』法蔵館、一九五八／一九六三年、一八三—一八九頁。
(58) 実際には、ひろたは「奈落と辺境の民衆」をくわえ三層の存在を指摘しているが、具体的に述べているのが豪農商層と底辺民衆であるため、本稿でもこの二層にかんする記述にとどめる。ひろた『文明開化と民衆意識』青木書店、一九八〇年、九三頁。
(59) 鶴巻前掲「啓蒙家の誕生、そして民俗の文明化」八二頁。
(60) ひろた前掲『文明開化と民衆意識』七二—七三頁。たとえば、当時の「膏取り」伝承には、徴兵令や戸籍法に対する民衆の恐怖心がみてとれる(佐竹昭広「文明開化と民間伝承」『酒呑童子異聞』平凡社、一九七七年、のちに岩波書店、一九九二年)。
(61) モース述、石川千代松筆記『動物進化論』一八八三年(『明治文化全集 二〇』日本評論社、一九六七年、三二三頁)。
(62) 山路愛山『基督教評論』一九〇六年(『基督教評論・日本人民史』岩波文庫、一九六六年、七一頁)。
(63) 島尾永康「進化論者の排耶論と神道著述家の十字教観——明治七年から明治十七年にかけて」、同志社大学人文科学研究所編

『排耶論の研究』教文館、一九八九年、渡辺正雄『日本人と近代科学――西洋への対応と課題』岩波新書、一九七六年、第Ⅳ章、山下重一『スペンサーと日本近代』お茶の水書房、一九八三年。

(64) Eric Sharp, *Comparative Religion: A History*, Duckworth, 1975/1986, p. 28. 島尾同右論文、一一二頁。

(65) 井門富士夫「東亜プロテスタントの社会的地位――清教徒精神と東亜伝道」『世俗社会の宗教』日本基督教団出版局、一九七二年。

(66) 平岩愃保「道徳ト宗教ノ関係」『六合雑誌』四〇、一九八三年、一三〇頁。

(67)「東京日々新聞及朝野新聞ノ宗教論ヲ読ム」『六合雑誌』三四、一九八三年、一一八頁。

(68) 大畠清・井門富士夫「明治キリスト教史」、岸本英夫編『明治文化史 宗教編』洋々社、一九五四年、隅谷三喜男『近代日本の形成とキリスト教』新教出版社、一九五〇／一九六一年、二二六―二二七頁、鈴木前掲『明治宗教思潮の研究』第一章。

(69) 小崎弘道「グラッドストーン及ハックスリー両氏の創世記論」『六合雑誌』六六、一八八六年、一七三頁。今中寛司「『六合雑誌』における小崎弘道」、同志社大学人文科学研究所編『『六合雑誌』の研究』教文館、一九八四年、一四六頁。

(70) 森岡清美『日本の近代社会とキリスト教』評論社、一九七〇年、一八五頁。ロマン主義的宗教理解については、Cantwell Smith, *op. cit.*, p. 45.

(71) 鈴木前掲『明治宗教思潮の研究』五四―五五頁、大畠・井門前掲「明治キリスト教史」三七八、三八五頁。

(72) 井上円了『宗教新論』一八八八年(『井上円了選集 八』東洋大学、一九九一年、二一頁)。笠原芳光「井上円了の排耶論」、前掲『排耶論の研究』一九七―一九八頁。

(73) Masaharu Anesaki, Buddhism versus Christianity? Or Religion versus Non-religion?, p. 9. (文六〇(3)

(74) 有賀長雄『宗教進化論』東洋館書店、一八八三年。沖田行司「井上哲次郎の宗教観と『六合雑誌』」、前掲『『六合雑誌』の研究』三六四頁、渡辺和靖「井上哲次郎における進化論・キリスト教」『清泉女子大学人文科学研究所紀要』一、一九七九年。

(75) フルベッキ「優勝劣敗」『六合雑誌』六二、一八八六年。渡辺前掲『日本人と近代科学』二二六―二二七頁。

(76)「信教」という言葉は、明治二二年に配布された公的注釈書『憲法義解』(岩波文庫、一九四〇年)の説明からみて、加藤玄智のいうように「宗教を信ずるといふ意」でもちいられている(加藤前掲『宗教学精要』四三頁)。

(77) 牧原憲夫『客分と国民のあいだ——近代民衆の政治意識』吉川弘文館、一九九八年、第Ⅲ章。

(78) ただし、西洋においてさえ、厳密な政教分離の実現は困難とされる。ヨーロッパにおける政教分離の成立過程と各国の現状については、つぎの文献で俯瞰できる。René Rémond, *Religion and Society in Modern Europe*, trans. by Antonia Nevill, Oxford & Malden: Blackwell Publishers, 1999.

(79) Arie L. Molendijk, "Introduction", *op. cit.*, p. 7. 宗教概念と啓蒙主義および政教分離との関係については、Talal Asad, "Religion, Nation-State, Secularism", in *op. cit., Nation and Religion*. も参考とされたい。

(80) Ketelaar, *op. cit.*, pp. 41–44. 山口輝臣『明治国家と宗教』東京大学出版会、一九九九年、六章。宗教という本質概念の出現については、次の文献を参照されたい。Tim Murphy, "Wesen und Erscheinung in the History of the Study of Religion: Post-Structualist Perspective", in *Method and Theory in the Study of Religion* 6, 1994.

(81) 井上円了『比較宗教学』一八九三年(『井上円了選集 八』一九九一年、東洋大学、九四頁)。高木きよ子「井上円了の宗教学」、清水乞編『井上円了の学理思想』東洋大学、一九八九年。

(82) Sharp, *op. cit.*, chap. 2. 3. Peter Byrne, *Natural Religion and the Nature of Religion*, London & New York: Routledge, 1989, pp. 200–201.

(83) Ketelaar, *op. cit.*, chap. 4. Richard H. Seager, *The World's Parliament of Religions: The East/West Encounter*, Chicago, 1893, Bloomington & Indianapolis: Indiana University Press, 1995. 鈴木前掲書、第三章。

(84) 松山緑陰『万国宗教大会議 前編』興文堂、一八九三年、六六頁。

(85) 姉崎正治「所謂新宗教」『太陽』三‐八、一八九七年。

(86) 小澤三郎『内村鑑三不敬事件』新教出版社、一九六一年、鈴木範久編『教育宗教衝突論史料』飯塚書房、一九八二年。

(87) 日本の宗教政策としては、信教の自由よりもカトリック的な寛容を採択することが望ましいという政府の見解は、明治初年の岩倉遣欧使節の段階にまでさかのぼり、大日本帝国憲法の草案作成時の井上毅にいたるまで、主流をなすものであったといえよう。山崎前掲「岩倉使節団と信教自由の問題」、同「幕末維新期における信教の自由」、中島三千男「明治国家と宗教——井上毅の宗教観・宗教政策の分析」『歴史学研究』四一三、一九七四年。

(88) 小沢浩『生き神の思想史――日本の近代化と民衆宗教』岩波書店、一九八八年、四九―五二頁。
(89) 安丸良夫『日本ナショナリズムの前夜』朝日選書、一九七七年、四〇頁。
(90) 鈴木前掲『明治宗教思潮の研究』二一一頁。
(91) 武田清子「『六合雑誌』『思想』四六二、一九六二年、一一四頁、篠田一人「自由キリスト教と社会運動」『同志社大学人文科学研究所紀要』四、一九六〇年、二一一頁。
(92) 島薗進「日本における「宗教」概念の形成――井上哲次郎のキリスト教批判をめぐって」、山折哲雄・長田俊樹編『日本人はキリスト教をどのように受容したか』国際日本文化研究センター、一九九八年、六九頁、沖田前掲「井上哲次郎の宗教観と『六合雑誌』」三六九頁、武田清子『人間観の相克――近代日本の思想とキリスト教』弘文堂、一九五九年、一〇二頁。
(93) 松本三之介『明治思想における伝統と近代』東京大学出版会、一九九六年、第八章。
(94) 宮地正人「日本的国民国家の確立と日清戦争」、比較史・比較歴史教育研究会編『黒船と日清戦争――歴史認識をめぐる対話』未来社、一九九六年、一三八頁、イ・ヨンスク「第二部 上田万年の言語思想」『「国語」という思想――近代日本の言語認識』岩波書店、一九九六年。
(95) 宮地正人「国家神道形成過程の問題点」、安丸・宮地前掲『日本近代思想大系 宗教と国家』五八九頁。
(96) 村上前掲『国家神道』、佐々木聖史「神道非宗教より神社非宗教へ――神官・教導職の分離をめぐって」『日本大学精神文化研究所・教育制度研究所紀要』一六、一九八五年、一〇四頁、安丸・宮地同右書。
(97) 高橋吾郎「論宗教與理学之関渉及其要素」『六合雑誌』一、一八八〇年、井上前掲『宗教新論』(一三頁)、大内清巒『尊皇奉仏論』一八八九年(『明治文化全集 宗教篇』日本評論社、一九二八／一九六七年)など。ただし、これらの術語そのものは、すでに一八七〇年頃に成立した西周『百学一環 第二編上』(前掲『西周全集 第一巻』)にあらわれている。
(98) 近衛忠房・千家尊福『神教要旨略解』一八七二年(同右『明治文化全集 宗教篇』三頁)、「神鏡奉遷・教部省設置につき左院建議」一八七一年(安丸・宮地前掲『日本近代思想大系 宗教と国家』二五頁)、西村前掲『日本道徳論』、川田前掲『仏教と哲学』二二頁、佐々木前掲「神道非宗教より神社非宗教へ」一〇四頁、など。
(99) これらの言葉にたいし、「儒教」という言葉は宗教を表示するというよりも、宗教と道徳が未分化な段階の「教」を含意するものとして用いられていたようである。その一方で、「儒学」という言葉も併称されるようになり、陽明学や朱子学という言葉とともに、儒教がひとつの思弁的な哲学体系であると主張されてゆく。

(100) たとえば、文久元(一八六一)年の自序をもつ、長谷川昭道『皇道述義』(『日本国粋全書 一』日本国粋全書刊行会、一九一五年)など。

(101) 川合清丸「皇道」一九一一年(『川合清丸全集 三』川合清丸全集刊行会、一九三二年、二一七頁)。明治期に創刊された皇道の題名をもつ雑誌として、禊教麻生本院親議会『皇道之栞』一八九二年、済美館『皇道』一八九四年、皇道国語会『国語皇道』一九〇七年、皇道会『皇道』一九一一年、などがある(年次は創刊年)。

(102) 田中義能「神道と皇道」『神道学雑誌』一三、一九三二年。

(103) Keyes, Kendall & Hardacre, *op cit.*, p. 4.

(104) この議論を俯瞰するには、後代のものではあるが、加藤玄智編『神社対宗教』大鐙閣、一九二二/一九三〇年、が便利である。国家神道および神社非宗教論の成立過程をめぐる筆者の具体的な見解については、本書第一部付論の「国家神道をめぐる覚書」を参照のこと。

(105) Brian C. Wilson, "From the Lexical to the Polythetic", in T. A. Idinopulos & B. C. Wilson, eds., *What is Religion?: Origins, Definitions, & Explanations*, Leiden, Boston & Köln: Brill, 1998, p. 143.

(106) 欧米諸国における宗教学の制度的な形成過程については、以下の文献を参照のこと。Sharp, *op. cit.*, chap. 6: Molendijk & Pels, *op. cit.*, part 1. 東京帝国大学宗教学講座創設廿五年記念会『宗教学講座創設廿五年記念 宗教学文献展覧会目録』一九三〇年、一―四頁。

(107) 姉崎正治『宗教学概論』一九〇〇年(『姉崎正治著作集 六』国書刊行会、一九八二年、一九三頁)。

(108) 姉崎正治「仏教史の研究と基督教会史」『哲学雑誌』一〇-一〇六、一八九五年、九九五―九九六頁、同「聖典偽作の宗教病態」『太陽』四-一四、一八九八年、一一頁。

(109) 姉崎前掲『宗教学概論』一頁。

(110) 姉崎前掲『宗教学概論』三三頁。

(111) 拙稿「宗教学的言説の位相——姉崎正治について」一九九五年(本書第二部第一章として収録)、篠田一人「明治以降の日本における宗教の学問的研究の推移」『キリスト教社会問題研究』八、一九六四年、鈴木前掲書、第四章。
(112) 姉崎前掲『宗教学概論』一頁。
(113) 高木前掲「井上円了の宗教学」、茂義樹「『六合雑誌』における岸本能武太」前掲『『六合雑誌』の研究』。鈴木前掲『明治宗教思潮の研究』第四章第一節。
(114) 井上円了『実際的宗教学・理論的宗教学』一八八七年、哲学館(東洋大学所蔵)、ムンチンゲル「宗教学の必要を論ず」『真理』一三、一八九〇年、三並良「比較宗教学と基督教」『真理』四二、一八九三年、岸本能武太『宗教の比較的研究』一八九四年、東京専門学校(のちに増補版として、『比較宗教一斑』警醒社、一九〇二年)。当時の文献については、前掲『宗教学講座創設廿五年記念 宗教学文献展覧会目録』(五—一〇頁)、も参考にされたい。
(115) 姉崎正治「宗教なる概念の説明契機」『哲学雑誌』一五一—一五六、一九〇〇年、一二二頁。
(116) 姉崎前掲『宗教学概論』二〇頁。
(117) 同右、一・二一頁。
(118) 姉崎正治『わが生涯』一九五一年(新版、姉崎正治先生生誕百年記念会、一九七四年、八頁)。芹川博通『近代化の仏教思想』大東出版社、一九八九年、第四、八章。
(119) マックス・ミュラー『宗教学入門』一八七三年(塚田貫康訳、晃洋書房、一九九〇年)。ミュラーおよび比較宗教学については、以下の文献を参照のこと。Sharp, *op. cit.*, chap. 4. 増澤知子『夢の時を求めて——宗教の起源の探究』一九九三年、第三章(中村圭志訳、玉川大学出版局、一九九九年)、松村一男『神話学講義』角川書店、一九九九年、第三章。
(120) あ、ま(姉崎正治)「テール氏の宗教学緒論」『哲学雑誌』一四一—一四八、一八九九年、四三八頁。
(121) 同右「テール氏の宗教学緒論」四三八—四四九頁、姉崎「宗教学講座廿五年の想出」『宗教学紀要——東京帝国大学宗教学講座創設廿五年記念』同文館、一九三一年、五頁。
(122) 明治三一年七月に発行された東京専門学校文科講義録は、『比較宗教学』という旧来的な書名をもつものの、内容は明治三三年に出版される『宗教学概論』とほとんど変わらないものになっている。また、姉崎は明治三一年秋からの東京帝国大学での講義をすでに「宗教学緒論」と名づけているが、その直前の大西祝宛の書簡のなかで、それは「宗教学総論 Allgemeine Religionswissenschaft」と呼ばれるべきものだと述べ、比較宗教学 Comparative Religion と明確に区別している(「明治三一年八月二五日付、大西祝宛、姉崎正治書簡」、石関敬三・紅野敏郎編『大西祝・幾子書簡集』教文館、一九九三年、三〇一頁)。

(123) 前掲『宗教学講座創設廿五年記念 宗教学文献展覧会目録』三頁。

(124) 大塚虎雄『学界新風景』天人社、一九三〇年、八一頁。

(125) 拙稿「近代神道学の成立——田中義能論」一九九六年(本書第三部第一章として収録)。

(126) 拙稿前掲「宗教学的言説の位相」、赤澤史朗『近代日本の思想動員と宗教統制』校倉書房、一九八五年、第三章。

(127) 姉崎正治「三教会同の観察」一八九六年(『宗教と教育』博文館、一九一二年、五五三頁)。

(128) 同右、五五六頁。

(129) 床次竹二郎「三教者の会同を催すに就て」『東亜之光』七‐三、一九一二年、一〇九頁。三教会同の概要については、以下の文献を参照されたい。土肥昭夫「三教会同——政治、教育、宗教との関連において」『キリスト教社会問題研究』一一・一四—一五、一九六七・一九六九年、藤井健志「戦前の日本における宗教教団の協力」、中央学術研究所編『宗教間の協調と葛藤』佼成出版社、一九八九年、李元範「日露戦後の宗教政策と天理教——「三教会同」政策をめぐって」『宗教研究』六六‐三、一九九二年、山口輝臣「明治末年の宗教と教育——三教会同をめぐって」『東京大学史紀要』一四、一九九六年。

(130) 松本三之介『明治思想史——近代国家の創設から個の覚醒まで』新曜社、一九九六年、一九五頁。姉崎正治「現時青年の苦悶について」『太陽』九‐九、一九〇三年。

(131) 宗教学とロマン主義の関係については、Arthur McCalla, "Romanticism", in W. Braun & R. T. McCutheon eds., *Guide to the Study of Religion*, New York: Cassell, 2000. また、姉崎とロマン主義の関係については、大石紀一郎「文化批判の変容——ニーチェから姉崎嘲風・石川啄木・大杉栄へ」『比較思想雑誌』五、一九八五年、杉崎俊夫「姉崎嘲風ノート」『明治文学全集四〇 高山樗牛・斎藤野の人・姉崎嘲風・登張竹風』筑摩書房、一九七〇年、伊藤淑人「啄木を形成した人々——樗牛、晶子、嘲風」『東海学園国語国文』二三、一九八三年、がある。

(132) 姉崎前掲『宗教学概論』六二頁。

(133) 姉崎正治『復活の曙光』有朋館、一九〇四年、一二三頁。
(134) 姉崎前掲『宗教学概論』一九二―一九三頁。
(135) 「三教問題批評」『中外日報』一九一二年二月二九日。
(136) 姉崎正治『南北朝問題と国体の大義』博文館、一九一一年、山崎藤吉・堀江秀雄『南北朝正閏論纂』帝国軍友会、一九一一年など。
(137) 脇本平也「明治の新仏教と宗教学」『宗教文化の諸相――竹中信常博士頌寿記念論文集』山喜房書房、一九八四年。
(138) 姉崎正治「病的宗教」『太陽』二‐一七、一八九六年。
(139) 姉崎正治「宗教病理学の樹立と病態宗教の概論」『宗教』一三‐七六、一八九八年、一、四頁。
(140) 小沢前掲『生き神の思想史』、七三頁。
(141) 小口偉一・高木宏夫「明治宗教社会史」、前掲『明治文化史 宗教篇』五三四―五三五頁。
(142) 赤坂憲雄『遠野／物語考』一九九四年(ちくま学芸文庫、一九九八年)、大島建彦「学祖の学問と民俗学」、前掲『井上円了の学理思想』三〇一―三〇二頁。Gerald Figal, *Civilization and Monsters: Spirits of Modernity in Meiji Japan*, Durham & London: Duke University Press, 1999.
(143) 韓晳曦『日本の朝鮮支配と宗教政策』未来社、一九八八年、蔡錦堂『日本帝国主義下台湾の宗教政策』同成社、一九九四年、中島三千男「「海外神社」研究序説」『歴史評論』六〇二、二〇〇〇年、柳炳徳他編『宗教から東アジアの近代を問う――日韓の対話を通して』ぺりかん社、二〇〇二年。
(144) 姉崎正治「南方文化の中での宗教問題」『国際文化』二九、一九四四年、一三―一四頁。
(145) Keyes, Kendall & Hardacre, *op. cit.*, p. 2. ほかに、アジアからみた、西洋の代理人としての日本をとりあげた著作に、山室信一『思想課題としてのアジア――基軸・連鎖・投企』岩波書店、二〇〇一年、姜来熙「模倣と差異――ネオコロニアル知識人のための亡霊学」『トレイシーズ』一、二〇〇〇年、がある。

(1) その伝記、著作および関連研究を網羅した基本研究書としては、平井法「井上哲次郎」『近代文学研究叢書 五四』昭和女子大学近代文学研究所、一九八三年、を挙げることができる。年譜については、酒井豊「略年譜」『東京大学史料目録 三 加藤弘之史料目録・井上哲次郎史料目録』東京大学百年史編集室、一九七七年、井上正勝「巽軒年譜」『井上哲次郎自伝』冨山房、一九七三年、が目下のところ尤も詳細なものとなっている。

(2) 大島康正「井上哲次郎《知識と思索の分離》」、朝日ジャーナル編『新版 日本の思想家 中』朝日新聞社、一九七五年、六五頁。

(3) 家永三郎『日本思想史の諸問題』斎藤書店、一九四八年、一七九頁。

(4) 井上哲次郎「祝辞」『宗教学紀要』一、一九三〇年、三〇一―三〇二頁。

(5) 田丸徳善『宗教学の歴史と課題』山本書店、一九八七年、一二頁。

(6) 今西順吉「わが国最初のインド哲学史講義(一)―(三)――井上哲次郎の未公刊草稿」『北海道大学文学部紀要』三九‐一、二/四二‐一、一九九〇、一九九三年。日記をはじめとする井上関連史料は、東京大学史史料室、東京都立中央図書館、文京区立小石川図書館、の各機関に保管されている。中野実「井上哲次郎の日記について(一)(二)」関皐作編『井上博士と基督教徒――一名「教育と宗教の衝突」顚末及評論 正・続/収結編 付録』みすず書房、一九八九年、酒井前掲『東京大学史料目録三』、東京都立日比谷図書館編『井上文庫目録』東京都立日比谷図書館、一九六四年、平井前掲「井上哲次郎」三〇九頁。

(7) 姉崎正治関連資料・目録番号:文一七。本講義ノートの翻刻と解説は、磯前・高橋原「井上哲次郎の『比較宗教及東洋哲学』講義――翻刻と解題」『東京大学史紀要』二一、二〇〇三年、を参照のこと。

(8) 前掲『井上哲次郎自伝』四四頁。

(9) 当時の一年間のスケジュールは、『帝国大学一覧』(東京大学総合図書館所蔵)によれば、新年度が九月一一日に始まり、翌年の七月一〇日でその年度が終了するというものであった。

(10) 高瀬武次郎「所感」、巽軒会編『井上先生喜寿記念文集』冨山房、一九三一年、五六八頁、「雑報 印度宗教に関する二箇新着」『哲学雑誌』一一‐一一七、一八九六年、九三一頁。

(11) 西田幾多郎「井上先生」、前掲『井上先生喜寿記念文集』六六〇頁。今西前掲「わが国最初のインド哲学史講義(三)」六一―

一〇頁。

(12) すでに一九世紀初頭には西洋人の影響下に、ヒンドゥー教という言葉がインドの民族宗教という意味でもちいられていた。しかし当時の日本では、井上をはじめ、インド研究者たちはバラモン教という言葉をもっぱら使っていた。Richard King, *Orientalism and Religion: Postcolonial Theory, India and 'The Mystic East'*, London & New York: Routledge, 1999, p. 99, 132. 丹生瀬川「印度古代の思想」『反省雑誌』一一-三、一八九六年、姉崎正治「婆羅門教の化身説」『哲学雑誌』一〇-九九、一〇〇、一八九五年、など。

(13) 井上哲次郎「尼夜耶ト尼健子ノ別」『仏教史林』三、一八九五年。

(14) 「雑報 井上博士の仏教起源史講義」『哲学雑誌』一〇-九六、一八九五年、一五六頁。

(15) 井上哲次郎「仏教の研究に就て」『仏教』八五、八六、一八九四年。

(16) 井上哲次郎「印度歴史上に於ける釈迦の位地」『東洋哲学』二-七、一八九五年、「釈迦は如何なる種族か」『学士会院雑誌』一七-八、一八九五年。那珂通世「釈迦種の説に付きて井上文学博士に質す」『史学雑誌』六-一一、一八九五年。この議論の様子については、「雑報 井上博士の釈迦論に対する誤解」『哲学雑誌』一〇-一〇三、一八九五年、を参照のこと。

(17) 井上哲次郎『釈迦牟尼伝』文明堂、一九〇二年、序文一頁。

(18) 同右、同頁。前掲『井上哲次郎自伝』四四―四五頁。

(19) 前掲『井上哲次郎自伝』四五頁。

(20) 姉崎正治『わが生涯』一九五一年(新版、姉崎正治先生生誕百年記念会、一九七四年、五五、六〇頁)。

(21) 井上哲次郎「東洋の哲学思想に就て」『日本大家論集』六、一八九四年、二〇頁。

(22) 自筆原稿では、さらに第八番目の共通点として「涅槃」を加えている。今西前掲「わが国最初のインド哲学史講義(二)」六八―七〇頁。

(23) 井上前掲「東洋の哲学思想に就て」一九頁。

(24) 井上の現象即実在論のまとまった記述は、明治三〇(一八九七)年の「現象即実在論の要領」(『哲学雑誌』一二-一二三、一二四)を待たなければならないが、その端緒はすでに明治一六(一八八三)年の『倫理新説』(『明治文化全集 二三』日本評論社、一九一九／一九六七年)に胚胎すると思われる。現象即実在論の理解と評価については、伊藤吉之助「井上哲学の一面――現象即実在論」『中央大学文学部紀要』二、一九五五年。舩山信一『明治哲学史研究』一九五九／一九六五年(『舩山信一著作集六』こぶし書房、一九九九年、一三一―一四五頁)、同『日本の観念論者』一九五六年、第三章(『舩山信一著作集八』)、渡辺和靖『増補版　明治思想史――儒教的伝統と近代認識論』ぺりかん社、一九七八／一九八五年、一一五―一一九頁、などを参照のこと。

(25) 井上前掲「東洋の哲学思想に就て」二〇頁。

(26) 同右、二二頁。

(27) 井上哲次郎「仏陀論」『伝燈』一八六、一八九九年、二一頁。

(28) 井上前掲「仏教の研究に就て(正)」二三頁。

(29) 井上前掲『釈迦牟尼伝』序文一、序論二五頁。

(30) 同右、序論二五頁。

(31) 加藤精神「明治時代に於ける大乗非仏説論を回顧す」『大崎学報』八〇、一九三二年、芹川博通「大乗非仏説論――姉崎正治と村上専精」『近代化の仏教思想』大東出版社、一九八九年。雄山人「大乗非仏説問題」『宗教』七‐四二、一八九五年、一六八頁。

(32) 「文科大学の比較宗教学課題と仏教図書館」『反省雑誌』一二‐一、一八九七年、八九頁。

(33) 井上前掲「東洋の哲学思想に就て」二五頁。

(34) 同右、二五頁。

(35) 西洋普遍主義とアジア研究の関係については、酒井直樹「西洋の脱臼と人文科学の地位」『トレイシーズ』一、二〇〇〇年、同『日本思想という問題――翻訳と主体』岩波書店、一九九八年、第I―IV章、が示唆に富む。

(36) 松本文三郎「祝辞」前掲『井上先生喜寿記念文集』五九二頁。この点に触れた先行研究として、大島晃「井上哲次郎の「東洋哲学史」研究」『ソフィア』四五‐三、一九九六年、がある。

(37) 前掲『井上哲次郎自伝』(四四頁)、同前掲「祝辞」三〇〇頁。

(38) 井上前掲『釈迦牟尼伝』二五頁。
(39) 井上前掲「東洋の哲学思想に就て」二三―二四頁。
(40) 同右、二四頁。
(41) 井上哲次郎「耶蘇弁惑序」『東洋学芸雑誌』一八、一八八三年。ただし、自由神学の一派、ユニテリアンは現世的志向性をつよく持つため、国体論に矛盾しないものと評価する(井上哲次郎『教育ト宗教ノ衝突』敬業社、一八九三年、六頁)。
(42) 井上のキリスト教論については、左のように、かなりの研究が積み重ねられている。沖田行司「井上哲次郎の宗教観と『六合雑誌』」同志社大学人文科学研究所編『『六合雑誌』の研究』教文館、一九八四年、J・G・バリエス「井上哲次郎の思想における宗教問題」『清泉女子大学紀要』一三、一九六五年、渋川久子「井上哲次郎のクリスト教批判をめぐって」『日本大学精神文化研究所・教育制度研究所紀要』五、一九七一年。
(43) 執筆経緯については、前掲『井上哲次郎自伝』(三〇―三二頁)。
(44) 井上哲次郎「宗教と教育の関係につき井上哲次郎氏の談話」『教育時論』二七二、一八九二年。
(45) 井上哲次郎「宗教革新の前途」『巽軒講話集 第二編』博文館、一九〇三年、四頁。旧来の加藤弘之ら、唯物論的な進化論にして、精神的な進化論を支持する姿勢は、東大の学生であった明治一〇年代初頭に溯ると思われる。ウィリアム・エドウィン・パーソン述、船越(井上)哲次郎訳「宗教理学相矛盾セザルヲ論ズ」『学芸志林』一〇-二、一八七八年。
(46) 井上前掲「祝辞」三〇一頁。
(47) 鈴木範久『明治宗教思潮の研究――宗教学事始』東京大学出版会、一九七九年、一〇四―一〇六頁。
(48) 加藤熊一郎「仏教講究に関する井上哲次郎氏の談話」『国教』三、一八九〇年。
(49) この時期を初めとする古典的な比較宗教学については、以下の文献等を参照のこと。ウィリアム・ペイドン『比較宗教学』一九八八年、第三章(阿部美哉訳、東京大学出版会、一九九三年)、Eric Sharp, *Comparative Religion: A History*, London: Duckworth, 1975/1986, chap. 2: Thomas Ryba, "Comparative Religion, Taxonomies and 19th Century Philosophies of Science: Chantepie de la Saussaye and Tiele", in *Numen* 48-3, 2001. Herman W. Tull, "F. Max Müller and A. B. Keith: "Twaddle", the "Stupid" Myth, and the Disease of Indology", in *Numen* 38-1, 1991.

(50) 「文科大学比較宗教に関する世間の誤伝」『哲学雑誌』一一-一一一、一八九六年、四二五頁。

(51) 井上「宗教の研究法に就て」『宗教』一五、一八九三年、一〇五頁。

(52) King, *op. cit.*, pp. 143-144.

(53) 井上前掲「仏教の研究に就て(正)」二二頁。

(54) 拙稿「姉崎正治における国家と宗教——西洋体験とナショナリズム」(本書第二部第二章として収録)。

(55) 井上前掲『釈迦牟尼伝』序論三頁。

(56) 井上前掲「宗教の研究法に就て」、前掲『井上哲次郎自伝』二三—二八頁。当時の西洋におけるインド研究については、Philip C. Almond, *The British Discovery of Buddhism*, Cambridge, et al.: Cambridge University Press, 1988. Ronald Neufeldt, *F. Max Müller and the Rgveda*, Columbia & Missouri: South Asia Books, 1980. 武蔵野女子大学仏教文化研究所編『雪頂・高楠順次郎の研究——その生涯と事蹟』大東出版社、一九七九年、第二章、久保田力「宗教〝研究〟史の闇——《インド学・仏教学》と《宗教学・人類学》との発生論的アナロジー」坂口ふみ他編『宗教への問い 五』岩波書店、二〇〇〇年。

(57) 前掲『井上哲次郎自伝』四四頁。前掲『井上先生喜寿記念文集』五六八、五八五、五九一、六五四、六六〇頁。姉崎前掲『わが生涯』五五、六一頁。

(58) 井上前掲「祝辞」三〇〇頁。

(59) 井上哲次郎「宗教の将来に関する意見」一八九九年(同『倫理と宗教との関係』冨山房 一九〇二年、一四三、一三〇頁)。

(60) 井上哲次郎「宗教革新における日本の位地」『日本宗教』七、一八九七年、三七九頁。

(61) 井上哲次郎「宗教の将来」『新仏教』三-一〇、一九〇二年、五二九頁。

(62) 井上哲次郎「日本に於ける宗教の統一」『六合雑誌』三四〇、一九〇九年、同「宗教統一の基礎的観念」『六号雑誌』三五二、一九一〇年。その他、井上哲次郎『哲学と宗教』(弘道館、一九一五年)、に収録された宗教論を参照のこと。

(63) 井上哲次郎『懐旧録』春秋社、一九四三年、一三三頁。

(64) 姉崎正治「所謂新宗教」『太陽』三-一八、一八九七年、同「明治三十年史 宗教」『太陽』四-九、一八九七年、二一一—二一四頁。

(65) 井上前掲『倫理新説』四二二頁。
(66)「井上哲次郎氏の宗教論」『国教』二、一八九〇年、四二頁、井上前掲「宗教の研究法に就て」一〇二頁。
(67) 井上前掲「仏教の研究に就て(正)」一七頁。
(68) 同右、二七頁。
(69) 根本莞爾「井上博士の「宗教の将来に関する意見」に対する鄙見」『六合雑誌』二三二、一九〇〇年、一一七頁、井上円了「余が所謂宗教」一九〇一年(同『甫水論集』博文館、一九〇二年、八三頁)。伊藤友信「井上哲次郎の宗教観」、比較思想史研究会編『明治思想家の宗教観』一九七五年(改題再版『人間と宗教——近代日本人の宗教観』東洋文化出版、一九八二年、二九四—二九五頁)。
(70) オリエンタリズムが、西洋側からの一方的な投影ではなく、投影された側にも、それを普遍的なものとして自らのうちに主体化してゆく動きを引き起こすことについては、下記の文献を参照のこと。King, *op. cit.* X・チェン「オクシデンタリズム」一九九五年(篠崎香織訳『批評空間』二-一二、一九九六年)。一方、西洋側からのオリエンタリズムの眼差しを、インド研究史に即して分析したものには次のものがある。Ronald Inden, "Orientalist Construction of India", in *Modern Asian Studies* 20-3, 1986.
(71) 前掲『井上哲次郎自伝』四四頁。
(72) 今西前掲「わが国最初のインド哲学史講義(三)」三五—四〇頁。
(73) 留学前の東洋哲学史講義については、同右、五六—六二頁、を参照のこと。
(74) 井上哲次郎「維納府に於て鳥尾中将と共にスタイン氏を訪ひ東西哲学の異同を論ず」『東洋大家論説』暁鐘館、一八八八年、一九〇頁。
(75) 井上前掲「宗教の研究法に就て」一〇三頁。
(76) 前掲「井上哲次郎氏の宗教論」四二頁。
(77) 井上哲次郎「万国東洋学会の概況及ひ東洋学の研究方針」『東洋哲学』五-三、一八九八年、二二二—二二三頁。
(78) 井上哲次郎「欧州に於ける東洋学」『国教』六、一八九一年、一六頁。

(79) 井上前掲「万国東洋学会の概況及ひ東洋学の研究方針」。井上哲次郎『懐中雑記』明治二〇年六月二五日条(福井純子「井上哲次郎日記 一八八四―九〇――『懐中雑記』第一冊」『東京大学史紀要』一一、一九九三年、四三頁)。

(80) 同右、明治一九年二月四日条(二九頁)。

(81) T・T「雑録 日本哲学ノ現況」『哲学雑誌』三-二七、一八八九年、一五八頁。

(82) 井上哲次郎「伯林東洋学校ノ景況幷日本学ヲ我邦ニ振起スベキ事」『日本大家論集』二九、一八八九年、五五―五六頁、前掲『井上哲次郎自伝』三一頁。

(83) 井上哲次郎「性善悪論」『哲学雑誌』四-四七、一八九一年、同「王陽明の学を論ず」『本郷会堂学術講談集』警醒社、一八九二年、同「朱子ノ究理ヲ論ズ」『哲学雑誌』六-一、一八九二年、同「支那哲学ノ性質」『日本大家論集』四-八、一八九二年、同「荘子の学に就て」『六合雑誌』一四五、一八九三年、同「老子学の淵源」『太陽』三-二、一八九七年、同「再び老子の学に就きて」『東洋哲学』四-四、五、一八九七年。

(84) 井上前掲『釈迦牟尼伝』序文二頁。

(85) 町田三郎「井上哲次郎と漢学三部作」一九九六年(同『明治の漢学者たち』研文出版、一九九八年)、倉田信靖「日本近代思想史に及ぼせる儒学の位置――井上哲次郎の位置」『東洋研究』一七、一九六八年。なお、後には、石田梅岩や二宮尊徳ら、儒教の影響をうけた民衆思想の指導者を、国民道徳論の観点から高く評価する論文も書いている。井上哲次郎「心学の起源」『陽明学』三〇、一九一一年、「二宮尊徳翁の人格及学説に就いて」『斯民』一-四、報徳会、一九〇六年。

(86) Tetsusirō Inouyé, *Kurze Uebersicht über die Entwicklung der philosophischen Ideen in Japan*, Aus dem Französischen übers. von Dr. A. Gramatzky, Berlin: Reichsdruckerei, 1897. この報告で取り上げられた主要人物は、藤原惺窩、林羅山、中江藤樹、山崎闇斎、山鹿素行、伊藤仁斎・東涯、貝原益軒、荻生徂徠、大塩中斎など、いずれも儒学者である。井上哲次郎『日本陽明学派之哲学』冨山房、一九〇〇年、序一頁。「雑報 万国東洋学会と井上教授」『哲学雑誌』一二-一二四、一八九七年、「東洋学会に於ける井上哲次郎氏」『反省雑誌』一二-六、一八九七年。

(87) 前掲『井上哲次郎自伝』四五―四六頁。

(88) 前掲『帝国大学一覧』明治三一年度。

(89)「雑報『日本主義』」『哲学雑誌』一二-一二四、一八九七年、五五二頁。
(90)「『日本主義』発刊の主意」『日本主義』一、一八九七年、二―三頁。
(91)井上前掲「宗教の将来に関する意見」。
(92)井上哲次郎「戊申詔書と国民の覚悟」『教育時論』八五四、一九〇九年、同『国民道徳概論』三省堂、一九一二年。山田洸「井上哲次郎と国民道徳論」『近代日本道徳思想史研究――天皇制イデオロギー批判』未来社、一九七二年、森川輝紀「大正期国民教育論に関する一考察――井上哲次郎の国体論を中心に」『日本歴史』四六三、一九八六年、六四―六六頁。
(93)打越孝明「明治四十年代「漢学復興」の諸相」『早稲田大学文学研究科紀要(哲学・史学編)』別冊一九、一九九三年、同「明治四十年の思潮――「漢学復興」の背景と教育」『大倉山論集』三六、一九九四年。
(94)井上哲次郎「論語研究 其四」『東亜之光』五-一、一九一〇年、二七頁、同「寺院の陰気臭い空気を一掃せよ」『新公論』二六-二、一九一一年、一二五頁。
(95)井上前掲「論語研究 其四」二七頁。
(96)拙稿「宗教概念の形成過程――開国から宗教学の登場まで」(本書第一部第一章として収録)。
(97)井上は徳教という言葉を明治三〇年代にも使ってはいるが(井上前掲『日本陽明学派之哲学』序二頁など)、それが鍵を握る概念となるのは明治四〇年代からである。
(98)井上前掲「論語研究 其四」二七頁。
(99)同右、二六頁、同「日本に於ける徳教の位置」『丁酉倫理会倫理講演集』四〇、一九〇六年、七九頁。
(100)井上前掲「宗教の将来に関する意見」、同「倫理と宗教との異同いかん」『哲学雑誌』一八-一九七、一九〇三年。
(101)井上哲次郎「儒教の長処短処」『東洋哲学』一五-一一、一九〇八年、六七頁、同「教育上に於ける世界主義を難ず」『日本主義』一、一八九七年、一二頁。
(102)吉田精一『自然主義の研究 上・下』東京堂出版、一九五五・一九五八年、など。
(103)井上前掲『日本陽明学派之哲学』六二五―六二六頁。同「日本に於ける徳教の位置」八一頁、同「支那の過去及び将来」『日本及日本人』五七五、一九一二年。

(104) 井上哲次郎「国民道徳と南北朝問題」『東亜之光』六-四、一九一一年、二二頁。松本三之介「家族国家観の構造と特質」一九七四年(『明治思想における伝統と近代』東京大学出版会、一九九六年)、も参照のこと。

(105) 井上哲次郎『勅語衍義』一八九一年、敬業社、自序五頁。

(106) 井上哲次郎「神道の過去及び将来」一九一〇年(前掲『哲学と宗教』六五五、六七三頁)、同「神道と世界宗教」『東亜之光』一〇-八、一九一五年、一三頁。他に、同「道徳上より観たる神社問題」『弘道』二九九、一九一七年、同「再び「神道大蔵経」編纂の必要に就いて」『東亜之光』二二-九、一九二七年、同「神道の特長に就いて」『臨時神道講習会叢書 一』大倉精神文化研究所、一九三三年、など。

(107) 沖田行司「膨張する国家と天皇――井上哲次郎の世界論」『日本思想史学』二七、一九九五年、五二―五六頁。

(108) 井上前掲「倫理と宗教との異同いかん」、同「国民道徳と倫理学説」『丁酉倫理会倫理講演集』八九、一九一〇年。

(109) 井上前掲「神道の過去及び将来」六七〇、六七八頁。その一方で、大正期には民本主義への接近、あるいは三種の神器批判などの天皇制の合理的解釈を、その啓蒙主義的立場から推し進め、右翼から激しい批判を受けることになる。皮肉にも、その合理主義ゆえに、かつて内村鑑三らのキリスト教を排撃した井上が、一転して攻撃を浴びたわけである。森川前掲「大正期国民教育論に関する一考察」、「井上哲次郎不敬事件」『続・現代史資料 八』みすず書房、一九九四年。

(110) 姉崎正治「現時青年の苦悶について」『太陽』九-九、一九〇三年、拙稿「姉崎正治における国家と宗教――西洋体験とナショナリズム」(本書第二部第二章として収録)。大原慧「労働者運動と初期社会主義」『講座 日本史 六』東京大学出版会、一九七〇年、宮地正人『日露戦後政治史の研究――帝国主義形成期の都市と農村』東京大学出版会、一九七三年。

(111) 井上哲次郎「泰西人ノ孔子ヲ評スルヲ評ス」『修身学社叢説』二三、一八八二年、一〇頁。

(112) 東京帝国大学『東京帝国大学学術大観 総説・文学部』一九四二年。前掲『雪頂・高楠順次郎の研究』、坂出祥伸「我が国に於ける中国哲学の回顧と展望(上)」『関西大学文学論集』二六-一、一九七七年、島薗進・磯前編『東京帝国大学神道研究室旧蔵書 目録および解説』東京堂出版、一九九六年、磯前・深澤前掲『近代日本の宗教と知識人』。

(113) 井上の東大退職は、大正一二(一九二三)年、六七歳の時である。晩年の哲学科での講義内容については、前掲『井上哲次郎自伝』五八―五九頁。

(114) 一方、昭和期の井上は、満州事変をはじめとする日本の中国侵略政策を積極的に支持する発言を繰り返すようになる。井上哲次郎『東洋文化と支那の将来』理想社、一九三九年、同「満州の王道立国に就いて」『丁酉倫理会倫理講演集』三五四、一九三二年、同「孤立日本の将来」『丁酉倫理会倫理講演集』三六六、一九三三年、など。

(115) 津田左右吉『文学に現はれたる我が国民思想の研究』一九一六―一九二一年(『津田左右吉全集 別巻二―五』岩波書店、一九六六年)、村岡典嗣「日本思想史の研究法について」一九三四年(同『続日本思想史』岩波書店、一九三九年)。拙稿「津田左右吉と日本思想史――「国民思想」という表象」『東方学』一〇三、二〇〇二年。

(116) 周知のように、このような言説の断絶性を重視する視点は、ミッシェル・フーコーの唱えるところのものである。とくに、近代的学知に先行する古典主義的言説の異質性の指摘は、井上の学問を理解するうえで示唆に富む。フーコー『言葉と物――人文科学の考古学』一九六六年(渡辺一民他訳、新潮社、一九七四年)。

第一部 付論

(1) ただし、国家神道研究の先駆は、藤谷俊雄「国家神道の成立」『日本宗教史講座 一』三一書房、一九五九年、に求められるべきであろう。研究史については、新田均「「国家神道」論の系譜」『皇学館論叢』三二―一・二、一九九九年。

(2) 村上重良『国家神道』岩波書店、一九七〇年、ii―iii頁。なお、村上の国家神道論として『国家神道』が突出したかたちで取り上げられる傾向にあるが、かれの全体構想は下記の著作を併せ読むことで把握可能となると思われる。村上『慰霊と招魂――靖国の思想』岩波新書、一九七四年、同『天皇の祭祀』岩波新書、一九七七年、同『近代民衆宗教史の研究』法蔵館、一九五八/一九六三年。

(3) 中島三千男「「明治憲法体制」の確立と国家イデオロギー政策――国家神道体制の確立過程」『日本史研究』一七六、一九七七年、同「大日本帝国憲法二八条「信仰自由」規定成立の前史――政府官僚層の憲法草案を中心に」『日本史研究』一六八、一九七六年、阪本是丸『国家神道形成過程の研究』岩波書店、一九九四年、新田均『近代政教関係の基礎的研究』大明堂、一九九七年、山口輝臣『明治国家と宗教』東京大学出版会、一九九九年。

(4) 新田、同右書、山口、同右書。

（5）戦前における神社の不遇を指摘する研究は、葦津珍彦『国家神道とは何だったのか』神社新報社、一九八七年、に典型的にみられる。
（6）宮地正人「国家神道形成過程の問題点」、安丸良夫・宮地編『日本近代思想大系 宗教と国家』岩波書店、一九八八年、安丸良夫「国家神道と歴史のコンテクスト」『神道セミナー 国家神道を検証する——日本・アジア・欧米から』神道国際学会、一九九九年。
（7）中島前掲「「明治憲法体制」の確立と国家イデオロギー政策——国家神道体制の確立過程」、宮地正人「近代史部会報告批判」『日本史研究』一七八、一九七七年、中島三千男「「国家神道体制」研究の発展のために——宮地正人氏の批判に接して」『日本史研究』一八四、一九七七年。
（8）安丸良夫『近代天皇像の形成』岩波書店、一九九二年、一九四頁。
（9）村上前掲『国家神道』、島薗進「国家神道と近代日本の宗教構造」『宗教研究』七五－二、二〇〇一年。
（10）新田均「加藤玄智の「国家的神道」論」、同前掲『近代政教関係の基礎的研究』。
（11）なお、本章では「抑圧」は主体化を促す規律と表裏一体をなすものとして理解される。その意味で、従来のマルクス主義歴史学的な国家論のもつ抑圧の意味は捉え直されなければならない。この点については、ミッシェル・フーコー「真理と権力」一九七七年（北山晴一訳『ミッシェル・フーコー思考集成 Ⅵ』筑摩書房、二〇〇〇年）、同「主体と権力」一九八二年（渥海和久訳『同 Ⅸ』二〇〇一年）など。
（12）山口前掲『明治国家と宗教』、島薗前掲「国家神道と近代日本の宗教構造」、同「一九世紀日本の宗教構造の変容」『岩波講座 近代日本の文化史 二』二〇〇二年。
（13）拙稿「宗教概念および宗教学の成立をめぐる研究概況——欧米と日本の研究のリ・ロケーション」二〇〇〇年（本書序章として収録）。
（14）宮地正人「国家神道の確立過程」国学院大学日本文化研究所編『近代天皇制と宗教的権威』同朋社出版、一九九二年、一二〇頁。
（15）この時期の主な研究としては、安丸良夫『神々の明治維新』岩波書店、一九七九年、宮地正人『天皇制の政治史的研究』校倉書房、一九八一年、高木博志「神道国教化政策崩壊過程の政治史的考察」『ヒストリア』一〇四、一九八四年、狐塚裕子「教部省の設立と江藤新平」、福地惇・佐々木隆編『明治日本の政治家群像』吉川弘文館、一九九三年、羽賀祥二『明治維新と宗教』筑摩書房、一九九四年、谷川穣「教部省教化政策の転回と挫折——「教育と宗教の分離」を中心として」『史林』八三-六、二〇〇〇年。

(16) 藤井貞文「宣教使の研究」『国学院雑誌』四九-五、六、一九四三年、同「中教院の研究」『神道学』九一-九三、一九七六-一九七七年、清水秀明「静岡・浜松両県下における教導職の活動」『神道学』七五・七六、一九七二-一九七三年、中島三千男「大教宣布運動と祭神論争——国家神道体制の確立と近代天皇制国家の支配イデオロギー」『日本史研究』一二六、一九七二年。

(17) この時期の神社のあり方については、下記の文献が示唆に富む。幡鎌一弘「大和国における神社制度の展開——明治四年から明治十五年における」『神道宗教』一四八、一九九二年、同「幕末維新期の神社組織の変容——大和国山辺郡石上社における」『日本史研究』三六五、一九九三年。

(18) この時期の主要研究は、注(3)の文献を参照のこと。

(19) 多木浩二『天皇の肖像』岩波書店、一九八八年、山本信良・今野敏彦『近代教育の天皇制イデオロギー——明治期学校行事の考察』新泉社、一九七三年、海後宗臣『歴史教育の歴史』東京大学出版会、一九六九年。

(20) 村上前掲『慰霊と招魂』、大江志乃夫『靖国神社』岩波書店、一九八四年、坪内祐三『靖国』新潮社、一九九九年、赤澤史朗「戦争犠牲者の追悼と靖国神社」『歴史評論』六二八、二〇〇二年。

(21) 藤井貞文「明治維新と山陵の措置」『国史学』六、一九三一年、武田秀章「近代の国家祭祀と陵墓」『歴史検証 天皇陵』新人物往来社、二〇〇一年。

(22) 小沢三郎『内村鑑三不敬事件』新教出版社、一九六一年、鈴木範久編『教育宗教衝突論史料』飯塚書房、一九八二年。

(23) 宮地前掲『天皇制の政治史的研究』、鹿野政直・今井修「日本近代思想史のなかの久米事件」、大久保利謙編『久米邦武の研究』吉川弘文館、一九九一年。

(24) 藤井貞文『明治国学発生史の研究』吉川弘文館、一九七七年。

(25) 安丸前掲『近代天皇像の形成』二八一頁。

(26) 赤澤史朗『近代日本の思想動員と宗教統制』校倉書房、一九八五年、森岡清美『近代の集落神社と国家統制――明治末期の神社整理』吉川弘文館、一九八七年、櫻井治男『蘇るムラの神々』大明堂、一九九二年、阪本前掲『国家神道形成過程の研究』。

(27) 土肥昭夫「三教会同――政治、教育、宗教との関連において」『キリスト教社会問題研究』一一、一四―一五、一九六七年、海後前掲『歴史教育の歴史』。

(28) 拙稿「近代神道学の成立――田中義能論」一九九六年(本書第三部第三章として収録)。

(29) これらの主題に関連する先行研究としては、下記のものがある。津田左右吉『日本の神道』一九四八年(『津田左右吉全集九』岩波書店、一九六四年)、黒田俊雄「中世宗教史における神道の位置」『日本中世の社会と宗教』岩波書店、一九九〇年、井上寛司「「神道」の成立――神社史研究序説」『大阪工業大学紀要　人文社会篇』四六―一、二〇〇一年、米地実「神社の称呼法」『村落祭祀と国家統制』御茶の水書房、一九七七年、羽賀祥二「神社と紀念碑」前掲『明治維新と宗教』。

(30) この点でも、国家神道を民衆宗教との対抗関係のなかで捉えた村上重良の研究は、一方的な抑圧関係に単純化しすぎたきらいはあるものの、先駆的なものであった。その後、国家神道を当時の社会状況のなかに位置づける研究は、安丸良夫による民間信仰との関係、宮地正人や赤澤史朗による国民の思想統制との関係、島薗進による民衆宗教との関係などへと、批判的に継承されていった。

(31) 近年、宗教学では比較という方法のもつ問題と可能性が、十分とはいえないかたちではあるが、検討されはじめている。その代表的なものとして、以下の著作や雑誌の特集号をあげることができる。Kimberley Patton & Benjamin Ray, *A Magic still Duells: Comparative Religion in Postmodern Age*, Berkley, Los Angeles & London: University of California Press, 2000. *Numen* 48-3, 2001.

第二部 第一章

(1) この点を指摘したものとして、江川紹子「それでもオウムをかばう宗教学者たち」一九九五年(同『「オウム真理教」追跡二二〇〇日』文藝春秋、一九九五年)、小林よしのり『ゴーマニズム宣言 八』一九九五年、溝口敦「宗教法人はなぜ甘やかされる」『諸君』二七‐八、一九九五年、浅見定雄「新興宗教と文化人の責任」『文藝春秋』一九九五年五月号、など。

(2) 姉崎の生涯および著作については、姉崎正治『わが生涯』一九五一年(新版、姉崎正治先生生誕百年記念会、一九七四年)、野々山三枝・佐藤道子「姉崎嘲風」『近代文学研究叢書 六六』昭和女子大学近代文化研究所、一九九二年、磯前・深澤英隆編『近代日本の宗教と知識人——姉崎正治の軌跡』東京堂出版、二〇〇二年。

(3) ただし、現実の宗教学会における数量的な比率は、国立大学系の宗教学講座よりも、宗門大学の方が占める割合が高い。一般に国立大学系の宗教学者は宗門系の宗教学を神学的なものとして低く評価しがちであるが、両者があいまって現実の宗教学という学問を構成している現状をただしく認め、その関係性を分析していくべきであろう。この点に関するものとして、以下の論文と報告がある。林淳「仏教学と宗教学」『宗教研究』七四‐四、二〇〇一年、Takeshi Kimura, "The contributions of Private Universities in Japan to the Study of Religion", addressed at 18th Quinquennial Congress of the IAHR, 2000.

(4) ちなみに各旧帝国大学における宗教学講座の設立は、京都大学が明治三八(一九〇五)年、東北大学が大正一一(一九二二)年、九州大学が同一四年、旧京城大学が昭和二(一九二七)年である。東京帝国大学宗教学講座創設廿五年記念会『宗教学講座創設廿五年記念——宗教学文献展覧会目録』一九三〇年、二一四頁。

(5) 姉崎正治『宗教学概論』東京専門学校、一九〇〇年、五五六頁(『姉崎正治著作集 第六巻』、国書刊行会、一九八二年)。

(6) 同右、一五頁。

(7) 同右、五三頁。

(8) 同右、二二頁。

(9) 深澤英隆「宗教学における心理主義・心理学主義の問題——我が国戦前の諸体系に見る」田丸徳善編『日本の宗教学説 II』東京大学宗教学研究室、一九八五年。

(10) 「姉崎博士の信仰談」『基督教新聞』一九〇六年四月一二日号。

(11) 姉崎正治『復活の曙光』有明館、一九〇四年、一三八—一三九頁。

(12) 姉崎前掲『宗教学概論』三七一頁。
(13) 同右、二四一頁。
(14) 同右、四〇五頁。
(15) 鈴木範久『明治宗教思潮の研究――宗教学事始』東京大学出版会、一九七九年、第四章、柳川啓一「『宗教学概論』成立前後」一九七四年(同『現代日本人の宗教』法蔵館、一九九一年)、田丸徳善「日本における宗教学説の展開」『仏教文化論攷――坪井俊映博士頌寿記念』仏教大学、一九八四年。
(16) 姉崎正治「中奥の民間信仰」『哲学雑誌』一二一―一三〇、一八九七年(「中奥の迷信」として、八濱督郎編『比較宗教――迷信の日本』警醒社、一八九九年に再録)。姉崎の民間信仰研究に言及した論文として、柳川啓一「姉崎正治と柳田国男」一九七四年(同『祭りと儀礼の宗教学』筑摩書房、一九八七年)、鈴木岩弓「柳田国男と「民間信仰」」『東北民俗学研究』五、一九九七年、がある。
(17) 姉崎前掲『宗教学概論』一九一―一九二頁。
(18) 代表的な著作として、姉崎正治『法華経の行者日蓮』博文館、一九一六年、同『聖徳太子の大士理想』平楽寺書店、一九四四年。
(19) ハルトマン『帝国百科全書第五編　宗教哲学』姉崎正治訳、博文館、一八九九年、ショーペンハウエル『意志と現識としての世界　上・中・下』姉崎正治訳、博文館、一九一〇―一九一一年。
(20) 宮川透『近代日本の哲学　増補版』勁草書房、一九六一/一九六二年、第三章二節、井上哲次郎『明治哲学界の回顧』岩波書店、一九三二年。兵頭高夫「日本におけるショーペンハウアーの受容の問題――ケーベルを中心に」『武蔵大学人文学雑誌』二一―一〇二、一九九〇年。
(21) 姉崎前掲『宗教学概論』三八二―三八三頁。
(22) 日本宗教学の歴史を総括したものとして、小口偉一「宗教学50年の歩み」『宗教研究』一四七、一九五六年、脇本平也「日本における比較宗教の伝統」『宗教研究』二五九、一九八四年、がある。
(23) 藤井健志「東京大学宗教学科年譜史料(明治時代)」田丸徳善編『日本の宗教学説』東京大学宗教学研究室、一九八二年。

(24) 国民道徳論は、厳密にいえば、明治四〇年代の道徳教育をめぐる政府の運動をさすものであるが、ここでは大日本帝国憲法の成立にともなう政教分離以降の思想・運動を広く指し示すものとして理解する。鵜沼裕子「国民道徳論をめぐる論争」今井淳・小澤富夫編『日本思想論争史』ぺりかん社、一九七九年。

(25) 関皐作編『井上博士と基督教徒――一名「教育と宗教の衝突」顚末及評論―正・続・収結編』一八九三年(みすず書房、一九八八年)。小沢三郎『内村鑑三不敬事件』新教出版社、一九六一年、生松敬三「教育と宗教の衝突」、宮川透他編『近代日本思想論争――民選議院論争から大衆社会論争まで』青木書店、一九六三年。

(26) 加藤玄智編『神社対宗教』大鐙閣、一九二二／一九三〇年、佐々木聖史「神道非宗教より神社非宗教へ――神官・教導職の分離をめぐって」『日本大学精神文化研究所・教育制度研究所紀要』一六、一九八五年、拙稿「近代神道学の成立――田中義能論」一九九六年(本書第三部第一章として収録)。

(27) 姉崎正治「宗教家懇談会所見」一八九六年(『宗教と教育』博文館、一九一二年、五八五―五八六頁)。

(28) 姉崎正治「日本宗教史概観」、前掲『宗教と教育』、同前掲「宗教家懇談会所見」。

(29) 「姉崎文学士の洋行」『哲学雑誌』一五―一五八、一九〇〇年、四〇〇頁。

(30) 井上哲次郎「祝辞」『宗教学紀要――東京帝国大学宗教学講座創設廿五年記念号』宗教学研究会、一九三一年。拙稿「明治二〇年代の宗教・哲学論――井上哲次郎の「比較宗教及東洋哲学」講義」二〇〇二年(本書第一部第二章として収録)。

(31) 井上哲次郎『井上哲次郎自伝』一九四二年(冨山房、一九七三年、四五頁)。

(32) 井上哲次郎「神社神道と宗教との関係」、加藤前掲『神社対宗教』一四頁。

(33) 赤澤史朗『近代日本の思想動員と宗教統制』校倉書房、一九八五年、第三章。

(34) 『宗教制度調査会第三回総会議事録 大正一一年』二九―三一頁、『同 第四回総会議事録 大正一一年』三一―三三頁。

(35) 『同右 第二回総会議事録 大正一一年』一六―一七頁。

(36) 『同右 第七回総会議事録 大正一一年』二七頁。

(37) 『同右 第七回総会議事録 大正一一年』一五―一六、二九―三四頁、『同 第二回総会議事録 大正一一年』一七頁(下村宗教局長発言)、『同 第二回総会議事録 昭和四年』二一頁。

(38) 姉崎正治「三教会同の観察」、前掲『宗教と教育』五四五頁。
(39) 赤澤前掲『近代日本の思想動員と宗教統制』一四二、一五六頁。
(40) 『宗教制度調査会第七回総会議事録　大正一一年』一五―三〇頁。
(41) 姉崎正治「開会の詞」『丁酉倫理会倫理講演集』一、一九〇四年、六頁。
(42) 姉崎前掲『宗教学概論』一五頁。
(43) 同右、一〇七―一〇八頁。
(44) 同右、一〇八頁。
(45) この経緯については、拙稿「姉崎正治における国家と宗教――西洋体験とナショナリズム」二〇〇二年（本書第二部第二章として収録）、および、磯前・高橋原・深澤英隆「姉崎正治伝」、前掲『近代日本における知識人と宗教』。
(46) 土肥昭夫「三教会同――政治、教育、宗教との関連において」『キリスト教社会問題研究』一一・一四―一五、一九六七年、李元範「日露戦後の宗教政策と天理教――「三教会同」政策をめぐって」『宗教研究』六六-三、一九九二年、山口輝臣「明治末年の宗教と教育――三教会同を巡って」『東京大学史紀要』一四、一九九六年。中島邦「帰一協会小考(一)(二)」『日本女子大学紀要』三六・三七、一九八七・一九八八年、渋沢青淵記念財団竜門社編纂『渋沢伝記資料　四六』渋沢栄一伝記資料刊行会、一九六二年。
(47) 赤司繁太郎「懐柔手段なり」『六合雑誌』三七四、一九一二年、七四頁、高島米峰「お化けが出来たァ!」『新仏教』一三-七、一九一二年（二葉憲香監修『新仏教』論説集 中』永田文昌堂、一九八〇年、二一五頁）。
(48) 川村五峰「喜劇のあと」『新仏教』一三-四、一九一二年（前掲『新仏教』論説集 下』一九八二年、一三六頁）。新仏教徒同志会の批判をまとめたものとして、脇本平也「明治の新仏教と宗教学」『宗教文化の諸相――竹中信常博士頌寿記念論文集』山喜房書房、一九八四年、がある。
(49) 姉崎前掲『宗教と教育』五五三、五四八頁。
(50) 同右、五六六頁。
(51) 姉崎正治『宗教生活と社会問題』通俗大学会、一九一九年、二五二頁。

(52) 姉崎前掲『宗教と教育』三〇〇、三七七頁。
(53) 明治期における国家と社会の関係については、松本三之介「第八章　陸羯南における「国家」と「社会」」『明治思想における伝統と近代』東京大学出版会、一九九六年、が示唆に富む。
(54) かれの日蓮主義については、田村芳朗「姉崎正治と日蓮」『姉崎正治先生の業績――記念講演集・著作目録』姉崎正治先生生誕百年記念会、一九七四年、同「高山樗牛の日蓮観」『講座日蓮　四』春秋社　一九七二年、一六二―一六五頁、を参照のこと。
(55) 姉崎正治『南北朝問題と国体の大義』博文館、一九一一年。南北朝正閏論をめぐる詳細は、史学協会編『南北朝正閏論』修文閣、一九一一年、山崎藤吉・堀江秀雄『南北朝正閏論纂』帝国軍友会、一九一二年、などを通して把握することができる。
(56) 姉崎前掲「開会の詞」八頁。
(57) 姉崎前掲『宗教学概論』三七二頁。
(58) 同右、一九一―一九二頁。
(59) 姉崎前掲『宗教と教育』一六六頁。
(60) 姉崎正治「日本主義に促す」『太陽』一三―一四、一八九七年。
(61) 井上前掲『明治哲学界の回顧』七四―七五頁。
(62) 姉崎前掲『宗教と教育』八〇頁。
(63) 同右、一二五頁。
(64) 拙稿「宗教研究の現在」二〇〇一年。
(65) 姉崎正治「人工的解釈に断――神社の性質と其の将来」『東京新聞』一九四五年一二月二二日号。
(66) 岸本英夫『岸本英夫集　五――戦後宗教と社会』渓声社、一九七六年、村上重良『国家神道』岩波新書、一九七〇年。戸田義雄「岸本英夫」『神道宗教』四一、一九六五年、拙稿「書籍の購入と移管」、磯前・島薗編『東京帝国大学神道研究室旧蔵書目録および解説』東京堂出版、一九九六年、二九―三〇頁。
(67) 宗教学者の共同体観にたいする批判は、アメリカでデュルケム批判というかたちでその萌芽が現われている。ちなみにデュルケムは、共同体の個人統合機能という点で、日本の宗教学者につよい影響を与えつづけている。増澤知子『夢の時を求めて

——宗教的起源の探究』一九九三年、第二章(中村圭志訳、玉川大学出版部、一九九九年)。

(68) Johannes C. Wolfart, “Postmodernism”, in Willi Braun & Russell T. McCutcheon, eds., *Guide to the Study of Religion*, London & New York: Cassell, 2000.

(69) スチュアート・ホール「ジャマイカの宗教イデオロギーと社会運動」一九八五年(磯前/トレント・マキシー訳『現代思想』三〇‐一五、二〇〇二年)。同様の批判は、すでにアナール学派のシャルチエによって、ラヴィジョイ流の観念史やアナール派自体がかかえる旧弊的な民衆/エリートの二分法にたいして向けられている。R. Chartier, “Intellectual History or Socio-cultural History? The French Trajectories”, in D. Lacapra. & S. L. Kaplan, ed., *Modern European Intellectual History: Reappraisals & New Perspectives*, Cornell University Press, 1983.

第二部 第二章

(1) 姉崎正治『わが生涯』一九五一年(新版、姉崎正治先生生誕百年記念会、一九七四年、三頁)。

(2) 佐々木篤祐『仏光寺史の研究』本山仏光寺、一九七三年、平松令三『仏光寺の歴史と信仰』思文閣出版、一九八九年。

(3) 姉崎前掲『わが生涯』一〇頁。

(4) Winston L. King, “Religion”, in M. Eliade, ed., *The Encyclopedia of Religion*, vol. 11, New York: Macmillan Publishing Company, 1987.

(5) 姉崎正治「邦人性格上の一大欠点」『六合雑誌』一七七、一八九五年、二三頁。

(6) 同右、二八頁。

(7) 姉崎前掲『わが生涯』六五—六六頁。

(8) 福沢諭吉『学問のすゝめ』第四編、一八七四年(『福沢諭吉全集 三』岩波書店、一九五九年、五二頁)。国民意識の形成については、安田浩「近代日本における「民族」観念の形成——国民・臣民・民族」『思想と現代』三一、一九九二年、飛鳥井雅道「「国民」の創出——国民文化の形成・序説」、同編『国民文化の形成』筑摩書房、一九八四年。

(9) 牧原憲夫『客分と国民のあいだ——近代民衆の政治意識』吉川弘文館、一九九八年、第Ⅲ章、など。

(10)『桂宮日記』一八七二年七月七・一〇日条、一八七七年一二月条など、宮内庁書陵部所蔵。
(11)下橋敬長『幕末の宮廷』一九二三・一九二四年(平凡社東洋文庫、一九七九年、二七九、三〇四頁)、小林丈広『明治維新と京都――公家社会の解体』臨川書店、一九九八年、三一―三三頁。
(12)姉崎前掲『わが生涯』一〇頁。
(13)西周「教門論 二」『明六雑誌』五、一八七四年(岩波文庫、一七九頁)。
(14)飛鳥井雅道「明治天皇・「皇帝」と「天子」のあいだ――世界列強への挑戦」、西川長夫・松宮秀治『幕末・明治期の国民国家形成と文化変容』新曜社、一九九五年、梅田康夫「地下官人考」大竹秀男・服藤弘司編『幕藩国家の法と支配――高柳真三先生頌寿記念』有斐閣一九八四年、四〇頁。
(15)姉崎正治「桃山奉送の記」『太陽』一八―一四、一九一二年、二八頁。
(16)姉崎正治「山城国内の御陵墓(一)(二)」『壬辰会雑誌』七・九、一八九二・一八九三年。
(17)姉崎前掲「桃山奉送の記」二八頁。
(18)同右、三四頁。
(19)姉崎正治「乃木将軍と猪熊夏樹翁」『二六新報』一九一二年九月号。
(20)高道基「浮田和民」『キリスト教社会問題研究』一七七、一九六一年、栄沢幸二「帝国主義成立期における浮田和民の思想的特質」『歴史学研究』三三二、一九六八年、など。
(21)浮田和民「乃木大将の殉死を論ず」『太陽』一八―一五、一九一二年、九頁。
(22)夏目漱石『漱石全集 二〇』岩波書店、一九九六年、三九八頁。
(23)佐々木克「明治天皇のイメージ形成と民衆」、西川他前掲『幕末・明治期の国民国家形成と文化変容』、多木浩二『天皇の肖像』岩波新書、一九八八年、タカシ・フジタニ『天皇のページェント――近代日本の歴史民族誌から』日本放送出版協会、一九九四年。
(24)西川長夫「帝国の形成と国民化」、西川・渡辺公三編『世紀転換期の国際秩序と国民文化の形成』柏書房、一九九九年、三一頁。

(25) 姉崎正治「明治三十年史 宗教」『太陽』四-九、一八九八年、二二二―二二三頁、同「所謂新宗教」『太陽』三-一八、一八九七年、五四頁。
(26) 姉崎前掲「明治三十年史 宗教」二二四、二二二頁。
(27) 姉崎前掲「所謂新宗教」五六頁、同「今日宗教界の人物」『太陽』三-一九、一八九七年、七八頁。
(28) 姉崎前掲「明治三十年史 宗教」二二〇頁。
(29) 『真理』一三、一八九一年、裏表紙、茂義樹「『六合雑誌』における岸本能武太」『『六合雑誌』の研究』教文館、一九八四年、芹川博通『近代化の仏教思想』大東出版社、一九八九年、第四章。
(30) 三並良「日本に於ける自由主義基督教の進歩」『真理』一三、一八九〇年、日本ユニテリアン弘道会編『進歩的宗教』自由基督教徒大会講演集、一九〇一年。
(31) 姉崎前掲「所謂新宗教」五四頁。
(32) 鈴木範久『明治宗教思潮の研究――宗教学事始』東京大学出版会、一九七九年、第四章第一節。哲学館と東京専門学校の講義は、それぞれ『言語学的宗教学』および『比較宗教学』として各校から出版されている。
(33) 姉崎前掲『わが生涯』三―四頁。
(34) 姉崎正治「比較的研究の精神」『哲学雑誌』一〇-一〇六、一八九五年、九八七頁。
(35) この著書の構成および思想背景については、拙稿「近代宗教学の位相――姉崎正治論」、深澤英隆「姉崎正治と近代日本の「宗教問題」――姉崎の宗教理論とそのコンテクスト」、磯前・深澤編『近代日本における知識人と宗教――姉崎正治の軌跡』東京堂出版、二〇〇二年、を参照のこと。
(36) 姉崎正治『宗教学概論』一九〇〇年(『姉崎正治著作集 第六巻』国書刊行会、一九八二年、一頁)。
(37) 同右、一〇頁。
(38) 同右、二四三頁。
(39) 姉崎正治「宗教なる概念の説明契機」『哲学雑誌』一五-一五六、一九〇〇年、一一二一頁。
(40) C. P. Tiele, *Elements of the Science of Religion*, 1897–1899(鈴木宗忠・早船慧雲『チ氏宗教学原論』内田老鶴圃、一九一

六年). E. D. Starbuck, *Psychology of Religion*, 1899. John N. Farquhar, "The Science of Religion as an Aid to Apologetics", in *The Harvest Field*, 1901 (Eric Sharp, *Comparative Religion: A History*, Duckworth: London, 1975/1986, pp. 151–153). 姉崎正治「宗教学講座廿五年の想出」『宗教学紀要——東京帝国大学宗教学講座創設廿五年記念』同文館、一九三一年、同「テール氏の宗教学緒論」『哲学雑誌』一四-一四八、一八九九年。

(41) 高木敏雄「日本神話学の歴史的概観」、同著・大林太良編『増訂 日本神話伝説の研究 一』平凡社東洋文庫、一九七三年、八一頁。

(42) 姉崎正治「言語学派神話学を評して高木君の素尊嵐神論に及ぶ」『帝国文学』六-一、一九〇〇年、一五、三二頁。

(43) 同右、三二頁。

(44) 松本信広「解説」、同編『論集日本文化の起源 三 民族学I』平凡社、一九七一年、六頁。他に、平藤喜久子「明治期の比較神話学——スサノヲ論争をめぐって」『宗教研究』七五-三、二〇〇一年。

(45) 久米邦武「神道は祭天の古俗」一八九一年(『久米邦武歴史著作集 三』吉川弘文館、一九九〇年)。久米論文をめぐる評価については、大久保利謙「神道祭天古俗論——久米邦武の大学追放」一九五二年(『大久保利謙歴史著作集 七』吉川弘文館、一九八八年)、宮地正人「近代天皇制イデオロギーと歴史学——久米邦武事件の政治史的考察」一九七九年(『天皇制の政治史的研究』校倉書房、一九八一年)、鹿野政直・今井修「日本近代思想史のなかの久米事件」『久米邦武歴史著作集 別巻』吉川弘文館、一九九一年。

(46) 姉崎正治「素戔嗚尊の神話伝説(三)」『帝国文学』五-一一、一八九九年、二八頁。

(47) 同右、二七頁。

(48) 檜山幸夫「日清戦争総論」『近代日本の形成と日清戦争——戦争の社会史』雄山閣出版、二〇〇一年、二五—三〇頁。

(49) 井上哲次郎『倫理と宗教の関係』冨山房、一九〇二年、八四頁。

(50) 高山樗牛「明治思想の変遷(明治三十年史総論)」一八九八年(『樗牛全集 四』博文館、一九〇五年、四四二頁)。

(51) 松本三之介『明治思想史——近代国家の創設から個の覚醒まで』新曜社、一九九六年、二〇二頁。前田愛「井上哲次郎と高山樗牛」一九七三年(『幻景の明治』朝日新聞社、一九七八年)。

(52) 松本前掲『明治思想史』一九五—一九六頁。
(53) 同右、一九五頁。吉田精一『自然主義の研究 上』東京堂、一九五五年。
(54) 姉崎前掲『わが生涯』六〇頁、同「ケーベル先生の追懐」『哲学雑誌』三八‐四三八、一九二三年。
(55) 姉崎前掲「宗教なる概念の説明契機」一三三頁。
(56) 姉崎前掲「所謂新宗教」五五頁。
(57) 姉崎前掲『宗教学概論』一五頁。
(58) 鈴木範久「近代日本宗教協力小史」、竹内整一・月本昭男編『宗教と寛容——異宗教・異文化間の対話に向けて』大明堂、一九九三年、池田英俊「田中智学の信仰と思想運動」『明治の新仏教運動』吉川弘文館、一九七六年。
(59) 酒井直樹「西洋の脱臼と人文科学の地位」『トレイシーズ』一、二〇〇〇年、一一三頁。
(60) 姉崎正治「高山樗牛に答ふるの書」一九〇二年(『明治文学全集 四〇』筑摩書房、一九七〇年、二二一頁)。
(61) 一九〇〇年五月二一日付大西祝宛姉崎書簡(石関敬三・紅野敏郎編『大西祝・幾子書簡集』教文館、一九九九年、三〇六頁)。
(62) 姉崎前掲『わが生涯』八五頁。
(63) 姉崎正治「世界戦乱に関連しての宗教的動揺と覚醒」『人文』二‐一二、一九一七年、一頁。
(64) 橋川文三『黄禍物語』一九七六年(岩波現代文庫、二〇〇〇年、七頁)。黄禍論については他に、杉原達「黄禍論」『講座世界史 五』東京大学出版会、一九九五年、ハインツ・ゴルヴィツァー『黄禍論とは何か』一九六二年(瀬野文教訳、草思社、一九九九年)など。
(65) 姉崎前掲「高山樗牛に答ふるの書」二二三頁。
(66) 平川祐弘「姉崎正治の「洋行無用論」」『和魂洋才の系譜——内と外からの明治日本』河出書房新社、一九七一年。
(67) 姉崎前掲「高山樗牛に答ふるの書」二二一、二二六頁。
(68) 井上哲次郎『井上哲次郎自伝』一九四二年(冨山房、一九七三年、三一—三二頁)。
(69) 姉崎正治「戴冠式延期と英国民の覚醒(樗牛に与ふる第三書)」一九〇二年(姉崎正治編『増訂縮刷 文は人なり』博文館、一九一一／一九一八年、五〇六頁)。

(70) 同右、五一八頁。
(71) 姉崎前掲「高山樗牛に答ふるの書」二一三頁。
(72) 一九〇二年一一月一九日付高山樗牛宛姉崎正治書簡(前掲『増訂縮刷 文は人なり』五三五頁)。
(73) 姉崎前掲「高山樗牛に答ふるの書」二一六頁、同「再び樗牛に与ふる書」一九〇二年(前掲『増訂縮刷 文は人なり』四七二頁)。
(74) 茅野良男「明治時代のニーチェ解釈」『実存主義』六三、一九七三年。
(75) 姉崎前掲「高山樗牛に答ふるの書」二一七頁。
(76) 同右、二一一頁。
(77) 林正子『『太陽』に読む明治日本のドイツ文明批評と自己探求——ドイツ関連記事と樗牛・嘲風の評論を視座として』、鈴木貞美編『雑誌『太陽』と国民文化の形成』思文閣出版、二〇〇一年、四七六—四七七頁。
(78) 姉崎正治「現時青年の苦悶について」『太陽』九-九、一九〇三年、八四、八一頁。
(79) 姉崎正治「清見潟の一夏」一九〇三年(前掲『明治文学全集 四〇』二四八頁)。
(80) 岩佐壮四郎『抱月のベル・エポック——明治文学者と新世紀ヨーロッパ』大修館書店、一九九八年、二七七頁。
(81) 姉崎前掲「現時青年の苦悶について」八〇頁。
(82) 永井博「永井荷風と姉崎嘲風(二)——「確固たる人生の主義」をめぐって」『金沢大学国語国文』二〇、一九九五年、伊藤淑人「啄木の初期論文——「ワグネルの思想」について」『東海学園国語国文』二〇、一九八一年。杉崎俊夫「姉崎嘲風ノート」、前掲『明治文学全集 四〇』四〇四—四〇五頁。
(83) 姉崎前掲「再び樗牛に与ふる書」二三五頁。
(84) 田村芳朗「高山樗牛の日蓮観」『講座日蓮 四』春秋社、一九七二年、一六二—二六四頁。田中芳谷『田中智学先生略伝』師子王文庫、一九五三/一九七四年。
(85) 姉崎正治「国家の運命と理想(愛国者と予言者)」『時代思潮』一-三、一九〇四年、二九頁。
(86) 同右、三〇頁。

(87) 杉崎前掲「姉崎嘲風ノート」四〇四頁。
(88) 姉崎正治「主観の宗教と客観の宗教――病間録を読みて」『時代思潮』二-二四、一九〇六年、二三頁。
(89) 宮地正人「日露前後の社会と民衆」『講座日本史 六』東京大学出版会、一九七〇年、一四一頁。宇野俊一「日露戦争」『岩波講座 日本歴史 一七』一九七六年。
(90) 宮地同右、一四三頁。柏原祐泉『日本仏教史 近代』吉川弘文館、一九九〇年、一四八―一四九頁。
(91) 大日本宗教家大会事務所編『宗教家大会彙報――時局に対する宗教家の態度』金港堂書籍株式会社、一九〇四年、五頁。
(92) 姉崎前掲「国家の運命と理想」二四頁、姉崎正治「戦へ、大いに戦へ」『太陽』一〇-一、一九〇四年(『国運と信仰』弘道館、一九〇六年、二七九頁)。
(93) 姉崎正治「一億のスラヴ人あるを忘るる勿れ」『時代思潮』二-一九、一九〇五年、五頁。同「ロシアの国情とトルストイ」『時代思潮』一-二、一九〇四年、二二頁。
(94) 姉崎前掲「戦へ、大いに戦へ」二七四―二七五頁。
(95) 姉崎正治「序言」、姉崎・山川智応編『高山樗牛と日蓮上人』博文館、四頁。
(96) 姉崎前掲「国家の運命と理想」二九頁。
(97) 大石紀一郎「文化批判の変容――ニーチェから姉崎嘲風・石川啄木・大杉栄へ」『比較思想雑誌』五、東大比較思想研究会、一九八五年、七七頁。
(98) 姉崎前掲「国家の運命と理想」三三頁。
(99) 内村鑑三「戦争廃止論」一九〇四年(『内村鑑三全集 一四』岩波書店、一九三二年、二七四頁)。
(100) 横井時雄・姉崎正治「発行の趣旨」『時代思潮』一-一、一九〇四年、一頁。
(101) 姉崎正治「南北朝問題に関する疑義並びに断案」『読売新聞』一九一一年二月二三日。山崎藤吉・堀江秀雄『南北朝正閏論纂』帝国軍友会、一九一一年。
(102) 姉崎正治「文芸委員会予選作物について」『中央公論』二七-四、一九一二年。和田利夫『明治文芸院始末記』筑摩書房、一九八九年。

(103) 姉崎正治「三教会同の性質及び事業」『日本及び日本人』五七六、一九一二年。「宗教家教育家大懇談会」『中外日報』一九一二年三月二・三日、土肥昭夫「三教会同——政治、教育、宗教との関連において」『キリスト教社会問題研究』一一・一四—一五、一九六七年。
(104) 中島邦「帰一協会小考(一)」『日本女子大学紀要』三六、一九八七年。
(105) 姉崎前掲『わが生涯』一一四頁。一二月二六日付姉崎宛西園寺公望書簡(『西園寺公望伝 別巻一』岩波書店、一九九六年、四頁)。
(106) 中村政則・鈴木正幸「近代天皇制国家の確立」『大系・日本国家史 五』東京大学出版会、一九七六年、一九頁。
(107) 姉崎正治『南北朝問題と国体の大義』博文館、一九一一年、一〇一頁。
(108) 有泉貞夫「明治国家と民衆統合」、前掲『岩波講座日本歴史 一七』、宮地正人「地方改良運動の論理と展開」『日露戦後政治史の研究——帝国主義形成期の都市と農村』東京大学出版会、一九七三年、金長権「近代日本地方自治思想——国家主義との関わりかたを中心として」、大濱徹也編『近代日本の歴史的位相——国家・民族・文化』刀水書房、一九九九年。
(109) 内田周平「南北朝正閏問題の回顧」年次不明(大久保利謙「南北朝問題をめぐって」、向坂逸郎編『嵐のなかの百年——学問弾圧小史』勁草書房、一九五二年、六〇頁、に引用)、「南北朝正閏論者番付」『グラフィック』三-七、一九一一年(山本四郎「南北朝正閏問題について」『史林』五六-三、一九七三年、六三—六四頁、に引用)。他に南北朝正閏論については、堀松武一「哲学館事件と南北朝正閏問題」『世界教育史大系 二』講談社、一九七五年、伊藤大介「南北朝正閏問題再考」『宮城歴史科学研究』四五、一九九八年、など。
(110) 姉崎前掲『南北朝問題と国体の大義』九四—九五頁。
(111) 姉崎正治『宗教と教育』博文館、一九一二年、二九四頁。
(112) 大谷栄一『近代日本の日蓮主義運動』法蔵館、二〇〇一年、一五頁。
(113) 姉崎前掲『宗教と教育』五四六頁。
(114) 姉崎正治「戦勝と国民的自覚と日本文明の将来」一九〇五年(『国運と信仰』博文館、一九〇六年、五〇三頁)。
(115) 同右、五〇三頁。

(116) Masaharu Anesaki, *The Religious History of Japan, an Outline*, 1907.(姉崎正治「日本宗教史概観」、前掲『宗教と教育』四一八頁)。

(117) 姉崎正治「文明の新紀元」一九〇六年(前掲『国運と信仰』五〇二頁)。

(118) 姉崎正治「短い自叙伝——シャーレイのふもと」『会館文化』一九四七年六月号、三〇頁。Anesaki, Professorial Work and Public Lectures by Masaharu Anesaki, Professor of the Science of Religion in Tokyo Imperial University: 1913–1922.(文八〇)

(119) Masaharu Anesaki, Report on the Correspondence and Proceedings in Regard to the Proposed Establishment of a Professorship of Japanese Literature and Life at Harvard(文七六).

(120) Masaharu Anesaki, *Buddhist Art in its Relation to Buddhist Ideals: With Special Reference to Buddhism in Japan: Four Lectures given at the Museum*, Houghton-Miffin: Boston, 1915. Ibid, *Nichiren, the Buddhist Prophet*, Cambridge: Harvard University Press, 1916. Ibid, "Japanese Mythology" in The Mythology of all Races, vol. 8, Boston: Marshall Jones Company, 1928. Ibid, *History of Japanese Religion: With Special Reference to the Social and Moral Life of the Nation*, London: Kegan Paul, 1930. Ibid, *Art, Life and Nature in Japan*, Boston: Marshall Jones Company, 1933.

(121) Anesaki, *op. cit., The Religious History of Japan, an Outline.*(前掲「日本宗教史概観」)。

(122) 姉崎前掲「短い自叙伝」二九頁。

(123) 井口和起「韓国併合」、前掲『岩波講座日本歴史 一七』一九〇—一九一頁。

(124) 姉崎正治「滞米中の所感」『法華』一-四、一九一四年、三八頁。

(125) 若槻泰雄『排日の歴史——アメリカにおける日本人移民』中公新書、一九七二年。

(126) ゴルヴィツァー前掲『黄禍論とは何か』八五頁。

(127) Letter from William James to Anesaki at 1908. 2. 4.(書三三六) 麻田貞雄「人種と文化の相克——移民問題と日米関係」一九七三年(『両大戦間の日米関係——海軍と政策決定過程』東京大学出版会、一九九三年、二八七頁)。

(128) 細谷千博「二一条要求」とアメリカの対応」『一橋論叢』四三-一、一九六〇年。

(129) Masaharu Anesaki, Some Phases of the Far-Eastern Questions, 1914. 3. 13, p. 8.(文九九)
(130) 姉崎正治「現在の国際問題に対する日本人の見解」『カリフォーニア大学創立五十年祝典参列に関する報告』一九一八年、六頁。
(131) 松尾尊兊『民本主義と帝国主義』みすず書房、一九九八年、第Ⅱ章。
(132) Letter from Sidney L. Gulick to Anesaki at 1915. 5. 7, 6. 18, 6. 30.(書一六九―一七一)
(133) Letter from Anesaki to Charles Eliot at 1915. 7. 25.(書一六〇)
(134) Masaharu Anesaki, American-Japanese Question, p. 1.(文一〇一)
(135) 姉崎正治「対支二十一箇条要求問題――大隈侯に関する追懐」『大観』五-二、一九二二年、一五頁。
(136) 姉崎正治「日本は何故に外国に了解されざる乎」『ニコニコ』四三、一九一四年、一八頁。
(137) 姉崎前掲「滞米中の所感」四〇頁。
(138) 麻田前掲「人種と文化の相克」三〇四頁。
(139) 沖田行司「国際交流を推進する平和主義教育構想」『公益の追求者・渋沢栄一――新時代の創造』山川出版社、一九九九年、片桐庸夫「渋沢栄一と国民外交――米国に於ける日本人移民排斥問題への対応を中心として」『渋沢研究』一、一九九〇年、中島邦「帰一協会小考(一)」『日本女子大学紀要』三七、一九八八年。
(140) 当時の日本社会における様々なアメリカ観については、三谷太一郎「大正デモクラシーとアメリカ」一九七三年(『新版 大正デモクラシー論――吉野作造の時代』東京大学出版会、一九九五年)。
(141) 姉崎正治「日米の同情と将来の世界的文明」一九〇五年(前掲『国運と信仰』四四一頁)。
(142) 同右、四四三頁。
(143) Masaharu Anesaki, "Art and Domestic Life in Japan (Illustrated)", in *The Open Court* 30-9, 1916, p. 560.
(144) Ibid., p. 556.
(145) Ibid., p. 551.
(146) Masaharu Anesaki, An Address Delivered at the Reception of Foreign Students of Harvard, 1913. 10. 8, p. 4.(文八

六)。
(147) 姉崎正治「東西思想の根本」『太陽』一六‐一六、一九一〇年、五三頁。
(148) 佐藤道信『明治国家と近代美術——美の政治学』吉川弘文館、一九九九年、二九八頁。高木博志「日本美術の成立・史論——古代美術史の時代区分の成立」一九九五年(『近代天皇制の文化史的研究——天皇就任儀礼・年中行事・文化財』校倉書房、一九九七年)。
(149) 佐藤前掲『明治国家と近代美術』三〇五—三〇六頁。
(150) Masaharu Anesaki, Religious Movements Contemporary Japan, 1915. 4. 24. p. 8. (文一〇〇)
(151) この点については、山室信一『思想課題としてのアジア——基軸・連鎖・投企』岩波書店、二〇〇一年、五三頁、に一般論的なかたちでの指摘がある。
(152) 姉崎正治「軍国主義の心理」『丁酉倫理会倫理講演集』二一九、一九二〇年、一二頁、同「人本主義の実行」『中央公論』三三‐一、一九一八年、五九頁。
(153) 姉崎前掲「人本主義の実行」五九頁。
(154) 姉崎前掲「世界戦乱に関連しての宗教的動揺と覚醒」七頁。
(155) 島地大等「明治宗教史(基督教及仏教)」一九二一年(『明治文学全集 八七』筑摩書房、一九六九年、三七五頁)。
(156) 姉崎正治「文化問題としての国際連盟」一四頁(文二四一)。
(157) 同右、一三頁。
(158) 姉崎前掲「人本主義の実行」六〇頁、同「十九世紀文明の総勘定」一九一八年(『世界文明の新紀元』博文館、一九一九年、一七頁)。
(159) 渋沢青淵記念財団竜門社編纂『渋沢栄一伝記資料 三六』、渋沢栄一伝記資料刊行会、一九六二年。
(160) 江口圭一「一九一〇—三〇年代の日本——アジア支配への途」『岩波講座 日本通史 一八』一九九四年、宇野重昭「幣原外交発足前後の日本外交と中国——一九二四年の日中・日ソ関係」、入江昭・有賀貞編『戦間期の日本外交』東京大学出版会、一九八四年。

(161) 松尾尊兊「政友会と民政党」『岩波講座　日本歴史　一九』一九七六年。
(162) 一九二一年一一月二〇日付姉崎宛滝本為三書簡(書五八四)。
(163) 有賀貞「排日問題と日米関係――「埴原書簡」を中心に」、入江・有賀前掲『戦間期の日本外交』、米山裕「「日系アメリカ人」の創造――渡米者(在米日本人)の越境と帰属」、西川長夫他編『二〇世紀をいかに越えるか――多言語・多文化主義を手がかりにして』平凡社、二〇〇〇年。
(164) 片桐前掲「渋沢栄一と国民外交」一九頁。山岡道男「日米関係委員会と太平洋問題調査会」一九九〇年(『「太平洋問題調査会」研究』龍渓書舎、一九九七年)。
(165) 姉崎前掲『カリフォーニア大学創立五十年祝典参列に関する報告』。Masaharu Anesaki, *The Religious and Social Problems of the Orient*, New York: Macmillan, 1923.
(166) 麻田前掲「人種と文化の相克」三〇八頁、瀬川善信「一九二四年米国移民法と日本外交」『国際政治』一九六三－三・四、六六頁。
(167) Masaharu Anesaki, “Exclusion from Japanese Viewpoint”, in *Christian Century*, 1924. 6. 19.
(168) Masaharu Anesaki, A Phase of the Japanese Question in California: An Academic View, p. 1.(文一〇八)
(169) Ibid., p. 1. 姉崎正治「国際関係ト道徳問題」一九一四―一九一七年頃(文五三〇)。
(170) Anesaki, *op. cit.*, A Phase of the Japanese Question in California, p. 2.
(171) 麻田前掲「人種と文化の相克」二七五頁。
(172) Anesaki, *op. cit.*, “Exclusion from Japanese Viewpoint”.
(173) Anesaki, *op. cit.*, A Phase of the Japanese Question in California, p. 5.
(174) Ibid., p. 5.
(175) 姉崎正治「人間の天性と国民性」『朝鮮教育』六－六、一九二三年、五八頁。
(176) 朴慶植『日本帝国主義の朝鮮支配　上』青木書店、一九七三年、二二〇―二二六頁。
(177) Pan-Pacific Union, ed., *First Pan-Pacific Educational Conference*, Honolulu, August 11–24, 1921, p. 104. 姉崎前掲「十

九世紀文明の総勘定」三六頁。
(178) 駒込武『植民地帝国日本の文化統合』岩波書店、一九九六年、二一三頁。
(179) 掛谷宰平「社会運動の発展」『講座 日本史 七』東京大学出版会、一九七一年。
(180) 姉崎正治「人生の改造と弱者の力」一九二〇年(『社会の動揺と精神的覚醒』博文館、一九二〇年、三三八頁)。
(181) 姉崎前掲「人本主義の実行」四七頁、同右、二九一頁。
(182) 姉崎前掲「人生の改造と弱者の力」三〇〇頁。
(183) 掛谷前掲「社会運動の発展」一〇八頁。広川禎秀「ファシズム期の抵抗運動と民衆意識」『講座 日本歴史 一〇』東京大学出版会、一九八五年、二一〇頁。
(184) 姉崎前掲「人生の改造と弱者の力」三〇一、二八七頁。
(185) 姉崎前掲「人本主義の実行」五九頁。
(186) 姉崎前掲「十九世紀文明の総勘定」六二頁。
(187) 同右、六二頁。
(188) 姉崎正治「聖徳太子の理想と政策」『宗教研究』(旧)三-一〇、一九一九年、二七頁。
(189) 同右、一五頁。
(190) 吉野作造「憲政の本義を説いてその有終の美を済すの途を論ず」一九一六年(『吉野作造選集 二』岩波書店、一九九六年、三一頁)。松尾前掲『民本主義と帝国主義』一一頁。
(191) 姉崎正治「聖徳太子と日蓮上人」『法華』八-一二、一九二一年、四五頁。三谷太一郎「思想家としての吉野作造」一九七二年(同前掲『新版 大正デモクラシー論』)。
(192) 浜島典彦「門下統合と日蓮宗——天晴会と法華会」、日蓮宗現代宗教研究所編『日蓮宗の近現代——他教団対応のあゆみ』日蓮宗宗務院、一九九六年。
(193) 増島宏「普選運動と政党政治」、前掲『講座 日本史 七』一三三頁、大谷前掲『近代日本の日蓮主義運動』二八九—三一五頁。

(194) 国際学芸協力委員会関係文書、一九三五・一九三七・一九三八年(文五三九―四一)、世界宗教平和会議日本委員会編『日本宗教平和会議紀要』世界宗教平和会議日本委員会、一九三二年、片桐庸夫「太平洋問題調査会(IPR)と太平洋の平和機関問題――第五回バンフ会議に於ける高木・横田案を中心として」『戦間期のアジア太平洋地域――国際関係とその展開』早稲田大学社会科学研究所、一九九六年、日本学士院『日本学士院八十年史(本編)』一九六二年、World Fellowship through Religion 関係文書、一九三六年(文五五三)。Masaharu Anesaki, "East and West: The Meaning of their Cultural Relations", in *Independence, Convergence and Borrowing in Institutions, Thought and Art*, Cambridge: Harvard University Press, 1936.(「東と西――その文化交流の意義(上・下)」『国心民報』一―一・二、一九四六年)。

(195) Masaharu Anesaki, "East and West: Delivered for Radio Broadcast at Geneva, July 20th, 1934", p. 4.

(196) Masaharu Anesaki, *A Concordance to the History of Kirishitan Missions*, Tokyo: Office of Academy, 1930. op. cit., *History of Japanese Religion*; op. cit., *Art, Life and Nature in Japan*.

(197) 姉崎正治「同窓井上準之助君」『雄弁』一九三二年四月号、一二〇頁。

(198) 姉崎正治「戒厳令下に十七条憲法を読む」『丁酉倫理会倫理講演集』四〇三、一九三六年、二頁。

(199) 姉崎正治「帆足理一郎氏被告事件弁論腹稿」一九二〇年(文五五六)。

(200) 荒木敏夫「「聖徳太子研究」批判のための覚え書――古代史像の再構築に寄せて」『歴史学研究』三九四、一九七三年。他に、松田和晃「聖徳太子研究史」石田尚豊編『聖徳太子事典』柏書房、一九九七年、村田俊彦「聖徳太子奉讃会」、黒板博士記念会編『古文化の保存と研究――黒板博士の業績を中心として』吉川弘文館、一九五三年。

(201) 姉崎前掲「東と西(上)」七頁。

(202) 姉崎正治「日本に於ける現代文化の危機――ドイツ人に対する講演」『宗教研究』一三―二、一九三六年、四頁。

(203) 姉崎前掲「東と西(下)」二三頁、同右、四、七頁。

(204) 姉崎前掲「日本に於ける現代文化の危機」三頁。

(205) 同右、七頁。

(206) 姉崎前掲「東と西(下)」二三頁。このような過程を、山室信一は東西文明調和論から対決論への移行と呼んでいる。山室前掲『思想課題としてのアジア』五二―五三頁。
(207) 姉崎前掲「東と西(下)」二二―二三頁。
(208) 同右、二三頁。
(209) 山岡前掲『「太平洋問題調査会」研究』九七頁。同「太平洋問題調査会における活動」、前掲『公益の追求者・渋沢栄一』二〇六頁。
(210) 姉崎正治「宗教のいのち」一九三三年(同『已弁集』大東出版社、一九三四年、四六〇頁)。
(211) Anesaki, *op. cit.*, An Address Delivered at the Reception of Foreign Students of Harvard, 1913. 10. 8, p. 2. 姉崎正治「進化論とキリスト教」『太陽』一五-八、一九〇九年、一八一頁。
(212) 西村明「姉崎正治大正後期・昭和初期の理想――姉崎正治「聖徳太子御直筆写真」」『季刊日本思想史』五九、二〇〇一年。
(213) 姉崎前掲「戒厳令下に十七条憲法を読む」一頁。
(214) 姉崎正治「余光反映」『聖徳太子の大士理想 増訂再版』一九四四/一九四九年、四六五頁。
(215) 拙稿「宗教――超越性の分節化」『現代思想』二九-一五、二〇〇一年(本書第二部付論として収録)。
(216) 姉崎正治「謡曲に於ける神道と仏教」『季刊宗教研究』四-四、一九四三年、一一三―一一四頁。
(217) 姉崎正治「謡曲に見える草木国土成仏と日本国土観」『帝国学士院紀事』一-二、一九四二年、姉崎正治「謡曲に見える神道観念」『帝国学士院紀事』一-三、一九四二年。
(218) 姉崎前掲「謡曲に於ける神道と仏教」一一一頁。
(219) 姉崎正治建議「天佑天譴ニツイテ政府ノ所信竝ニ人心ノ嚮導ニ関スル質問趣意書」一九四四年一月二六日(『帝国議会貴族院議事速記録』七〇、東京大学出版会、一九八四年、二八頁)。
(220) 「陸海軍ニ対スル感謝決議案」一九四一年一二月一六日・一九四二年二月一五日、「蘭印戡定竝蘭貢攻略ニ対スル感謝決議案」一九四二年三月一一日(『帝国議会貴族院議事速記録』六八、東京大学出版会、一九八四年、七、二一三、二二三頁)。「陸海軍ニ対スル感謝決議案」一九四三年一〇月二六日・一二月二六日・一九四四年九月七日(『帝国議会貴族院議事速記録』七〇、東京大学出版会、一九八四年、各九頁)。

(221) 姉崎正治「崩雲行」『信人』一五-六、一九四六年、一四頁。

(222) Masaharu Anesaki, *Prince Shôtoku, the Sage Statesman and His Mahâsattva Ideal*, Tokyo: The Boonjudo Publishing House, 1948.

(223) 姉崎正治「平和と宗教」一九四六年一〇月以降、九―一〇頁(文二四三)。

第二部 付論

(1) M・エリアーデ『宗教の歴史と意味』一九六九年(前田耕作訳、せりか書房、一九八七年、七頁)。

(2) エリアーデの宗教学をめぐる近年の議論および評価としては、下記のものがある。Thomas A. Idinopulos & Edward A. Yonan, eds., *Religion & Reductionism: Essays on Eliade, Segal, & the Challenge of the Social Sciences for the Study of Religion*, Leiden, Boston & Köln: E. J. Brill, 1994. Russell T. McCutcheon, *Manufacturing Religion: The Discourse on Sui Generis Religion and the Politics of Nostalgia*, Oxford: Oxford University Press, 1997, Chap. 1-3. Jonathan Z. Smith, "Acknowledgements: Morphology and History in Mircea Eliade's Patterns in Comparative Religion (1949–1999)", in *History of Religion* 39-4, 2000.

(3) Willi Braun, "Religion", in W. Braun & R. T. McCutcheon, eds., *Guide to the Study of Religion*, London & New York: Cassell, 2000, pp. 3-8.

(4) この本の評価については、マスザワ本人の発言をふくむかたちで合評がおこなわれた*Method & Theory in the Study of Religion* 8-3, 1996. あるいは深澤英隆「書評 増澤知子『夢の時を求めて』」『思想』九〇五、一九九九年、を参照のこと。

(5) この動向については、ラッセル・マッカチオン「「宗教」カテゴリーをめぐる近年の議論――その批判的俯瞰」一九九五年(磯前/リチャード・カリチマン訳『現代思想』二八-九、二〇〇〇年)、拙稿「宗教概念および宗教学の成立をめぐる研究概況――欧米と日本の研究のリ・ロケーション」二〇〇〇年(本書序章として収録)、などを参照のこと。

(6) スチュアート・ホール「ジャマイカの宗教イデオロギーと社会運動」一九八五年(磯前/トレント・マキシー訳『現代思想』三〇-一五、二〇〇二年)、同「ローカルなものとグローバルなもの」「新旧のアイデンティティ、新旧のエスニシティ」、

A・D・キング編『文化とグローバル化』一九九一年(山中弘他訳、玉川大学出版部、一九九九年)。ただし、ホールの場合は、支配層に対する民衆側の抵抗が強調されているきらいがあり、支配層による民衆文化の組み込みという点では、安丸の研究に取るべきものがある。安丸における民衆と支配層の文化の関係性については、安丸良夫『日本の近代化と民衆思想』一九七四年(平凡社ライブラリー、一九九九年)、のなかで詳細に記述されている。

(7) 隣接諸科学に対する宗教学の特質を論じたものとして、以下の文献がある。Robert Seagal, “Reductionism in the Study of Religion”, in Idinopulos & Yonan, eds., *op. cit.*, Daniel H. Krymkowski, Luther H. Martin, “Religion as an Independent Variable: Revisiting the Weberian Hypothesis”, in *Method & Theory in the Study of Religion* 10-2, 1998. 宮川英子「宗教研究の中の宗教学――ジレンマからの脱出」『現代思想』三〇-九、二〇〇二年。

(8) この点をめぐる具体的な言及については、拙稿「姉崎正治における国家と宗教――西洋体験とナショナリズム」二〇〇二年(本書第二部第二章として収録)を参照されたい。

(9) ホール前掲「ジャマイカの宗教イデオロギーと社会運動」一九八五年、同「ポストモダニズムとの接合について」一九九六年(甲斐聡訳『現代思想』二六-四、一九九八年)。エルネスト・ラクラウ/シャンタル・ムフ『ポスト・マルクス主義と政治――根源的民主主義のために』一九八五年、第三章(山崎カヲル・石沢武訳、大村書店、一九九二年)。

(10) 「サバルタンは語ることができない」とするスピヴァクの指摘を、知識人がどのように受け止めるべきかという議論の様相は、『現代思想 特集 スピヴァク』二七-八、一九九九年、に収録された諸論文から知ることができる。スピヴァク論については、次の文献も参照されたい。Donna Landry & Gerald Maclean, “Introduction: Reading Spivak”, in *Spivak Reader*, New York & London: Routledge, 1996.

(11) 中上健次『紀州――木の国・根の国物語』一九七八年(朝日文芸文庫、一九九三年、一九頁)。

(12) 坂口安吾「文学のふるさと」一九四一年(『坂口安吾全集 一四』ちくま文庫、一九九〇年、三三〇―三三一頁)。

第三部 第一章

(1) 田中義能の経歴については、以下の論文に負っている。井上順孝「田中義能の教派神道研究」、田中義能『神道十三派の研

究』第一書房、一九八七年、岸本芳雄「田中義能博士小伝」『大和民族と女性』一九五五年。

(2) 井上哲次郎「学界回顧録」一九四二年(『井上哲次郎自伝』冨山房、一九七三年、四五頁)。田中義能『本居宣長之哲学』日本学術研究会、一九一二年、序三頁、同『神道哲学精義』日本学術研究会、一九一八年、序二頁。

(3) 渡辺和靖『明治思想史——儒教的伝統と近代認識論』ぺりかん社、一九七八/一九八五年、九九頁、山田洸『近代日本道徳思想史研究——天皇制イデオロギー批判』未来社、一九七二年、二三五頁。

(4) 鵜沼優子「国民道徳論をめぐる論争」、今井淳他編『日本思想論争史』ぺりかん社、一九七九年、三六六頁。

(5) 山田前掲『近代日本道徳思想史研究』二三五頁。

(6) 井上哲次郎『日本朱子学派之哲学』冨山房、一九〇五年、六頁。

(7) 田中義能『平田篤胤之哲学』東京堂書店、一九〇九年、凡例二頁。

(8) 田中義能『修正版 平田篤胤之哲学』明治書院、一九四四年、凡例二頁。

(9) 井上前掲「学界回顧録」四六頁。

(10)『日本大学九十年史 上』日本大学、一九八二年、三五二頁。当時の大学院も五年間であるから、単純に計算すれば明治四一(一九〇八)年六月まで在籍したことになる。

(11)「田中博士還暦記念会」『神道学雑誌』一五、一九三三年、二〇三頁、『国学院大学百年史』国学院大学、一九九四年、『教育学術界』一二-二、一九〇五年、前掲『日本大学九十年史 上』。

(12) 錦城学園百年史編纂委員会編『錦城百年史』錦城学園、一九八四年、二四六—二四七頁、『錦城学園高等学校同窓会名簿』錦城学園、一九九四年、三頁。ちなみに錦城学校尋常中学校は、『経国美談』の作者として知られ、報知新聞社主・慶応義塾分校長を務めた矢野文雄が創立した学校であり、英語教育とその開明的な校風で知られていた(サンケイ新聞社『私立高校人国記(錦城学園の巻)』)。

(13) 田中義能「神道の世界観と教育」『岩波講座教育科学 一五』一九三二年、三頁。

(14) 田中義能「吾人の所謂新教育学」『教育学術界』一二-一、一九〇五年、三〇—三一頁(同『最新科学的教育学』同文館、一九〇九年、に再録)。

(15) 同右、二二頁。
(16) 前掲『最新科学的教育学』序四頁。
(17) 田中前掲「吾人の所謂新教育学」二七頁。
(18) 井上哲次郎「認識と実在との関係」『巽軒論文二集』冨山房、一九〇一年。
(19) 山田前掲『近代日本道徳思想史研究』二四〇頁。井上哲次郎『国民道徳概論』三省堂書店、一九一二年、第二章、も参照されたい。
(20) 田中前掲『最新科学的教育学』凡例二頁。
(21) 田中前掲「吾人の所謂新教育学」二八頁。
(22) 同右、二七頁。
(23) 同右、三一頁。
(24) 大日本学術協会編「田中義能氏教育学」『日本現代教育学大系 第三巻』モナス、一九二七年(日本図書センター、一九八九年)一〇四―一〇五頁。
(25) 同右、一〇五頁、「書評」『教育論叢』一八-一、一九二七年、一六七頁。
(26) 『全国神職会々報』一一二。
(27) 『丁酉倫理会倫理講演集』二五一、一九二三年、『教育論叢』一〇-六、一九二三年。
(28) 『全国神職会々報』一一八・一一九、一九〇八年、前掲『国学院大学百年史 上』、『皇典講究雑誌』五四―五六、一九一三年、『皇典講究雑誌』八〇、一九一五年、『皇典講究雑誌』一一〇―一一二、一九一七年。
(29) 田中義能「神職養成に対する意見」『神社協会雑誌』二四-四、一九二五年、三四―三五頁。
(30) 同右、三五頁。
(31) 岸本前掲「田中義能博士小伝」。国学院大学神道青年会は「惟神ノ大道ヲ講明シ時代ノ思潮ヲ研究シテ国体ノ精華ノ発揮スルヲ以テ目的トス」ものである(『家のお祭り』国学院大学神道青年会、一九四一年)。
(32) 田中義能『家庭教育学』同文館、一九一二年、二七頁。

(33) 相模女子大学八十年史編纂委員会編『相模女子大学八十年史』一九八〇年、口絵写真。
(34) 田中義能「神道哲学綱要」『熊本県神職会報』七、一九二〇年。
(35) 「勅令四〇九号」一九二〇年九月一七日公布(『法令全書 一六六』一九二〇年、五一四頁)。
(36) 阪本健一『明治神道史の研究』国書刊行会、一九八三年、四・八八—八九頁、谷省吾「神道学の立場と沿革」『祭祀と思想——神道の祈り』国書刊行会、一九八五年。
(37) 井上前掲「学界回顧録」四八—四九頁、『東京大学百年史 部局史一』東京大学出版会、一九八六年、四二九頁。
(38) 遠藤潤「神道研究室の歴史的変遷」、磯前・島薗進編『東京帝国大学神道研究室旧蔵書 目録および解説』東京堂出版、一九九六年。
(39) 定年については、前掲「田中博士還暦記念会」による。主任教授については、図書備付証の主任印への田中の押捺にもとづく。
(40) 田中義能「教育勅語と神道の本義」『神道学雑誌』九、一九三〇年、三〇頁。田中の国民道徳論的側面については、鈴木義一「田中義能」(『神道宗教』四一、一九六五年)でも触れられている。
(41) 田中義能『神道概論』日本学術研究会、一九三六年、一七四・一四六・一五一頁。
(42) 吉田光「明治のアカデミー哲学」、遠山茂樹他編『近代日本思想史 一』青木書店、一九五六年、二四一頁。
(43) 井上前掲『国民道徳概論』一三一頁。
(44) 同右、九八—九九頁。
(45) 同右、一四六頁。
(46) 同右、一四七—一四八頁。
(47) 同右、九九—一〇〇頁。
(48) 田中義能「神社と宗教」『神道学雑誌』二〇、一九三六年、三頁。
(49) 鈴木範久『明治宗教思潮の研究——宗教学事始』東京大学出版会、一九七九年。
(50) 田中義能「神道と皇道」『神道学雑誌』一三、一九三二年、一頁。

(51) 富永徳麿「皇道は私すべからず——再び河野省三氏に答ふ」『神社問題論叢』二、一九三〇年、五六頁。このような神道批判は近代に始まったことではなく、近世でも「文盲附会迂遠成儀、有眼輩ハ笑可申候」と国学・儒学の側から絶えず批判される根深いものであった(拙稿「吉見幸和『対問筆記』」『国学院雑誌』九六-五、一九九五年)。吉見幸和や本居宣長は自分の学問を「国学」あるいは「古学」と呼び、神道と区別していた。明治期における神道自体の再編成については、羽賀祥二「宗教・歴史・「神道」」(『明治維新と宗教』筑摩書房、一九九四年)が問題提起をしている。

(52) 井上前掲「学界回顧録」四二頁。

(53) 井上前掲『国民道徳概論』一四一頁。

(54) 同右、七二―七三、一四二―一四三頁。神道を道徳とする捉えかたは、井上の場合、生涯変わることがなかったと思われるが、昭和八(一九三三)年の『神道の特長に就いて』(大倉精神文化研究所)では、神道のマイナス面や改良の必要性には触れることがない。

(55) 田中前掲『神道概論』一三二頁。

(56) 田中前掲「神道と皇道」二頁。

(57) 田中前掲『神道概論』一七三―一七四頁。

(58) 同右、二三―二四頁。

(59) ナショナリズムと歴史的道徳研究の関係については、以下の論文が詳しい。J. Hutchnison, "Moral Innovators and the Politics of Regeneration: the Distinctive Role of Cultural Nationalists in Nation-Building", in A. D. Smith, ed., *Ethnicity and Nationalism*, Leiden, New York & Köln: E. J. Brill, 1992. 記紀神話の果たした正当性の論理については、拙著『記紀神話のメタヒストリー』吉川弘文館、一九九八年、をあわせて参照されたい。

(60) 田中前掲『神道概論』一七四頁。

(61) 神道概論という名称は、田中を「嚆矢」とするが(前掲『神道概論』凡例一頁)、田中にとってそれは「概要」にとどまらない神道の本質規定を目的とする原理的研究としての意味をもつ。

(62) 田中義能『神道哲学精義』一九一八/一九二二年、日本学術研究会、一七頁。

(63) 井上順孝『教派神道の形成』弘文堂、一九九一年、五九―六七頁。
(64) 村上重良『国家神道』岩波書店、一九七〇年、一一三頁。
(65) 阪本是丸『国家神道形成過程の研究』岩波書店、一九九四年、宮地正人「形成過程から見た天皇制イデオロギー」『天皇制の政治史的研究』校倉書房、一九八一年、安丸良夫『神々の明治維新』岩波書店、一九七九年、羽賀前掲『明治維新と宗教』。
(66) 阪本前掲『国家神道形成過程の研究』三二二頁。
(67) 田中前掲『神道概論』一九一頁。
(68) 赤澤史朗『近代日本の思想動員と宗教統制』校倉書房、一九八五年、加藤玄智編『神社対宗教』明治聖徳記念会、一九三〇年、田中前掲『神道概論』第七章。
(69) 葦津珍彦『国家神道とは何だったのか』神社新報社、一九八七年、阪本前掲『国家神道形成過程の研究』。
(70) 葦津前掲『国家神道とは何だったのか』一二五頁。
(71) 井上哲次郎『国民道徳概論』一九一二年、一四七頁。
(72) 田中前掲『神道概論』一八七頁。これらの議論の交差については、『神社問題論叢』『全国神職会々報』『神社協会雑誌』を繰ることで容易に把握することができる。大正三(一九一四)年に内務省が宮司談合会において配布した『神社の要務』(『皇典講究雑誌』七一)にはその立場が端的にあらわれている。なお、この時代の宗教政策については、赤澤前掲『近代日本の思想動員と宗教統制』を参照のこと。
(73) 大正六年の兵庫県神社講演会(『皇典講究雑誌』一〇九、一九一七年、二六―二七頁)。
(74) 宮地直一「神道の名義」『神道思潮』理想社、一九四三年、一一一頁。神道への関心の弱さは、宮地が「神道界を回顧して」(『神道学雑誌』一四、一九三三年)でも嘆くところである。
(75) 田中義能『神道本局の研究』日本学術研究会、一九三九年、一八一頁(前掲『神道十三派の研究』下冊)。
(76) 今日、これらの著作は、『神道十三派の研究』(前掲書)という書名のもとにすべて集められ復刻されている。
(77) 井上前掲『教派神道の形成』七四―八三頁。
(78) 田中義能『天理教の研究』日本学術研究会、一九三三年、三―四頁(前掲『神道十三派の研究』下冊)。

(79) 田中義能『黒住教の研究』日本学術研究会、一九三二年、二―三頁(同右、上冊)。
(80) 田中義能『神道修成派の研究』日本学術研究会、一九三二年、二頁(同右、上冊)。
(81) 田中前掲『神道本局の研究』五五頁。
(82) 田中前掲『神道概論』一八〇頁。
(83) 赤澤前掲『近代日本の思想動員と宗教統制』五四、九四頁。
(84) 田中義能「神基習合」『神道学雑誌』一三、一九三二年、二〇六頁。
(85) 田中前掲『神道概論』一八九―一九〇頁。
(86) 田中前掲「神基習合」二一〇頁。
(87) 田中義能「神道学会趣意書」『神道学雑誌』一、一九二六年、四頁。
(88) 岸本前掲「田中義能博士小伝」二二頁。
(89) 田中義能「神道学」『神道学雑誌』一、五頁。
(90) 田中義能「神道学会々則」「神道学会役員」『神道学雑誌』一。
(91) 管見では、大正六(一九一七)年の遠藤隆吉の論文「日本神道学の建設」(『全国神職会々報』二二八―二三〇、『栃木県神職会々報』三九・四〇、『丁酉倫理会倫理講演集』一八四)を初出とする。田中前掲「神道学」五頁。
(92) 「神道哲学」なる語は明治四二(一九〇九)年の「神道哲学構成の変遷」(『哲学雑誌』二四-二七〇)を初出とし、昭和四(一九二九)年から昭和六年にかけて連載された論文「神道哲学の根本問題」(『神道講座 第三巻』神道攷究会)を最後とする。ただし、田中が「神道哲学」という言葉を好んで積極的にもちいていたのは、大正九(一九二〇)年の「神道哲学綱要」(『熊本県神職会報』七)あたりまでである。なお、田中は、神道そのものも神道研究も、同様に実在認識にかかわる「神道哲学」の範疇に包摂する(前掲『神道哲学精義』二九頁)。
(93) 田中前掲「神道哲学の根本問題」五―六頁、この定義は初期の著作から一貫している。たとえば、「神道哲学研究の必要」『神社協会雑誌』九-二、一九一〇年、一六頁。
(94) 田中前掲「神道学」『神道学雑誌』一、五―六頁。田中における「神道学」の初出は、大正一三(一九二四)年の「神道学概論」(『神道奨学会第一回講習会 講義筆記』)である。

(95) この点についてはガダマーによるディルタイ批判に詳しい。H-G. Gadamer, *Wahrheit und Methode: Grundzuge einer philosophischen Hermeneutik*, Tübingen: J. C. B. Mohr (Paul Siebeck), 1960/1990, pp. 235–246.

(96) 宮地直一『神祇史大系』一九四一/一九四二年、明治書院、二三九―二四〇頁。

(97) 当時の日本文化論の主傾向を知るには、南博『日本人論――明治から今日まで』岩波書店、一九九四年、村岡典嗣『国民性の研究』創文社、一九六二年、が便利である。近代の日本文化論のもつ歴史的文脈の暴露は、戦後のベストセラーが中心だが、日本国内よりいち早く海外の研究者によっておこなわれはじめている。たとえば、Harumi Befu, "Nationalism and Nihonjinron", in H. Befu, ed., *Cultural Nationalism in East Asia: Representation and Identity*, Berkeley & California: Institute of East Asian Studies, University of California, 1993. 杉本良夫/ロス・マオア『日本人論の方程式』一九八二年(ちくま学芸文庫、一九九五年)。

(98) 山田前掲『近代日本道徳思想史研究』二三九頁。

(99) 田中義能「天皇機関説を排す」『国学院雑誌』四-一四、一九三五年、二五頁。

(100) 田中義能「民族と思想」『神道学雑誌』一八、一九三五年、二、四頁。

(101) 田中前掲『神道哲学精義』二九頁。

(102) 田中前掲『神道概論』二―三頁。

(103) 同右、序二―三頁。

(104) 赤澤前掲『近代日本の思想動員と宗教統制』一〇一頁。

(105) 田中義能「国民教育における神祇教育」『国学院雑誌』四〇-五、一九三四年、同「京大事件」『神道学雑誌』一四、一九三三年、前掲「天皇機関説を排す」。

(106) 津田左右吉「日本の神道におけるシナ思想の要素」一九三七―一九三九年(『日本の神道』岩波書店、一九四九年)。

(107) 前掲『東京大学百年史 部局史二』四二九頁。昭和一〇年代に流行した日本精神論については、平重道「大正・昭和の倫理思想――「日本精神論」の成立」(日本思想史研究会『日本における倫理思想の展開』吉川弘文館、一九六五年)を参照のこと。

(108) 遠藤前掲「神道研究室の歴史的変遷」。
(109) 田中前掲「神道哲学の根本問題」八三頁。
(110) 『近代日本教育制度史料 一四』大日本雄弁会講談社、一九五七年、四三九―四四〇頁。
(111) 遠藤前掲「神道研究室の歴史的変遷」、「西山徳氏インタビュー」『東京大学宗教学年報別冊』一一、一九九三年。平泉については、斉藤孝「異常な風景――平泉澄」『昭和史学史ノート――歴史学の発想』小学館、一九八四年、「特集 平泉澄博士と神道」『神道史研究』三三―一、一九八五年、今谷明「平泉澄」『二〇世紀の歴史家たち(二)』刀水書房、一九九七年、苅部直「歴史家の夢――平泉澄をめぐって」『年報近代日本研究』一八、一九九六年、田々宮英太郎『神の国と超歴史家・平泉澄――東条・近衛を手玉にとった男』雄山閣出版、二〇〇〇年、「平泉澄氏インタビュー」『東京大学百年史紀要』一三―一四、一六―一八、一九九六―二〇〇〇年。宮地については、西田長男「宮地直一」『神道宗教』四一、一九六五年、遠藤潤「宮地直一」、前掲『東京帝国大学神道研究室旧蔵書 目録および解説』、拙稿「宮地直一の神社史――『熊野三山の史的研究』について」一九九五年(本書第三部付論として収録)を参照のこと。宮地は哲学等の理論的研究の必要性を歴史的研究と同様に認めていたが、学問と認めるにはいまだ稚拙過ぎると感じていたようである(宮地前掲『神祇史大系』二四六頁)。
(112) 宮地直一『神道史序説』一九三六年講義案(『宮地直一論集 第五巻』蒼洋社、一九八五年、三―四頁)。
(113) 「田中博士還暦記念会」『神道学雑誌』一五、一九三三年。
(114) 『神道パンフレット』一二、国学院大学神道青年会、一九三五年。
(115) 田中前掲『神道概論』序四―五頁。
(116) 前掲『相模女子大学八十年史』二二一―二二二頁、『国学院大学百年史 下巻』国学院大学、一九九四年、八八二―八八五頁。
(117) 同右『相模女子大学八十年史』二三三頁。

第三部 第二章

(1) 平泉澄『中世に於ける精神生活』至文堂、一九二六年、ロバート・ダーントン「ルソーを読む――十八世紀の「平均的」読者層」、ロジェ・シャルチエ編『書物から読書へ』一九八五年(水林章他訳、みすず書房、一九九二年)、磯前・小倉慈司「正親町家旧蔵書」、島薗進・磯前編『東京帝国大学神道研究室旧蔵書 目録および解説』東京堂出版、一九九六年。また、ロベール・マンドルー『民衆本の世界――一七・一八世紀フランスの民衆文化』一九七五年(二宮宏之他訳、人文書院、一九八八年)は、民衆向けの出版書目を分析したものであるが、蔵書をその担い手集団の読書範囲を示すものと広義に理解するならば、民衆という社会層にとっての蔵書のあり方を論じたものと捉えることも可能である。

(2) ロジェ・シャルチエ「書物から読書へ」前掲『書物から読書へ』。受容の美学の代表的研究としては、ロベルト・ヤウス『挑発としての文学史』一九七〇年(轡田収訳、岩波書店、一九七六年)、ヴォルフガング・イーザー『行為としての読書――美的作用の理論』一九七六年(轡田収訳、岩波書店、一九八二年)。

(3) ガヤトリ・スピヴァク『サバルタンは語ることができるか』一九八八年(上村忠男訳、みすず書房、一九九八年)、レイ・チョウ『ディアスポラの知識人』一九九三年(本橋哲也訳、青土社、一九九八年)。この格差は、宗教概念論におけるプラクティスとビリーフをめぐる質的相違にも共通するものである。この点については、拙稿「宗教概念および宗教学の成立をめぐる研究概況――欧米と日本の研究のリ・ロケーション」二〇〇〇年(本書序章として収録)を参照のこと。

(4) 井上哲次郎『日本朱子学派之哲学』冨山房、一九〇五年、Tetsusirō Inouyé, *Kurze Übersicht über die Entwickelung der philosophischen Ideen in Japan*, Aus dem Französischen übers. von Dr. A. Gramatzky, Berlin: Reichsdruckerei, 1897, pp. 9–10.

(5) 垂加神道の研究史については、西岡和彦「垂加神道」『神道史研究』四七-三・四、一九九九年。

(6) 「雑録 山崎闇斎学派の学説」『哲学雑誌』一七-七、一九〇二年。

(7) 拙稿「井上哲次郎の「比較宗教及東洋哲学」講義――明治二〇年代の宗教と哲学」二〇〇二年(本書第一部第二章として収録)。

(8) 丸山真男「闇斎学と闇斎学派」『日本思想大系 山崎闇斎学派』岩波書店、一九八〇年、六〇七頁。

(9) 加藤玄智編「第八門 神社対宗教問題」『明治・大正・昭和 神道書籍目録』明治神宮社務所、一九五三年、など。

(10) 拙稿「近代神道学の成立――田中義能論」一九九六年(本書第三部第一章として収録)、島薗進「加藤玄智」および遠藤潤「宮地直一」、前掲『東京帝国大学神道研究室旧蔵書 目録および解説』。

(11) 小林健三『垂加神道』理想社、一九四二年、一五九頁。
(12) 小林健三『垂加神道の研究』至文堂、一九四〇年。その他、闇斎学に関する戦後の基本文献としては、近藤啓吾『正・続・続々 山崎闇斎の研究』神道史学会、一九八六―一九九五年、谷省吾『垂加神道の成立と展開』国書刊行会、二〇〇一年、磯前・小倉前掲「正親町家旧蔵書」など。
(13) 近藤啓吾『浅見絅斎の研究』神道史学会、一九七〇年、拙稿「翻刻 跡部光海『神道中国之説』『神道喜怒哀楽説』」『清泉女子大学人文科学研究所紀要』一七、一九九六年。
(14) 出雲路通次郎『山崎闇斎先生』下御霊神社、一九一二年、七九―八二頁。
(15) 磯前・小倉前掲「正親町家旧蔵書」二二九―二三二頁、徳富蘇峰『近世日本国民史 宝暦・明和編』民友社、一九二六年。松本三之介「尊王攘夷における近代的政治意識の形成」『天皇制国家と政治思想』未来社、一九六九年、尾藤正英「尊王攘夷思想」『岩波講座 日本歴史 一三』岩波書店、一九七七年。
(16) 磯前・小倉前掲「正親町家旧蔵書」、前田勉「呪術師玉木正英と現人神」『近世神道と国学』ぺりかん社、二〇〇二年、松本丘「玉木葦斎と橘家神道の発展」『神道史研究』四五‐二、一九九二年。西岡前掲「垂加神道」。
(17) 近藤啓吾『若林強斎の研究』神道史学会、一九七九年。
(18) 井上哲次郎『日本陽明学派之哲学』冨山房、一九〇〇年、同『日本古学派之哲学』冨山房、一九〇二年、同前掲『日本朱子学派之哲学』。打越孝明「明治四十年代「漢学復興」の諸相」『早稲田大学文学研究科紀要（哲学・史学編）』別冊一九、一九九三年、同「明治四十年の思潮――「漢学復興」の背景と教育」『大倉山論集』三六、一九九四年。
(19) 宮地直一「解説」前掲『中臣祓講義』六〇頁。
(20) 山崎闇斎先生二百五十年記念会『山崎闇斎先生二百五十年記念展覧会目録』一九三二年。なお、平泉と神道研究室の緊張関係については、「西山徳氏インタビュー」『東京大学宗教学年報別冊』一一、一九九三年。
(21) 村岡典嗣『宣長と篤胤』創文社、一九五七年、松本三之介『国学政治思想の研究』未来社、一九七二年、子安宣邦『宣長と篤胤の世界』中央公論社、一九七七年。
(22) 田中義能「解題」『大日本文庫 復古神道 上巻』春陽堂、一九三五年、九頁。ほかに、山本信哉「復古神道の大精神」『国

学院雑誌』二四－一一、一九一八年。荷田春満、賀茂真淵、本居宣長、平田篤胤を、国学四大人とするのは、幕末の大国隆正に由来する。この点については、松浦光修『大国隆正の研究』大明堂、二〇〇一年、第二章第一節および付論。

(23) 田中前掲『本居宣長之哲学』序三頁・凡例一頁。

(24) 宮地直一「解説」平田篤胤『校註霊能真柱』明世堂書店、一九四四年、一六八頁。

(25) 森瑞枝「復古神道」、国学院大学日本文化研究所編『神道事典』弘文堂、一九九四年、四四二―四四三頁、松浦前掲『大国隆正の研究』付論。

(26) 阪本健一『明治神道史の研究』国書刊行会、一九八三年、藤井貞文『明治国学発生史の研究』吉川弘文館、一九七七年。

(27) 歴史への志向性が、不在の現前に対するトラウマとして機能する点については、次の文献を参照のこと。エリック・ホブズボウム／テレンス・レンジャー編『創られた伝統』一九八三年(前川啓治他訳、紀伊国屋書店、一九九二年)、下河辺美知子『歴史とトラウマ――記憶と忘却のメカニズム』作品社、二〇〇〇年。

(28) 花森重行「国文学研究史についての一考察――一八九〇年代の芳賀矢一をめぐって」『日本学報』二一、二〇〇二年、イ・ヨンスク『「国語」という思想――近代日本の言語認識』岩波書店、一九九六年、安田敏明『帝国日本の言語編制』世織書房、一九九七年、長志珠絵『近代日本と国語ナショナリズム』吉川弘文館、一九九八年、桂島宣弘「一国思想史学の成立――帝国日本の形成と日本思想史の「発見」」、西川長夫他編『世紀転換期の国際秩序と国民文化の形成』柏書房、一九九九年。

(29) 村岡典嗣「日本精神を論ず」一九四〇年(同『国民性の研究』創文社、一九六二年)。

(30) 久松潜一『国学――その成立と国文学との関係』至文堂、一九四一年、一一―一四頁。久松は国文学的な観点からすれば、国学の大人は平田派のいう、春満・真淵・宣長・篤胤の四大人に、契沖を加えて「国学の五大人」とすべきであるという。

(31) 安丸良夫『神々の明治維新――神仏分離と廃仏毀釈』岩波新書、一九七九年。ただし、政教分離は近代西洋においても啓蒙主義的な理念として存在するものであり、ナショナリズムと同様にその言説が社会的制度として完全に実現されたことは殆どない。René Rémond, *Religion and Society in Modern Europe*, trans. by Antonia Nevill, Oxford & Malden: Blackwell Publishers, 1999. ホセ・カサノヴァ『近代世界の公共宗教』一九九四年(津城寛文訳、玉川大学出版部、一九九五年)。

(32) 東京帝国大学編『東京帝国大学学術大観 総説・文学部』一九四二年。

(33) そもそも、「国学」という呼称そのものが近世では一般的ではなかった。宣長は自分の学問を荻生徂徠らと同様に「古学」と呼んでいたし、当時、「和学」という呼称も広くもちいられていた。国学という言葉が、宣長や篤胤らの今日でいうところの国学を意味するようになったのは、やはり明治時代に入ってからであり、国民国家が形成される過程と重なり合うものであったと考えられる。近世における国学の用語法を知るには、大倉精神文化研究所編『日本思想史文献解題』角川書店、一九六五年、二四四—二四五頁、が参考になる。近世において和学を論じた著作としては、篠崎東海『和学弁』や村田春海『和学大概』などがある。

(34) 国学院大学校史資料課編『国学院百年史 上』国学院大学、一九九四年、五二六—五二七、六六三—六六五頁、神宮皇学館編『神宮皇学館五十年史』神宮皇学館、一九三二年、二一五頁。

(35) 赤坂憲雄『遠野/物語考』一九九四年(ちくま学芸文庫、一九九八年)、Gerald Figal, *Civilization and Monsters: Spirits of Modernity in Meiji Japan*, Durham & London: Duke University Press, 1999. なお、新国学の呼称と柳田の関係については、村井紀「宣長・篤胤と柳田国男——国学と新国学の思想」『伝統と現代』三四、一九七五年。

(36) 柳田国男研究会編著『柳田国男伝』三一書房、一九八八年、岡田陽一「主要参考文献目録・解題」『文芸読本 柳田国男』河出書房新社、一九七六年、林淳「固有信仰論の学史的意義について」、脇本平也・田丸徳善編『アジアの宗教と精神文化』新曜社、一九九七年。

(37) 村上重良『国家神道』岩波書店、一九七〇年、一四—一五頁。

(38) 井上智勝「神道者」、高埜利彦編『シリーズ 近世の身分的周縁 一』吉川弘文館、二〇〇〇年、西田かほる「神子」、同上書。

(39) 吉田兼倶『唯一神道名法要集』(『神道大系 卜部神道(上)』神道大系編纂会、一九八五年)、正親町公通『雅莚酔狂集』春之巻『狂歌大観 一』(明治書院、一九八三年、六二四—六二五頁)。

(40) 加藤玄智『神社問題の再検討——神道の本義と我が国の教育』雄山閣、一九三三年、序二頁。

(41) 加藤玄智『本邦生祠の研究』明治聖徳記念学会、一九三一年、宮地直一『神道史序説』一九三六年(『宮地直一論集 第三巻』蒼洋社、一九八五年、一頁)。加藤の研究については、中村生雄「加藤玄智の神道学と生祠研究」『宗教研究』七四‐二、二〇〇〇年、宮地については、拙稿「宮地直一の神社史——『熊野三山の史的研究』について」一九九五年(本書第三部付論として収録)も参照のこと。

(42) 島薗進・孝本貢「新興宗教研究史ノート」『歴史公論』五‐七、一九七九年、井上順孝他『新宗教研究調査ハンドブック』雄山閣、一九八一年。ちなみに、新宗教という概念は宗教学者や社会学者が主としてもちいるものであり、歴史学では民衆宗教という概念がもちいられている。その違いについては、島薗進「民衆宗教か新宗教か」『江戸の思想』一、ぺりかん社、一九九五年。

(43) 加藤前掲『神社問題の再検討』一五一頁。

(44) 黒崎浩行「神道研究室旧蔵書全書目」、磯前・島薗前掲『東京帝国大学神道研究室旧蔵書 目録および解説』。その後、大高まどか氏の尽力によって、旧蔵の和装活字本にも現行図書番号が振り当てられ、閲覧ができるようになった。

(45) 田中義能『黒住教の研究』一九三二年(同『神道十三派の研究』上冊、第一書房、一九八七年、二頁)。

(46) 加藤玄智『神道の宗教発達史的研究』中文館書店、一九三五年。今日、宮地の教派神道論のまとまったものは活字にされておらず、本章では東大における宮地の神道史講義ノート(一九四二年度、脇本平也筆記)による(以下、『宮地神道史講義ノート』と称す)。

(47) たとえば、山田顕義の神道論については、下記の研究がある。佐々木聖史「山田顕義と祭神論争」『日本大学精神文化研究所・教育制度研究所紀要』一五、一九八四年、同「明治二十三年神祇官設置運動と山田顕義」『日本大学精神文化研究所・教育制度研究所紀要』一八、一九八七年。

(48) 阪本健一前掲『明治神道史の研究』、阪本是丸『国家神道形成過程の研究』岩波書店、一九九四年、など。

(49) 多木浩二『天皇の肖像』岩波書店、一九八八年、タカシ・フジタニ『天皇のページェント——近代日本の歴史民族誌から』日本放送出版協会、一九九四年、原武史『可視化された帝国——近代日本の行幸啓』みすず書房、二〇〇一年。

(50) 武部敏夫「貞享度田大嘗会の復興について」『書陵部紀要』四、一九五四年、今江弘道「江戸時代の大嘗祭」『国学院雑誌』九一‐七、一九九〇年、林淳「近世の陰陽道」小池淳一・林淳編『陰陽道の講義』嵯峨野書院、二〇〇二年。他に、磯前・小倉前掲「正親町家旧蔵書」。

(51) 深谷克己『近世の国家・社会と天皇』校倉書房、一九九一年、高埜利彦「江戸幕府の朝廷支配」『日本史研究』三一九、一九八九年、同『近世日本の国家権力と宗教』東京大学出版会、一九八九年。
(52) この点は記紀解釈史においても、近世国学と古代の朝廷にみられる意味づけの違いとして指摘することができる。拙稿「記紀神話における理解の位相」一九九六年(同『記紀神話のメタヒストリー』吉川弘文館、一九九八年)、同「表象の力学としての記紀論」『歴史評論』六二三、二〇〇二年。
(53) その意味では、下記の文献に代表されるような思想史的な観点からの天皇制研究も、垂加神道以前の天皇制のあり方を論じるにしては、いささか国学のもつ理念的な天皇像を前の時代にまで投影してしまったきらいがある。宮地正人「天皇制イデオロギーにおける大嘗祭の機能」『歴史評論』四九二、一九九一年、安丸良夫『近代天皇像の形成』岩波書店、一九九二年。
(54) 土岐昌訓「白川・吉田の神職支配——近世における武蔵・相模の両国を中心に」『国学院雑誌』八〇‐三、一九七九年、間瀬久美子「幕藩制国家における神社争論と朝幕関係」『日本史研究』二七七、一九八五年、松原誠司「近世後期白川伯家の地方支配の展開」『国学院大学大学院紀要　文学研究科』二二、一九九一年、平川新『伝説のなかの神——天皇と異端の近世史』吉川弘文館、一九九三年、橋本政宣「寛文五年「神社条目」の機能」『神道宗教』一六八—一六九、一九九七年など。
(55) 村上重良『近代民衆宗教史の研究』法蔵館、一九五八/一九六三年、荻原稔『井上正鉄の生涯——禊教祖伝研究ノート』禊教経典研究所、一九九九年、末永恵子『烏伝神道の基礎的研究』岩田書院、二〇〇一年、河野省三『近世神道教化の研究』国学院大学宗教学研究室、一九五五年。
(56) 安丸良夫「「近代化」の思想と民俗」『日本民俗文化大系　一』小学館、一九八六年。
(57) 津田左右吉『日本の神道』岩波書店、一九五九年、第一章。
(58) 羽賀祥二『明治維新と宗教』筑摩書房、一九九四年、第一〇章。
(59) 伊勢貞丈『安斎随筆　第一』(『有職故実叢書』明治図書出版、一九五二年、一九頁)。
(60) 近代的な天皇観の成立については、安丸前掲『近代天皇像の形成』、西川長夫・松宮秀治『幕末・明治期の国民国家形成と文化変容』新曜社、一九九五年、など。
(61) 河野省三の蔵書は現在では国学院に保管されており、国学院大学日本文化研究所編『河野省三記念文庫目録』錦正社、一九九三年、という目録も出版されている。河野については、「河野省三博士追悼号」『国学院雑誌』六四‐五・六、一九六三年、

安津素彦「河野省三」『神道宗教』四一、一九六五年、阪本健一「神道私見論争」、安津素彦・梅田義彦編『神道辞典』堀書店、一九六八年。

(62) 前掲『宮地神道史講義ノート』、河野省三『国学の研究』大岡山書店、一九三二年、六四―六六頁、宮地直一『神祇史大系』明治書院、一九四一年、二四六頁。様々な神道学者の紹介については、「特集 神道の研究――方法と業績」前掲『神道宗教』四一、が簡便である。

第三部 付論

(1) 宮地直一『神祇史の研究』古今書院、一九二四年、所収。

(2) 宮地直一『熊野三山の史的研究』理想社、一九五六年(『宮地直一論集 第三巻』蒼洋社、一九八五年)。この著書については、小野祖教「故文学博士宮地直一遺稿『熊野三山の史的研究』」『神道宗教』八、一九五四年、も併せて参照されたい。

(3) 宮地直一『神道史序説』一九三六年講義案(『宮地直一論集 第五巻』蒼洋社、一九八五年、二頁)。

(4) 宮地の経歴と学問については、以下の文献を参考のこと。中村直勝「「八幡宮の研究」を紹介す――宮地博士の偉業」『神道史研究』六―三、一九五八年、西田長男「宮地直一」一九六五年(『日本神道史研究 七』講談社、一九七八年)、遠藤潤「宮地直一」、島薗進・磯前編『東京帝国大学神道研究室旧蔵書 目録および解説』東京堂出版、一九九六年。

(5) 宮地直一『神社綱要』東洋図書株式合資会社、一九三八年、二一頁。

(6) 同右、二二頁。

(7) 宮地前掲『神道史序説』一頁。

(8) この種の代表的研究者が、田中義能である。拙稿「近代神道学の成立――田中義能論」一九九六年(本書第三部第一章として収録)。

(9) 宮地前掲『神社綱要』六五、一〇四頁、同『神道史序説』三頁。

(10) 宮地前掲『神道史序説』三頁。

(11) 宮地前掲『熊野三山の史的研究』四三七頁。

(12) 宮地前掲『神社綱要』二六頁。

終章

(1) ミッシェル・フーコー『知の考古学』一九六九年(中村雄二郎訳、河出書房新社、一九八一年、第Ⅱ章)。他に、彼の言説概念を知るのに簡便なものとして、マンフレート・フランク「ディスクールとは何か」『岩波講座 現代思想 五』岩波書店、一九九三年、Jeremy R. Carrette, *Foucault and Religion: Spiritual Corporality and Political Spirituality*, London & New York: Routledge, 2000, Chap. 1. など。ただし、フーコーの言説という概念自体は、彼が認識対象そのものの客観的な記述が不可能であるという点から出発しながらも、きわめて実証主義的な実体概念となってしまっている。この点については、フーコーをデリダと比較した次の論文が示唆に富む。E. M. Hening, “Archeology, Deconstruction, and Intellectual History”, in D. LaCapra & S. T. Kaplan, eds., *Modern European Intellectual History: Reappraisals & New Perspectives*, Ithaca & London: Cornell University Press, 1982. Ann Wordsworth, “Derrida and Foucault: writing the history of historicity”, in D. Attridge, G. Bennington & R. Young, eds., *Post-Structuralism and the Question of History*, Cambridge: Cambridge Univercity Press, 1987.

(2) このような視点から書かれた論文を多数収めたものとして、『岩波講座 近代日本の文化史』(岩波書店 二〇〇一—二〇〇二年)、は典型的なものといえよう。

(3) 言説の歴史性と主体の超越性をめぐる問題については、フェミニズム論を主題とするかたちではあるが、ジュディス・バトラー『ジェンダー・トラブル——フェミニズムとアイデンティティの攪乱』一九九〇年(竹村和子訳、青土社、一九九九年、二五一頁)、に指摘がなされている。また、日本における先駆者なポストモダンの批評家とされる柄谷行人も、批評者が自分を歴史的状況の外部にいるのだと錯覚する危険性を指摘している。柄谷『意味という病』一九七五年(講談社文芸文庫、一九八九年、一七頁)。

(4) ガヤトリ・C・スピヴァク『サバルタンは語ることができるか』一九八八年(上村忠男訳、みすず書房、一九九八年)、同「サバルタン・トーク」一九九三—一九九四年(吉原ゆかり訳、『現代思想』二七-八、一九九九年)。

（5） サバルタンをめぐる概念については、下記の文献を参照のこと。崎山政毅「文体に抗する「文体」——サバルタン研究の批判的再考のための覚書」一九九六年（『サバルタンと歴史』青土社、二〇〇一年）、Gyan Prakash, "Writing Post-Orientalist Histories of the Third World: Indian Historiography is Good to Think", in N. B. Dirks, ed., *Colonialism and Culture*, Ann Arbor: The University of Michigan Press, 1992, p. 371 ff.

（6） 高橋哲哉『記憶のエチカ——戦争・哲学・アウシュヴィッツ』岩波書店、一九九五年。他に、ソール・フリードランダー編『アウシュヴィッツと表象の限界』一九九二年（上村忠男他訳、未来社、一九九四年）、キャシー・カールス編『トラウマへの探究——証言の不可能性と可能性』一九九五年（下河辺美知子監訳、作品社、二〇〇〇年）など。

（7） ハンナ・アーレント『全体主義の起原 三』一九五一／一九五五年（大久保和郎・大島かおり訳、みすず書房、一九八一年、二二三—二四〇頁）。

（8） 記紀論を通して、筆者がこの問題に言及したものとして、拙稿「「国史」という言説空間」『現代思想』二七-一二、一九九九年、同「表象の力学としての記紀論」『歴史評論』六二三、二〇〇二年、がある。

（9） 酒井直樹『日本思想という問題——翻訳と主体』岩波書店、一九九七年。

（10） J. Victor Koschmann, *Revolution and Subjectivity in Postwar Japan*, Chicago & London: The University of Chicago Press, 1996. コシュマン「戦後初期における批判的マルクス主義の運命——梅本克己の主体性論」、テツオ・ナジタ他編『戦後日本の精神史——その再検討』岩波書店、一九八八年、同「民主主義革命と主体性——戦後主体性論争を中心として」『思想』八七〇、一九九六年。

（11） ベネディクト・アンダーソン『増補 想像の共同体』一九八三／一九九一年（白石さや・白石隆訳、NTT出版、一九九七年）。

（12） 拙著「歴史的言説の空間——石母田英雄時代論」『記紀神話のメタヒストリー』吉川弘文館、一九九八年、同「歴史的主体の構築のゆくえ——一九五〇年代におけるマルクス主義歴史学」『創文』四二三、二〇〇〇年。

（13） 安丸良夫『日本の近代化と民衆思想』一九七四年（平凡社ライブラリー、一九九九年）。

（14） たとえば、吉本隆明『転向論』一九五八年、同『自立の思想的拠点』一九六五年（いずれも『吉本隆明全集撰 三』大和書房、一九八六年、所収)。この点の吉本理解については、小浜逸郎『吉本隆明——思想の普遍性とは何か』筑摩書房、一九九九年、を参照のこと。

(15) スチュアート・ホール「ジャマイカの宗教イデオロギーと社会運動」一九八五年(磯前/トレント・マキシー訳『現代思想』三〇-一五、二〇〇二年)。

(16) 冨山一郎『近代日本社会と「沖縄人」——「日本人」になるということ』日本経済評論社、一九九〇年、酒井前掲『日本思想という問題』、酒井他編『ナショナリティの脱構築』柏書房、一九九六年、阿部恒久『「裏日本」はいかにつくられたか』日本経済評論社、一九九七年など。

(17) 拙著前掲『記紀神話のメタヒストリー』、同前掲「表象の力学としての記紀論」。

(18) 冨山一郎「対抗と遡行——フランツ・ファノンの叙述をめぐって」『思想』八六六、一九九六年。

(19) J-P・サルトル『嘔吐』一九三八年(白井浩司訳、人文書院、一九五一/一九九四年、二九〇頁)。

(20) 同右、二〇八—二〇九頁。

(21) 初期サルトルに関する積極的な評価については、長谷川宏『同時代人サルトル』一九九四年(講談社学術文庫、二〇〇一年)、を参照のこと。

(22) ホミ・K・バーバ「国民の散種:時間、語り、そして近代国家の周縁」一九九〇年(大野真訳『批評空間』九、一九九三年)、バトラー前掲『ジェンダー・トラブル』、スチュアート・ホール「文化的アイデンティティとディアスポラ」一九九〇年(小笠原博毅訳『現代思想』二六-四、一九九八年)、同「誰がアイデンティティを必要とするのか?」S・ホール/P・ゲイ編『カルチュラル・アイデンティティの諸問題』一九九六年(宇波彰監訳、大村書店、二〇〇一年)など。

(23) 村上龍『コインロッカー・ベイビーズ 上』講談社、一九八〇年、二五七頁。

(24) C・G・ユング『連想実験』一九〇九—一九三四年(林道義訳、みすず書房、一九九三年)。河合隼雄『コンプレックス』岩波新書、一九七一年。

(25) この点から村上春樹の作品に論及したものに、喜安朗「個としての私から歴史へ」『史学雑誌』一一〇-九、二〇〇一年、がある。

(26) 河合隼雄・村上春樹『村上春樹、河合隼雄に会いにゆく』一九九六年(新潮文庫、一九九九年、七二頁)。
(27) 村上春樹『辺境・近境』新潮社、一九九八年、一八八頁。

あとがき

本書は、おもに幕末の開国から明治末年、さらには大正期、十五年戦争の終わりまでを視野に収め、近代日本における宗教的諸言説のあり方とその力学的関係を、歴史的変遷とともに辿ったものである。なかでも、幕末からの宗教概念の形成過程、明治二〇年における政教分離の確立、そして明治三〇年代からはじまる宗教学や神道学という宗教的な学問言説の胎動に、近代的な宗教言説をめぐる基本的布置の確立を読み取ろうとした。

そこに収録された諸論文は、一九九五年から二〇〇二年にかけて、おもに私が三十代後半のときに構想・執筆されていったものである。そのあいだに私を取り巻く環境も変わり、東京大学宗教学研究室の助手から、日本女子大学史学科の助教授へと席を移すことになった。それは、執筆した論文のあいだに変化をもたらすことになる。

今から思えば、早い時期に書かれた論文の執筆動機は、宗教学のような、認識の超越性を主張する学問の言説を封じ込めたいということであった。当時、東大の助手をつとめ、学閥や学会の中枢とかかわりをもっていた私には、学問的な言説が社会制度や政治性と不可避に結びついたものであるにもかかわらず、そこに属する当事者たちがあまりにもその政治的特権性に自覚的でないように感じられた。その頃、社会的事件として、オウム真理教による地下鉄テロ事件が起きており、それまで宗教的なものを称賛していた宗教学者たちが、自己の言説のあり方をはっきりと批判しないままに、宗教者側あるいは社会自体の抱える問題として客観的な装いのもとで語りはじめたことに疑問を感じざるをえなかった。個人的な状況としても、就職口や発表誌をめぐる政治力学を目のあたりにするなかで、学問というものが純粋な認識行為にとどまるものではないことに気づかざるを得ないようになっていた。そのため、初期の諸論文は、いささか性急なかたちでの、知識人批判の色合いを湛えたものとなった。

しかし、日本女子大学の教壇に立つようになるなかで、私のこのような姿勢もまた傲慢なものではないかという疑問をもつようになる。自分の論文は、学会や学閥批判としてあくまでアカデミズムに訴えようとしたものであり、大学の教室で耳を傾けてくれる学生たちにむかって語りかけようとしていなかったのではないか。研究者社会での立身を欲しない勤務校の学生たちの、真摯な眼差しのなかで、わたしが知識人批判と称して書いてきたものが、実のところ、その半ばが知識人社会での自分の知的覇権を確立したいという願望に突き動かされてきたのではないか、と自問するようになる。本当に語るべき相手は目の前にいるのだ、と。そのように気づくことで、学問という覇権的な言説の生み出されてくる場そのものを、自分自身が学問と関わりをもつ立場にあるからこそ、批判的に論じてゆくことが必要なのだと思うようになる。

そのなかで、学問をはじめ、支配的な言説が他の言説や非言語的世界をどのように規制し方向づけてゆくのか。諸言説のあいだの関係、あるいは言説とその外部の関係がどのようになっているのか。そのような研究主題をもつ論文を書きはじめるようになった。言説とは私たちの認識を方向づけ、主体化を促すものであるが、一つの言説をもって時代全体を約言することはできない。中心的な言説に影響されながらも、複数の言説が対立したり補足し合いながら、重層的な言説空間が築きあげられてゆくのだ。この時期の論文では、言説的なものは三種類に分けられる。ひとつは宗教学や神道学など、西洋的合理性と結びついて概念化された学問的言説。つぎはキリスト教や仏教など、学問とは異なるかたちでビリーフとして概念化された言説。最後に、これらの言説の外部にひろがる、民間信仰などの非概念的なプラクティスである。さらに、この三種類の言説的なものが、それぞれの内部で多様な言説へと分節化されてゆき、言説をめぐる重層的な空間が構築されてゆくことになる。

そして、個人のもつ言葉や思考が、これらの諸言説のうち、支配的な言説にきわめて近いものである場合、わたしたちは自分が社会的にまっとうな存在であると感じたり、自分が揺るぎないアイデンティティを確立していると思うようになる。その一方で、支配的な言説と自分の考えが合致しない場合には、わたしたちは居心地の悪さを覚え、自分が社会的に中途半端な存在であると思うようになる。このような不安に直面したとき、多くの場合、みずから進んで中心的な言説へ同一化をはかることで、自己の同一性を安定させようとする。

このように言説のもつ抑圧的な側面に注意深くなることで、そのような言葉に関わる場にいる研究者としての自分もまた、特権的な存在であることに気づくことになる。問題は、その立場性の自覚が、権力の行使者としての自分が加害者なのだという罪悪感とともに、けっして被害者にまわることはないのだという優越感をもたらすことにある。もちろん、言説をめぐる権力関係は固定化されたものではなく、状況に応じて立場が入れ替わるものなのだが、総体的にみれば、概念的な言葉に関わる知識人が、やはり言説構造の上方に位置する存在であることは確かであろう。だが、言葉、すなわち概念化された言説はそれほど力をもつものなのだろうか。

この世界はそれ自体としては人間の理性を超えている。――この世界について言えるのはこれだけだ。不条理という言葉のあてはまるのは、この世界が理性では割り切れず、しかも人間の奥底には明晰を求める死物狂いの願望が激しく鳴りひびいて、この両者がともに相対峙したままである状態についてなのだ。

このカミュの言葉は、人間の内側あるいは社会には、けっして概念化された言説だけでは説明しきることのできない非言語的な世界が横たわっていることを示している。言語が現実を蔽い切れるものでないことは、たとえば自我意識が非言語的な無意識を完全には制御できずに、無意識の肥大化と反乱を招いてしまうことからも得心がゆこう。言説はその外側にある非言語的な空間に囲まれて存在しており、それを秩序化し抑圧しようとするほど、戻ってくる反動も大きなものとなる。あるいは問題が知識人同士の覇権争いのように、言説相互の関係に限定されるのであれば、より概念化された言葉が他を制圧することになる。しかし、言説と非言語的世界の関係が問題になった場合には、言葉はつねに非言語的世界の沈黙に晒される。その関係においては、言葉は本質的に不安定なものとならざるをえない。世界は言説によって把握しきれるものではない。結局、私たちはこのように制御しがたい非言語的世界を、自分の心のうちや社会の内部にかかえて生きてゆく。それゆえに、かえって言葉という秩序化能力をもった存在に強く惹かれるのである。知識人による世界を把握しつくそうとする欲求も、そのような不安の強い裏返しともいえよう。そして、本書に収められた諸論文もまた、その不確かさから遁れようとして、言語世界に没頭してきた産物であることは否めない。それらが言説批判というかたちで展開されたのも、学問という言説に関わっている自分に批判をくわえながらも、その批判の手段に言語をもちいることで、なんとか支配的な言説との関係を保ちつづけようとしてきた、己れの脆弱さゆえではあるまいか。

一方、哲学者ピカートは、「もし言葉に沈黙の背景がなければ、言葉は深さを失ってしまうであろう」と述べる。言葉と沈黙は対をなすものであり、むしろ沈黙に支えられることで、その存在感をもつのだという。言葉はけっして万能なものではない。たとえば、私たちは自分の気持ちさえ十分に他人に伝えることはできず、もどかしい言葉を口にするだけではないか。このような無力さをねじ伏せようとして、時として、言葉は人を威圧するような暴力性をおびることもある。しかし、沈黙は私たちの内に宿るものであり、そこから逃れ去ることはできない。たしかに言葉の有限性を認めて受け容れたときにこそ、言葉は寡黙さに裏づけられた強靭さをそなえたものとなりうるのかもしれない。

先日、知人から本を頂いたのだが、それは六十歳代を迎えた人々が伴侶に綴った「ラブレター」を収めたものであった。その文章の多くは定型化されており、陳腐であるといえなくもない。しかし、この本を読んで、私はさらに言葉について考えさせられることになった。六十歳代にはいり、会社を退職し、子供も独立し、余命を意識せざるをえない時期となる。かつて無数の可能性に輝いていた若い頃とは異なり、話し相手も、長い人生の時をともにしてきた伴侶しか残されていない。むろん、二人が過ごしてきた時間は楽しい時ばかりではなかったろう。眼前の相手ではなく、別の相手と重ね合わせることもできた時間に想いをめぐらすこともあるかもしれない。このように、それまでの人生の選択が正しかったとはかぎらない不安、あるいは近づいてくる死の足音への恐怖があるからこそ、偶然の出会いであったかもしれない伴侶にむかって、その隙間や不安を乗り越えるべく、いたわりの言葉をかけるのではないだろうか。

それを、お手頃な「美談」にすぎないと片づけることはたやすい。だが、これらの愚直ともいえる言葉がやむことのない心の葛藤を癒してくれていることも、紛れのない事実なのだ。そこには言説のもつ肯定的な側面、名状しがたい非言語的世界に秩序をあたえ、人々を落ち着かせる力をみてとることができる。もちろん、その言葉は瞬時にして安直な言葉へと頽落し、自分の抱える緊張感から目をそらさせてしまう否定的な側面をも有しているのだが。宗教的言説がその典型であるように、言葉というものは、救済と虚偽のはざまで揺れつづけるものなのであろう。

これまで私が論文で書いてきたのは、学問をはじめとする、言説の否定的な側面を明るみに晒すことが主な目的であった。だが、ここまで述べてきたことからすれば、権力的と思っていた知識人も、言説の覇権力に同化された歯車であり、内的不安を凝視することのできない弱い存在であることにもなる。非言語的世界と言語的世界の緊張関係に耐えられないからこそ、支配的な言説に拠りどころを求め、自分の動揺を押さえつけようとしているのではないだろうか。

覚醒しかけて、一ばんさきに呟いたうわごとは、うちへ帰る、という言葉だったそうです。うちとは、どこの事をさして言ったのか、当の自分にも、よくわかりませんが、とにかく、そう言って、ひどく泣いたそうです。

右の太宰治の文章は、私たちの本源的な不安を端的に摑み出したものと思われる。私とは、一体、誰なのか。自分たちが感じる寄辺のなさはどこで癒されるものなのか。おそらく、本来、言葉とは、このような生きることの不可解さに向き合うための手がかりとして存在するものであり、言葉のもつ両義性とわたりあいながら、みずからのうちの不確かさを見つめ考えてゆくことが大切なのではないだろうか。そして、失意や心の揺れをふくめ、自分の描いた思考の軌跡を、おなじように寄辺のない存在にほかならない他の人びとにむかって少しでも開示してゆこうとすること、そこに学問という営みの意味があるように思われる。残念ながら、それはこの書物のなかでは充分には果たしえなかったが、研究生活の折り返し地点を過ぎようとする私にとって、たとえそれが自らの表現行為を挫く結果に終わろうとも、これからの重い課題となろう。

さて、最後になったが、これまでの研究生活を送るなかで、人生の貴重な時間を私と共有してくださった方々に、本書を捧げたい。その出会いをとおして教えられた多くのことが、この「あとがき」をはじめ、一冊の書物を編みあげることを可能にしてくれた。今も色褪せることなく私を見つめるその眼差しが、自分が誰にむかって語りかけようとしていたのか、何のために学問に携わっているのかを、たえず思い起こさせてくれている。その一方で、重ね合わせた時間が濃密であったがゆえに、その終わりに戸惑い、別れが苦渋に満ちたものとなることもある。だが、現在の私たちがどれほど遠く隔った場所にいようとも、あのとき交わした言葉が真摯なものであった以上、ともに過ごした時間は、たがいの心のなかで日々を支える確かさとして生き続けてくれるのでは、と切に願っている。

二〇〇三年立春

磯前順一

初出一覧

序章　宗教概念および宗教学の成立をめぐる研究概況

「宗教概念および宗教学の成立をめぐる研究概況——欧米と日本の研究のリ・ロケーション」『現代思想』二八-九、青土社、二〇〇〇年。

第一部第一章　近代における「宗教」概念の形成過程——開国から宗教学の登場まで

"The Formation of the Concept of 'Religion' in Modern Japan", presented at XVIIIth World Congress of International Association for the History of Religions, Durban, South Africa, August 7, 2000.

「近代における「宗教」概念の形成過程」『岩波講座　近代日本の文化史 二』岩波書店、二〇〇二年。

第一部第二章　明治二〇年代の宗教・哲学論——井上哲次郎の「比較宗教及東洋哲学」講義

「井上哲次郎の「比較宗教及東洋哲学」講義——明治二〇年代の宗教と哲学」『思想』九四二、岩波書店、二〇〇二年。

第一部付論　国家神道をめぐる覚書

"The Formative Process of State Shinto in Relation to the Westernization of Japan: The Concept of 'Religion' and 'Shinto'", to be presented at the Conference, "Religion and Secular Dichtomy: Historical Formations within Colonial Contexts" at the University of Stirling, U. K., July, 2003.

第二部第一章　宗教学的言説の位相——姉崎正治論
「宗教学的言説の位相——姉崎正治について」『現代思想』二三 - 一〇、一九九五年。
"The Discursive Position of Religious Studies in Japan: Masaharu Anesaki and the Origins of Religious Studies", in *Method & Theory in the Study of Religion*, 14-2, 2002.
第二部第二章　姉崎正治における国家と宗教——西洋体験とナショナリズム
磯前・深澤英隆編『近代日本における知識人と宗教——姉崎正治の軌跡』東京堂出版、二〇〇二年。
第二部付論　宗教学と宗教研究
「宗教——超越性の分節化」『現代思想』二九 - 一五、二〇〇一年。
第三部第一章　近代神道学の成立——田中義能論
同題『思想』八六〇、一九九六年。
"Tanaka Yoshito and the Beginnings of Shinto-gaku", in J. Breen and M. Teeuwen, eds., *Shinto in History: Ways of the Kami*, Richmond: Curzon Press, 2000.
第三部第二章　近世神道から近代神道学へ——東大神道研究室旧蔵書を手掛かりに
「近世神道から近代神道学へ」、島薗進・磯前編『東京帝国大学神道研究室旧蔵書　目録および解説』東京堂出版、一九九六年。
第三部付論　宮地直一の神社史——『熊野三山の史的研究』について
「宮地直一『熊野三山の史的研究』」『日本の仏教』三、法蔵館、一九九五年。
終章　歴史研究の可能性

「歴史学とその外部」「主体構築をめぐる抗争」「解体の淵から」『本郷』三一―三三、吉川弘文館、二〇〇一年。

あとがき(左記のものを一部使用)

「太宰治『人間失格』」静岡大学生協編『道標』、一九八〇年。

「ピカート『沈黙の世界』」『図書館だより』一一三、日本女子大学図書館、二〇〇二年。

■岩波オンデマンドブックス■

近代日本の宗教言説とその系譜
——宗教・国家・神道

2003年2月25日　第1刷発行
2010年5月20日　第2刷発行
2016年2月10日　オンデマンド版発行

著　者　磯前《いそまえ》 順一《じゅんいち》

発行者　岡本 厚

発行所　株式会社 岩波書店
〒101-8002 東京都千代田区一ツ橋2-5-5
電話案内 03-5210-4000
http://www.iwanami.co.jp/

印刷／製本・法令印刷

ISBN 978-4-00-730371-5　　Printed in Japan